Oliver Schmidt

Deutsche Außenpolitik und die Zukunft der nuklearen Teilhabe in der NATO

Eine Analyse der Jahre 2009 bis 2012

Deutsche Außenpolitik und die Zukunft der nuklearen Teilhabe in der NATO

Eine Analyse der Jahre 2009 bis 2012

Oliver Schmidt

2017

Carola Hartmann Miles-Verlag

Bibliografische Information der Deutschen Nationalbibliothek
Die Deutsche Nationalbibliothek verzeichnet diese Publikation in der
Deutschen Nationalbibliografie; detaillierte bibliografische Daten sind
im Internet über www.dnb.de abrufbar.

© 2017 Carola Hartmann Miles-Verlag
www.miles-verlag.jimdo.com
email: miles-verlag@t-online.de

Druck: BOD – Books on Demand, Norderstedt
Titelbild: US Department of Defense

Printed in Germany

ISBN 978-3-945861-55-4

Danksagung

Die Entstehung einer Dissertation ist entgegen aller Vorfreude und Erwartungen ein zähes Ringen mit sich selbst und manchmal um Worte. Dass es mir gelungen ist, diese Arbeit zu beenden, verdanke ich vielen glücklichen Umständen, guter Zurede und guter Kritik. Deswegen möchte ich es an dieser Stelle nicht versäumen, einigen für ihren besonderen Beitrag zu danken. Mein Dank gilt:

Der Friedrich-Ebert-Stiftung, die es mir erst ermöglicht hat, die Idee von der Promotion umzusetzen. Der Deutschen Gesellschaft für Auswärtige Politik in Person meines Gutachters Prof. Dr. Eberhard Sandschneider. Meinem Zweitgutachter Prof. Dr. Sebastian Harnisch sowie der Führungsakademie der Bundeswehr in Person von Oberst i. G. Dr. Ratenhof und dem Fachbereich für Sicherheitspolitik und Strategie. Den Personen und Institutionen, die mich im Ausland für Rechercheaufenthalte aufgenommen haben: Hier gilt mein Dank Prof. Dr. Karl Kaiser an der Harvard University, Jan Techau für Carnegie Endowment for International Peace und Bastian Giergerich am International Institute for Strategic Studies. Außerdem möchte ich mich bei Oliver Thränert dafür bedanken, dass er mir das Forschungsfeld nähergebracht hat. Schließlich bedanke ich mich bei Christian Nille, David Rösch und Dirk Schuchardt, die sich in besonderer Weise um die Arbeit verdient gemacht haben, weil sie stets für Diskussionen und konstruktive Kritik zur Verfügung standen.

Inhaltsverzeichnis

1 Einleitung und Fragestellung

„Deutsche Außenpolitik ist Friedenspolitik. Gemeinsam mit seinen Partnern engagiert sich Deutschland in den Vereinten Nationen, der Nato, der OSZE und anderen Organisationen für eine gerechte, friedliche und stabile internationale Ordnung. Die Prävention und Bewältigung von Krisen sowie die Abrüstung und Nichtverbreitung sind besondere Schwerpunkte dieser Politik.“[1]

Die hier vorliegende Arbeit bewegt sich inhaltlich zwischen den Themenfeldern nukleare Abrüstung und Nichtverbreitung auf der einen und der deutschen Sicherheits- und Verteidigungspolitik im Rahmen der *North Atlantic Treaty Organization (NATO)* auf der anderen Seite. Im Beobachtungszeitraum dieser Arbeit (2009–2012) entsteht ein Dualismus zwischen dem Anspruch, dem steigenden Risiko durch die Proliferation von Massenvernichtungswaffen mit Instrumenten der Rüstungskontrolle und Abrüstung zu begegnen, und Deutschlands Beitrag zur nuklearen Abschreckung der NATO im Rahmen der nuklearen Teilhabe.

1.1 Die bestehende nukleare Ordnung

In der Überzeugung, dass die unbegrenzte Weiterverbreitung von Nuklearwaffen die Wahrscheinlichkeit eines Atomkrieges erhöhen würde, haben bis heute 190 Staaten den Atomwaffensperrvertrag oder Nichtverbreitungsvertrag (NVV) ratifiziert.[2] Der 1970 in Kraft getretene Vertrag ging auf die Initiative der USA und Russland zurück, die Weiterverbreitung von Atomwaffen zu verhindern. Die Idee des Vertrages ist es, die Anzahl der Staaten, die über Atomwaffen verfügen dürfen, auf all jene zu begrenzen, die vor dem 01.01.1967 Atomwaffen getestet haben.[3] Allen übrigen Staaten sollte die militärische Nut-

---

[1] Auswärtiges Amt, „Frieden und Sicherheit“.

[2] UNODA, „Treaty on the Non-Proliferation of Nuclear Weapons: Status of the Treaty“; Paul, *Atomare Abrüstung: Probleme, Prozesse, Perspektiven*, 45–48; Budde, „Nukleare Rüstungskontrolle von der Konfrontation zur Kooperation (1955–2005): Pläne – Verhandlungen – Abkommen – Verträge“, 36–62.

[3] UNODA, „Treaty on the Non-Proliferation of Nuclear Weapons: Status of the Treaty“; Paul, *Atomare Abrüstung: Probleme, Prozesse, Perspektiven*, 45–48; Budde, „Nuk-

zung der Kernenergie verwehrt bleiben, dafür aber die zivile Nutzung in Aussicht gestellt und die Entwicklung der dafür notwendigen Infrastruktur gefördert werden.[4] Zusätzlich verpflichten sich die fünf offiziellen Atomwaffenmächte USA, Russland, Großbritannien, Frankreich und China, keine Atomwaffen oder die dafür notwendige Technologie weiterzuverbreiten und die Gesamtanzahl von Atomwaffen zu reduzieren, mit dem Ziel, diese Waffenkategorie abzuschaffen.[5] Bis heute ist die Anzahl der Staaten, die tatsächlich über Nuklearwaffen verfügen, gemessen an der Zahl der Staaten, die über nukleare Infrastruktur verfügen, relativ gering geblieben. Bis 1990 gab es die fünf offiziellen Atomwaffenmächte sowie die vom Nichtverbreitungsvertrag nicht erfassten Staaten Israel und Indien. Der NVV galt lange als ein sehr erfolgreiches Mittel der Rüstungskontrolle. Die Beispiele Südafrika, Argentinien, Ukraine und Libyen haben gezeigt, dass es gelingen kann, Mitgliedsstaaten von der Notwendigkeit der Regelbefolgung zu überzeugen und in das Vertragswerk zurückzuholen.[6] Seit Ende des Kalten Krieges jedoch ist die Erfolgsbilanz des Vertrages nicht mehr so eindeutig. Neben den offiziellen fünf Atomwaffenstaaten sowie Indien und Israel haben Pakistan und Nordkorea Nuklearwaffen entwickelt. Wobei mit Nordkorea erstmals ein ehemaliges Mitgliedsland des NVV die nukleare Schwelle in Richtung Atomwaffenstaat überschritten hat. Zusätzlich gab und gibt es einige Fälle, in

---

leare Rüstungskontrolle von der Konfrontation zur Kooperation (1955–2005): Pläne – Verhandlungen – Abkommen – Verträge", 36–62.

[4] UNODA, „Treaty on the Non-Proliferation of Nuclear Weapons: Text of the Treaty"; Paul, *Atomare Abrüstung: Probleme, Prozesse, Perspektiven*, 45–48; Budde, „Nukleare Rüstungskontrolle von der Konfrontation zur Kooperation (1955–2005): Pläne – Verhandlungen – Abkommen – Verträge", 36–62.

[5] UNODA, „Treaty on the Non-Proliferation of Nuclear Weapons: Text of the Treaty"; Paul, *Atomare Abrüstung: Probleme, Prozesse, Perspektiven*, 45–48; Budde, „Nukleare Rüstungskontrolle von der Konfrontation zur Kooperation (1955–2005): Pläne – Verhandlungen – Abkommen – Verträge", 36–62.

[6] Paul, *Atomare Abrüstung: Probleme, Prozesse, Perspektiven*, 45–48; Budde, „Nukleare Rüstungskontrolle von der Konfrontation zur Kooperation (1955–2005): Pläne – Verhandlungen – Abkommen – Verträge", 36–62.

denen Nuklearwaffenambitionen naheliegend sind, so zum Beispiel im Irak bis 1991, Syrien, Libyen und der Islamischen Republik Iran.[7]

Obwohl die NVV-Überprüfungskonferenz im Jahr 1995 die Gültigkeit des Vertrages entfristet hat, geriet der Vertrag mit der Überprüfungskonferenz 2005 in eine Krise.[8] Alle fünf Jahre findet eine Überprüfungskonferenz des nuklearen Nichtverbreitungsvertrages statt, die der internationalen Staatengemeinschaft die Möglichkeit geben soll, dringende Fragen des Regimes zu diskutieren und Lösungen zu erarbeiten. Die Überprüfungskonferenz im Jahr 2005 scheiterte weitgehend und ließ die Probleme der bestehenden nuklearen Ordnung deutlich sichtbar werden.[9] Der Vorwurf, der sich an die Atomwaffenstaaten richtete, bemängelte die fehlende Bereitschaft zu deutlichen Abrüstungsschritten sowie die Tendenz, den Zugang zu zivilen Atomtechnologien mit Dual-Use-Potenzial nur selektiv zu gestatten.[10] Demgegenüber stand die Forderung der USA und der Europäer, die

---

[7] Siehe zu Syrien, Libyen, Iran zum Beispiel die Länderberichte auf den Seiten der Nuclear Threat Initiative (NTI): Nuclear Threat Initiative (NTI), „Country Profiles".

[8] Müller, „Die Stabilität des nuklearen Nichtverbreitungsregimes: Stand und Optionen"; Thränert, „Die Zukunft des Atomwaffensperrvertrags: Perspektiven vor der Überprüfungskonferenz 2005"; Müller, „Nichtverbreitung: Regime kaputt"; Thränert, „Die nukleare Nichtverbreitungspolitik in der Krise"; Müller, „Vertrag im Zerfall? Die gescheiterte Überprüfungskonferenz des Nichtverbreitungsvertrags und ihre Folgen"; Budde, „Nukleare Rüstungskontrolle von der Konfrontation zur Kooperation (1955–2005): Pläne – Verhandlungen – Abkommen – Verträge", 36–62.

[9] Thränert, „Die Zukunft des Atomwaffensperrvertrags: Perspektiven vor der Überprüfungskonferenz 2005"; Müller, „Nichtverbreitung: Regime kaputt"; Thränert, „Die nukleare Nichtverbreitungspolitik in der Krise"; Müller, „Vertrag im Zerfall? Die gescheiterte Überprüfungskonferenz des Nichtverbreitungsvertrags und ihre Folgen"; Müller, „Die Stabilität des nuklearen Nichtverbreitungsregimes: Stand und Optionen".

[10] Thränert, „Die Zukunft des Atomwaffensperrvertrags: Perspektiven vor der Überprüfungskonferenz 2005"; Müller, „Nichtverbreitung: Regime kaputt"; Thränert, „Die nukleare Nichtverbreitungspolitik in der Krise"; Müller, „Vertrag im Zerfall? Die gescheiterte Überprüfungskonferenz des Nichtverbreitungsvertrags und ihre Folgen"; Müller, „Die Stabilität des nuklearen Nichtverbreitungsregimes: Stand und Optionen"; Budde, „Nukleare Rüstungskontrolle von der Konfrontation zur Kooperation (1955–2005): Pläne – Verhandlungen – Abkommen – Verträge".

Nichtverbreitungsnorm des Vertrages ernster zu nehmen und durch die Ratifizierung eines Zusatzprotokolls mit der Internationalen Atomenergiebehörde (IAEA) zu stärken.[11]

1.2 2009 – Beginn einer neuen Dynamik

„So today, I state clearly and with conviction America's commitment to seek the peace and security of a world without nuclear weapons. [...] First, the United States will take concrete steps towards a world without nuclear weapons. To put an end to Cold War thinking, we will reduce the role of nuclear weapons in our national security strategy, and urge others to do the same. [...] To reduce our warheads and stockpiles, we will negotiate a new Strategic Arms Reduction Treaty with the Russians this year."[12]

US-Präsident Barack Obama hat die Proliferation von Nuklearwaffen als eine der zentralen Gefahren für die Sicherheit der USA identifiziert. Daher setzte er sich frühzeitig für eine Stärkung der internationalen Nichtverbreitungsinstrumente ein und befürwortet deswegen auch nach Artikel 6 des NVV nukleare Abrüstungsschritte.[13] Präsident Obama macht deutlich, dass als Voraussetzung für drastische Abrüstungsschritte in Richtung *Global Zero* die Rolle von Atom-

---

[11] Thränert, „Die Zukunft des Atomwaffensperrvertrags: Perspektiven vor der Überprüfungskonferenz 2005"; Müller, „Nichtverbreitung: Regime kaputt"; Thränert, „Die nukleare Nichtverbreitungspolitik in der Krise"; Müller, „Vertrag im Zerfall? Die gescheiterte Überprüfungskonferenz des Nichtverbreitungsvertrags und ihre Folgen"; Müller, „Die Stabilität des nuklearen Nichtverbreitungsregimes: Stand und Optionen"; Budde, „Nukleare Rüstungskontrolle von der Konfrontation zur Kooperation (1955–2005): Pläne – Verhandlungen – Abkommen – Verträge".

[12] Rede von US-Präsident Barack Obama, am 5. April 2009 in Prag: Obama, „Remarks by President Barack Obama in Prague as Delivered [Rede von US-Präsident Barack Obama am 5. April 2009 in Prag]".

[13] Thränert, „Nukleare Anarchie oder globale Null: Atomwaffen und neue Weltordnung"; Walker, „President-elect Obama and Nuclear Disarmament: Between Elimination and Restraint"; Krepon, „Numerology in the Second Nuclear Age"; Fey u. a., „Auf dem Weg zu Global Zero? Die neue amerikanische Nuklearpolitik zwischen Anspruch und Wirklichkeit".

waffen in der Sicherheitsplanung reduziert werden muss.[14] Deutlicher als von vielen erwartet, ist dies mit der Anfang April 2010 vorgestellten neuen Nukleardoktrin auch gelungen. Im Gegensatz zu seinem Amtsvorgänger George W. Bush setzt Obama darauf, dass Atomwaffen sich vor allem gegen andere Atomwaffen richten sollen.[15] Vermeintlichen Gegnern der USA soll damit der Anreiz genommen werden, sich selbst Atomwaffen zu beschaffen. Allerdings wollen die USA weiterhin eine atomare Drohung gegenüber all jenen Staaten aufrechterhalten, die entgegen der Bestimmungen des nuklearen Nichtverbreitungsvertrages an einem Atomwaffenprogramm arbeiten, und gegenüber allen Staaten, die nicht oder nicht mehr Mitglieder dieses Vertrages sind.[16]

Bereits die USA unter der Führung von George W. Bush, aber auch unter Präsident Barack Obama suchten nach Alternativen zur klassischen nuklearen Abschreckung. Ziel dieses Vorhabens ist es, vormals nukleare Missionen mit konventionellen Systemen durchführen zu können und so die Rolle von Nuklearwaffen in der Verteidigungsplanung der USA zu reduzieren.[17] Dahinter verbirgt sich eine Abkehr von der Abschreckung durch Vergeltung hin zu einer Abschreckung, die von der glaubhaften Botschaft lebt, dass ein potenzieller Gegner gar nicht erst in der Lage sein wird, seine (Kriegs-)Ziele zu erreichen *(Deterrence by Denial)*.[18] Konkret geht es hier um die Idee einer Raketenabwehr und die Erforschung und Entwicklung schnell

---

14 Fey u. a., „Auf dem Weg zu Global Zero? Die neue amerikanische Nuklearpolitik zwischen Anspruch und Wirklichkeit"; Pearl, „Forecasting Zero: U.S. Nuclear History and the Low Probability of Disarmament".

15 Fey u. a., „Auf dem Weg zu Global Zero? Die neue amerikanische Nuklearpolitik zwischen Anspruch und Wirklichkeit"; Müller und Sohnius, „Intervention und Kernwaffen: Zur neuen Nukleardoktrin der USA".

16 Fey u. a., „Auf dem Weg zu Global Zero? Die neue amerikanische Nuklearpolitik zwischen Anspruch und Wirklichkeit".

17 Schmidt, „Keine Abrüstungseuphorie: Pragmatismus wird die US-Nuklearwaffenpolitik in Obamas zweiter Amtszeit prägen"; Krause, „Emerging Concepts of Deterrence in the 21st Century".

18 Krause, „Emerging Concepts of Deterrence in the 21st Century".

einsetzbarer, offensiver, konventioneller Waffensysteme großer Reichweite *(Conventional Prompt Global Strike).*[19]

Im Zuge der Neuformulierung der US-Nuklearwaffenpolitik beschließen die USA, ihre vorhandenen Sprengköpfe zu modernisieren, um eine nukleare Abschreckungskapazität aufrechtzuerhalten, Neuentwicklungen sind hingegen nicht geplant. Vielmehr setzt Barack Obama seine Abrüstungsbemühungen fort und unterzeichnet am 8. April 2010 das Folgeabkommen *(New START)* des im Dezember 2009 ausgelaufenen *Strategic Arms Reduction Treaty (START).* Die Motive der USA und Russlands zu dieser Abrüstung auf jeweils 1.550 atomare Sprengköpfe und 800 Trägersysteme liegen zum einen in einfachen Kostenersparnissen.[20] Zum anderen ist die Unterzeichnung des neuen START-Abkommens vor der im Mai 2010 stattfindenden Überprüfungskonferenz des nuklearen Nichtverbreitungsvertrages ein deutliches Signal, dass auch die beiden größten Atomwaffenstaaten ihre Vertragsverpflichtungen ernst nehmen.[21] Artikel 6 des Nichtverbreitungsvertrages fordert nämlich alle fünf offiziellen Atomwaffenstaaten zur Abrüstung auf. Nach der Unterzeichnung des START-Abkommens können die USA also überzeugender als zuvor Position gegenüber vermeintlichen Vertragsbrechern beziehen, die im Verdacht stehen, ein militärisches Atomprogramm zu unterhalten und somit gegen den Nichtverbreitungsvertrag zu verstoßen.[22] Auf der Überprüfungskonferenz im Jahr 2005 wurde immer wieder der Vorwurf gegen die Atomwaffenstaaten geäußert, sie legten den Vertrag einseitig zu ihren Gunsten aus und behandelten die Nichtverbreitung vorrangig vor der Abrüstung und dem Recht zur zivilen Nutzung der Kernenergie. Diesem Argument ist nun durch den New-START-Vertrag ein Riegel vorgeschoben worden.

---

[19] U.S. Department of Defense, „Nuclear Posture Review Report (April 2010)".

[20] Collina, „The Unaffordable Arsenal: Reducing the Costs of the Bloated U.S. Nuclear Stockpile"; Schwartz und Choubey, „Nuclear Security Spending: Assessing Costs, Examining Priorities"; Wolfsthal, Lewis, und Quint, *The Trillion Dollar Nuclear Triad: US Strategic Nuclear Modernization Over the Next Thirty Years.*

[21] Fey u. a., „Auf dem Weg zu Global Zero? Die neue amerikanische Nuklearpolitik zwischen Anspruch und Wirklichkeit".

[22] Ebd.; Arbatov, „The 'P5' Process: Prospects for Enhancement".

Die politischen Voraussetzungen zur Überprüfungskonferenz des nuklearen Nichtverbreitungsvertrages waren im Jahr 2010 also insgesamt besser als bei der vorherigen Überprüfungskonferenz im Jahr 2005.[23] Die fünf Atomwaffenstaaten USA, China, Russland, Frankreich und Großbritannien bekannten sich bereits im Vorfeld der Konferenz zu den Verpflichtungen, die auf den Überprüfungskonferenzen von 1995 und 2000 ausgehandelt worden waren. Im Gegensatz zu 2005, als die USA die vorher festgelegten Vereinbarungen als obsolet betrachteten, versprach dies ungemein bessere Chancen, die Verhandlungen zu einem konstruktiven und erfolgreichen Ende zu führen.[24]

Die 189 Mitgliedsstaaten konnten sich im Jahr 2010 auf ein Abschlussdokument verständigen. Jedoch mussten die USA auf zahlreiche Kompromisse eingehen, die in Einzelverhandlungen mit Ägypten als Sprecher der Blockfreien Staaten ausgehandelt wurden. Keine Einigung konnte erzielt werden im Hinblick auf die Kontrolle von nuklearen Anlagen und Materialien nach einem Austritt gemäß Artikel 10 NVV. Hier wird im Abschlussdokument nur die Notwendigkeit genannt, die Gründe des Austritts zu erklären. Ebenso konnte das *Additional Protocol* zu den *Nuclear Safeguard Agreements* nicht als verbindliche Regelung eingeführt werden. Vielmehr heißt es hierzu nur, dass diese für diejenigen Länder verbindlich werden, die sie einmal akzeptiert und ratifiziert haben.[25]

Im Hinblick auf die NVV-Überprüfungskonferenz 2010 konnte die Obama-Administration im Vorfeld einen wichtigen Beitrag leisten, indem sie für positive Vorzeichen und eine gute Aus-

---

[23] Müller, „Der nukleare Nichtverbreitungsvertrag nach der Überprüfung"; Meier, „Auf dem Weg der Besserung? Der Nukleare Nichtverbreitungsvertrag nach der Überprüfungskonferenz 2010"; Müller, „Nukleare Abrüstung: Optionen für den kommenden Überprüfungszyklus des NVV".

[24] Müller, „Der nukleare Nichtverbreitungsvertrag nach der Überprüfung"; Müller, „Nukleare Abrüstung: Optionen für den kommenden Überprüfungszyklus des NVV".

[25] Müller, „Der nukleare Nichtverbreitungsvertrag nach der Überprüfung"; Müller, „Nukleare Abrüstung: Optionen für den kommenden Überprüfungszyklus des NVV".

gangslage sorgte.[26] Die Ergebnisse der Konferenz sind allerdings nicht überwältigend, es ist kein Durchbruch in zentralen Problemen der Nichtverbreitung gelungen. Allerdings setzen sie einen wichtigen Akzent für die Wirkungskraft des schon oft tot geglaubten Vertrages. Die Probleme der nuklearen Nichtverbreitung bleiben aber weitestgehend bestehen. Grundsätzlich scheint es, als sei der Besitz von Atomwaffen international immer noch attraktiv für Staaten, die sich militärisch bedroht fühlen und die sich nach internationalem Prestige sehnen.[27]

Sollte es nicht gelingen, mögliche Regelverstöße gegen die Auflagen des NVV zu sanktionieren, verlieren andere Unterzeichnerstaaten das Vertrauen in die Verbindlichkeit des Vertrages und haben dadurch einen höheren Anreiz, ihn ihrerseits zu missachten. Auf diesem Weg verliert das Vertragswerk an Glaubwürdigkeit und büßt seine Geltungskraft ein. In einem sicherheitspolitisch heiklen Bereich,

---

[26] Fey u. a., „Auf dem Weg zu Global Zero? Die neue amerikanische Nuklearpolitik zwischen Anspruch und Wirklichkeit"; Meier, „Auf dem Weg der Besserung? Der Nukleare Nichtverbreitungsvertrag nach der Überprüfungskonferenz 2010"; Thränert, „Moving Towards a Global Zero? Die Rüstungskontroll- und Nichtverbreitungspolitik"; Thränert, „Die ‚globale Null' für Atomwaffen"; Thränert, „Obamas Vision einer Welt ohne Atomwaffen"; Thränert, „Rettet die nukleare Ordnung und schafft die Atomwaffen ab"; Thränert, „Vision und Illusion? Barack Obamas Abrüstungs- und Nichtverbreitungspolitik"; Thränert, „The Crisis of the NPT: Ahead of the 2010 Review Conference"; Thränert, „Abrüstung und Global Zero: ... gegen den Strich gebürstet"; Thränert, „Nukleare Anarchie oder globale Null: Atomwaffen und neue Weltordnung"; Thränert und Hiemann, „A World without Nuclear Weapons? The New Charms of an Old Vision"; Thränert, „Rüstungskontrolle und Nichtverbreitungspolitik"; Seaboyer und Thränert, „What Missile Proliferation Means for Europe"; Thränert, „Verliert die Verbreitung von Kernwaffen ihren Schrecken? Die neuesten Entwicklungen in Iran, Libyen, Nordkorea und Pakistan"; Thränert, „Paradigm Shift? Die USA und die Zukunft der Rüstungskontrolle"; Thränert, „Bush und Putin rüsten ab"; Thränert, „Ende der akzeptierten Verwundbarkeit und die Renaissance der Defensive".
[27] Müller, „Der nukleare Nichtverbreitungsvertrag nach der Überprüfung"; Meier, „Auf dem Weg der Besserung? Der Nukleare Nichtverbreitungsvertrag nach der Überprüfungskonferenz 2010"; Müller, „Nukleare Abrüstung: Optionen für den kommenden Überprüfungszyklus des NVV"; Sagan, „Why Do States Build Nuclear Weapons? Three Models in Search of a Bomb".

wie der Verbreitung von Atomwaffen, ist dies eine äußert bedenkliche Entwicklung.[28]

1.3 Abrüstung vs. Abschreckung?

Auch wenn die Perspektive einer atomwaffenfreien Welt verlockend erscheinen mag, der Weg dahin bietet einige Tücken. Besonders für die regionale Sicherheit, in jenen Weltregionen, in denen die USA involviert sind. Vor dem Hintergrund der sicherheitspolitischen Verpflichtungen der USA gegenüber ihren Alliierten in Europa, Asien und dem Mittleren und Nahen Osten stellen die neue *US Nuclear Posture* und die neuen Abrüstungsschritte die Verbündeten der USA vor eine große Herausforderung.[29] Denn in den bisherigen Allianzstrukturen sind Atomwaffen und das Konzept der erweiterten Abschreckung noch von großer Bedeutung.[30]

Zum Beispiel ist davon auszugehen, dass die Verbündeten der USA in Ostasien, Japan und Südkorea, angesichts einer fragilen Diktatur wie Nordkorea und einem auch militärisch erstarkenden China weiterhin eine Notwendigkeit im Fortbestand des nuklearen Schirms

---

[28] Neuneck, „Nichtweiterverbreitung, Abrüstung und Rüstungskontrolle".

[29] Murdock und Yeats, „Exploring the Nuclear Posture Implications of Extended Deterrence and Assurance: Workshop Proceeding and Key Takeaways"; Pifer u. a., „U.S. Nuclear and Extended Deterrence: Considerations and Challenges"; Yost, „US Extended Deterrence in NATO and North-East Asia"; Thränert, „Europe's Need for a Damage Limitation Option"; Thränert, „Departing from Deterrence: The United States should embrace nuclear disarmament"; Thränert, „U.S. Nuclear Forces in Europe to Zero? Yes, But Not Yet"; Thränert, „Abschied von der Abschreckung: Amerika leitet den Kurswechsel zur atomaren Abrüstung ein"; Watman und Wilkening, „U.S. Regional Deterrence Strategies"; Schmidt, „Keine Abrüstungseuphorie: Pragmatismus wird die US-Nuklearwaffenpolitik in Obamas zweiter Amtszeit prägen"; Fey u. a., „Auf dem Weg zu Global Zero? Die neue amerikanische Nuklearpolitik zwischen Anspruch und Wirklichkeit".

[30] Pifer u. a., „U.S. Nuclear and Extended Deterrence: Considerations and Challenges"; Yost, „US Extended Deterrence in NATO and North-East Asia"; Murdock und Yeats, „Exploring the Nuclear Posture Implications of Extended Deterrence and Assurance: Workshop Proceeding and Key Takeaways"; Thränert, „NATO, Missile Defence and Extended Deterrence"; Watman und Wilkening, „U.S. Regional Deterrence Strategies".

der USA sehen.[31] Auch innerhalb der NATO ist aus den osteuropäischen Mitgliedsländern Skepsis gegenüber den neuen Nuklearplanungen der amerikanischen Verbündeten zu vernehmen.[32] Historisch bedingt herrschen in den ehemaligen Warschauer-Pakt- und jetzigen NATO-Staaten andere Bedrohungswahrnehmungen vor, die sich noch stärker auf den großen Nachbarn Russland richten. Nicht zuletzt für diese NATO-Mitglieder sind die US-Atomwaffen in der nuklearen Teilhabe und ihr nuklearer Schirm (*nuclear umbrella*) noch von großer Bedeutung.[33]

---

[31] Bush, „The U.S. Policy of Extended Deterrence in East Asia: History, Current Views, and Implications"; „Treaty of Mutual Cooperation and Security between the United States of America and Japan (January 19, 1960)"; Pifer u. a., „U.S. Nuclear and Extended Deterrence: Considerations and Challenges"; Yost, „US Extended Deterrence in NATO and North-East Asia"; Murdock und Yeats, „Exploring the Nuclear Posture Implications of Extended Deterrence and Assurance: Workshop Proceeding and Key Takeaways".
„Mutual Defense Treaty between the Republic of Korea and the United States of America", in Kraft seit dem 17.11.1954.
[32] Dembinski und Müller, „Das neue strategische Konzept der NATO und die Zukunft der nuklearen Abrüstung in Europa"; Thränert, „NATO's Deterrence and Defense Posture Review"; Thränert, „Das Raketenabwehrprojekt der Nato: Europäische Interessen und die Umsetzung eines ambitionierten Vorhabens"; Thränert, „Europäische Beiträge zur NATO-Raketenabwehr"; Thränert, Oliver, „After the Bombs are Gone: Thinking about a Europe Free of US Nuclear Weapons"; Thränert, „Nuclear Arms and Missile Defense in Transatlantic Security"; Thränert, „Nato and Missile Defence: Opportunities and Open Questions".
[33] Dembinski und Müller, „Das neue strategische Konzept der NATO und die Zukunft der nuklearen Abrüstung in Europa"; McArdle Kelleher, „Interlinked: Assurance, Russia, and Further Reductions of Non-Strategic Nuclear Weapons"; Binnendijk und McArdle Kelleher, „NATO Reassurance and Nuclear Reductions: Creating the Conditions"; Legvold, „Reconciling Limitations on Non-Strategic Nuclear Weapons, Conventional Arms Control, and Missile Defense Cooperation"; Yost, „US Extended Deterrence in NATO and North-East Asia"; Murdock und Yeats, „Exploring the Nuclear Posture Implications of Extended Deterrence and Assurance: Workshop Proceeding and Key Takeaways"; Pifer u. a., „U.S. Nuclear and Extended Deterrence: Considerations and Challenges"; Thränert, *No Farewell to Arms: The US and Russia are Modernizing their Nuclear Arsenals. End of a Dream?*; Paul und Thränert, „Abrüstung, Abschreckung und Abwehr: Die neue US-Nukleardoktrin – Abstimmungsbedarf in der Allianz"; Paul und Thränert, „Neu-

Wie in den Jahren 2009 bis 2012 die Bedeutung von Nuklearwaffen für die Verteidigungsplanung unter den NATO-Staaten diskutiert worden ist, ist nun Gegenstand dieser Arbeit. In diesem Zeitraum erarbeitete das Bündnis ein neues Strategisches Konzept und führte die *Deterrence and Defence Posture Review* durch.

Noch immer lagern nukleare Gefechtsfeldwaffen in Europa, wobei davon auszugehen ist, dass die russischen Arsenale in die Tausende gehen, während die der NATO sich auf wenige Hundert begrenzen.[34] Diese Waffen sind nicht Bestandteil des New-START-Abrüstungsabkommens geworden und sind in den Augen einiger europäischer NATO-Staaten ein destabilisierender Faktor im militärischen Gleichgewicht zwischen Russland und seinen westlichen Nachbarstaaten.[35]

Die NATO hat drei Mitgliedsländer, die über ein nukleares Arsenal verfügen: die USA, Großbritannien und Frankreich. Die Vereinigten Staaten haben erst jüngst in ihrer *Nuclear Posture Review* wiederholt, dass sie den Einsatz ihrer Kernwaffen nicht nur zur Landesverteidigung androhen (zentrale Abschreckung), sondern auch zum Schutz ihrer Verbündeten (erweiterte Abschreckung).[36] Bisher lagern noch ca. 200 US-Nuklearwaffen vom Typ B-61 auf Militärbasen in Deutschland, Belgien, den Niederlanden, Italien und der Türkei.[37] Bis

---

start mit Hindernissen: Probleme und Perspektiven des START-I Nachfolgeabkommens".

[34] Woolf, „Nonstrategic Nuclear Weapons"; Pifer, „NATO, Nuclear Weapons and Arms Control"; Kristensen und Norris, „Russian Nuclear Forces, 2011", 71; Kristensen, „Non-Strategic Nuclear Weapons".

[35] Dembinski und Müller, „Das neue strategische Konzept der NATO und die Zukunft der nuklearen Abrüstung in Europa"; Lunn und Selden, „NATO, Nuclear Weapons and the New Strategic Concept"; Blank, *Russian Nuclear Weapons: Past, Present, and Future*; Thränert, „Moving Towards a Global Zero? Die Rüstungskontroll- und Nichtverbreitungspolitik"; Thränert, „Die ‚globale Null' für Atomwaffen"; Thränert, „Obamas Vision einer Welt ohne Atomwaffen"; Thränert, „Rettet die nukleare Ordnung und schafft die Atomwaffen ab"; Thränert, „Vision und Illusion? Barack Obamas Abrüstungs- und Nichtverbreitungspolitik".

[36] U.S. Department of Defense, „Nuclear Posture Review Report (April 2010)".

[37] Woolf, „Nonstrategic Nuclear Weapons"; Kristensen und Norris, „US Nuclear Forces, 2014"; Kristensen, „U.S. Nuclear Weapons in Europe: A Review of Post-

auf die Türkei stellen alle genannten Staaten im Rahmen der nuklearen Teilhabe der NATO das zertifizierte Gerät und Personal bereit, um diese substrategischen Kernwaffen einzusetzen.[38]

Durch die mit der Neuformulierung der US-Nuklearwaffenpolitik geplanten Investitionen von ca. 80 Milliarden US-Dollar in zehn Jahren für die Sicherung und Modernisierung des bestehenden US-Kernwaffenarsenals bewahren die USA ihre nuklearen Fähigkeiten bis über das Jahr 2050 hinaus.[39] Zu den Investitionen zählt auch ein Lebenserhaltungsprogramm für die in Europa stationierten Bomben, deren Nutzungsdauer bis über das Jahr 2040 gewährleistet und deren Modernisierung in den Jahren 2020 bis 2022 abgeschlossen sein soll. Durch die Bereitstellung dieser substrategischen Kernwaffen liefern die USA also auch zukünftig die technischen Voraussetzungen zur nuklearen Teilhabe in der NATO.[40]

US-Kernwaffen leisten einen Beitrag zur Abschreckungsfähigkeit des Bündnisses. Allerdings weist die NATO selbst darauf hin, dass die Szenarien und die Wahrscheinlichkeit ihres Einsatzes seit Ende des Kalten Krieges deutlich geringer geworden sind.[41] Die substrategischen Kernwaffen in Europa dienen zurzeit vor allem der Rückversicherung (*Reassurance*) der europäischen Verbündeten. Durch die Stationierung der US-Kernwaffen auf europäischen Luftwaffenbasen wird zum einen eine glaubhafte Unterstützung der USA im Krisenfall ausgedrückt, zum anderen sind sie Sinnbild für eine solidarische Lasten- und Gefahrenteilung im Bündnis. Zusätzlich gilt, solange nicht nukleare Mitgliedsstaaten der NATO von US-Beistands-

---

Cold War Policy, Force Levels, and War Planning"; Sauer und van der Zwaan, „U.S. Tactical Nuclear Weapons in Europe After NATO's Lisbon Summit: Why their Withdrawal Is Desirable and Feasible", 2.

[38] Chalmers und Lunn, „NATO's Tactical Nuclear Dilemma"; Nassauer und Piper, „Atomwaffen-Modernisierung in Europa: Das Projekt B61-12", 2.

[39] The White House, „Fact Sheet: An Enduring Commitment to the U.S. Nuclear Deterrent".

[40] Collina, „U.S. Nuclear Modernization Programs".

[41] NATO, „Deterrence and Defence Posture Review. [Press Release (2012) 063]".

garantien überzeugt sind, besteht auch kein Anreiz für sie, sich selbst Kernwaffen zu beschaffen.[42]

Vor allem für die neuen NATO-Mitglieder wird die Beistandsbekundung der USA bisher scheinbar am glaubhaftesten durch die Präsenz von US-Kernwaffen in Europa ausgedrückt. Die mittel- und osteuropäischen Staaten kritisieren mit Verweis auf den Vertrag über Konventionelle Streitkräfte in Europa (KSE) die Stationierung russischer Truppen. Sie befürchten auch, dass das numerische Ungleichgewicht zwischen Russland und der NATO im Bereich der substrategischen Kernwaffen zu Instabilität führt, und verfolgen kritisch die Drohung Russlands, nukleare Kurzstreckenraketen auf Ziele in Europa zu richten, wenn die US-Raketenabwehrpläne nach dem *European Phased Adaptive Approach* weiter umgesetzt werden.[43]

Deutschland hat die Diskussion über die nukleare Abrüstung als eine Möglichkeit zum Nachdenken über die Rolle von Nuklearwaffen in der NATO aufgefasst, da es durch den Aufruf von US-Präsident Obama 2009 zu einer atomwaffenfreien Welt eine neue Option sah, die nukleare Abrüstung voranzubringen. Die damalige schwarz-gelbe Bundesregierung bekannte sich frühzeitig zu dem Ziel, sämtliche in Europa verbliebenen US-Kernwaffen abzuziehen. Diese Auffassung wurde auch durch die Oppositionsparteien im Bundestag mitgetragen.[44] Europäische Unterstützung bei der Diskussion über den Abzug bekam Deutschland durch Belgien, die Niederlande, Luxemburg und Norwegen. Im Ergebnis hält die *Deterrence and Defence Posture Review* der NATO von 2012 aber an der nuklearen Teilhabe fest und verweist lediglich auf die Möglichkeit, diese Kernwaffen in Europa weiter zu reduzieren. Solange aber kein Konsens in der NATO über den Abzug zustande kommt, wird die nukleare Teilhabe

---

[42] Kaim und Niedermeier, „Das Ende des ‚multilateralismus Reflexes'? Deutsche NATO-Politik unter neuen nationalen und internationalen Rahmenbedingungen", 116; Yost, *The US and Nuclear Deterrence in Europe*, 326:8.
[43] Thränert, „Die ‚globale Null' für Atomwaffen"; Varwick, „Das neue strategische Konzept der NATO"; Jäger und Dylla, „Diplomatischer Erfolg und kommunikatives Desaster: Die Raketenabwehrpläne der USA".
[44] Deutscher Bundestag, „Drucksache 17/1159".

fortgeführt. Deswegen wird es auch zunächst keinen Abzug der US-Kernwaffen aus Deutschland geben.[45]

Dabei waren im Jahr 2008 *„84 Prozent der Deutschen [...] der Meinung, dass die Bundesregierung dafür sorgen sollte, dass die auf deutschem Boden gelagerten Atomwaffen umgehend beseitigt werden sollten".*[46] Während-dessen sprachen sich in Deutschland, im Bundestagswahlkampf zur 17. Legislaturperiode, sowohl der damals amtierende Außenminister Frank-Walter Steinmeier (SPD) als auch der spätere Außenminister Guido Westerwelle (FDP) für die nukleare Abrüstung und den Abzug der nach dem Kalten Krieg verbliebenen Kernwaffen der USA aus.[47] Im Koalitionsvertrag der CDU/CSU und FDP für die 17. Legislaturperiode legten die Koalitionspartner fest:

„In diesem Zusammenhang sowie im Zuge der Ausarbeitung eines strategischen Konzeptes der NATO werden wir uns im Bündnis sowie gegenüber den amerika-nischen Verbündeten dafür einsetzen, dass die in Deutschland verbliebenen Atomwaffen abgezogen werden."[48]

Am 24. März 2010 kam es im Deutschen Bundestag zu einem Beschluss, der mit der Unterstützung der Regierungsfraktionen sowie der Oppositionsfraktionen aus SPD und Grünen verabschiedet wur-de. Darin heißt es:

---

[45] Die Bundesregierung der Bundesrepublik Deutschland, „Mitschrift der Bundes-pressekonferenz vom 05.09.2012"; Thränert, „U.S. Nuclear Forces in Europe to Zero? Yes, But Not Yet"; Ischinger und Weisser, „NATO and the Nuclear Um-brella"; Davis und Meier, „Don't Mention the Cold War: Lord Robertson's Basil Fawlty Moment"; Miller, Robertson, und Schake, „Germany Opens Pandora's Box", 3. Vgl. auch: Vestring, „Eine Niederlage für die Nato".

[46] Forsa-Umfrage aus dem Jahr 2008. http://www.ippnw.de/commonFiles/pdfs/Atomwaffen/Atomwaffen2008.pdf (25.02.2015). Im Jahr 2005 befürworteten 70,5% der Deutschen den Abzug aller Nuklearwaffen aus Europa. Laut einer Umfrage in: Kristensen, „U.S. Nuclear Weapons in Europe: A Review of Post-Cold War Policy, Force Levels, and War Planning".

[47] SPIEGEL Online, „Nuklearwaffen in Deutschland: Steinmeier fordert Abzug von US-Atombomben"; Handelsblatt, „Westerwelle will Abzug aller US-Atomraketen".

[48] Bundesministerium des Innern (BMI), „Wachstum. Bildung. Zusammenhalt. Koalitionsvertrag zwischen CDU, CSU und FDP".

„Der Deutsche Bundestag begrüßt die Absicht der Bundesregierung, [...] neue Abrüstungsabkommen international zu unterstützen und die Überprüfungskonferenz zum Atomwaffensperrvertrag dafür zu nutzen, um eine neue Dynamik für Rüstungskontroll- und Abrüstungsvereinbarungen zu erreichen; in diesem Zusammenhang und im Zuge der Ausarbeitung eines neuen strategischen Konzeptes der NATO sich im Bündnis sowie gegenüber den amerikanischen Verbündeten dafür einzusetzen, dass die in Deutschland verbliebenen Atomwaffen abgezogen werden; sich für eine atomwaffenfreie Welt zu engagieren."[49]

„Der Deutsche Bundestag fordert die Bundesregierung auf, [...] sich auch bei der Ausarbeitung eines neuen strategischen Konzepts der NATO im Bündnis sowie gegenüber den amerikanischen Verbündeten mit Nachdruck für den Abzug der US-Atomwaffen aus Deutschland einzusetzen [...]"[50]

Warum hat sich Deutschland trotz der starken innenpolitischen Zustimmung aus der Bevölkerung und dem Parlament nicht erfolgreich für den Abzug einsetzen können? Da innenpolitischer Widerstand nicht der ausschlaggebende Grund für dieses Ergebnis gewesen sein kann, scheint es notwendig, die Beweggründe auf internationaler Ebene, konkret im Aushandlungsprozess unter den NATO-Mitgliedsstaaten, zu suchen. Dafür ist es sinnvoll, die Verhandlungen über einen Abzug der taktischen Kernwaffen aus Europa als einen Aushandlungsprozess auf zwei Ebenen, im Sinne des Modells von Robert D. Putnam, zu verstehen.[51]

Die vorliegende Arbeit gliedert sich in zwei Abschnitte. Zunächst wird die grundlegende Herangehensweise zur Bearbeitung der Fragestellung dargestellt. Anschließend erfolgt die Darstellung des politischen Rahmens für den eigentlichen Verhandlungsprozess. Abschließend erfolgt die Bewertung der Untersuchungsergebnisse im Hinblick auf die Fragstellung.

---

[49] Deutscher Bundestag, „Drucksache 17/1159", 2.
[50] Ebd.
[51] Putnam, „Diplomacy and Domestic Politics: The Logic of Two-Level Games".

Abschnitt I: Analyserahmen

2 Analyserahmen – das Zwei-Ebenen-Modell als Ansatz zur Außenpolitikanalyse

Wenn man dem Vorschlag folgt, Außenpolitik *„als das zielorientierte, über die eigenen Staatsgrenzen hinaus gerichtete Handeln von staatlichen Akteuren zu bezeichnen"*[52], dann ist die Außenpolitikanalyse der Versuch, die Außenpolitik eines Staates als abhängige Variable durch die Betrachtung verschiedener unabhängiger Variablen zu erklären.[53] Die unabhängigen Variablen können dabei auf unterschiedlichen Analyseebenen gesucht werden. Zum Beispiel können innenpolitische (subsystemische) Faktoren, internationale Zwänge (systemische Faktoren) oder die persönliche Denkweise konkreter Entscheidungsträger als unabhängige Variable herangezogen werden.[54]

Der Analyserahmen der vorliegenden Arbeit orientiert sich an dem Modell von Robert D. Putnam, das er 1988 in seinem Aufsatz *„Diplomacy and Domestic Politics: The Logic of Two-Level Games"* vorgestellt hat.[55] In Abgrenzung zu den klassischen Großtheorien der wissenschaftlichen Disziplin Internationale Beziehungen sucht der Autor mit seinem Werk einen Weg, subsystemische und systemische Erklärungsansätze für die Außenpolitikanalyse nutzbar zu machen und gerade auf die Wechselbeziehung zwischen nationalen und internationalen Faktoren hinzuweisen.[56] Dafür führt Putnam den Begriff des

---

[52] Brummer und Oppermann, *Außenpolitikanalyse*, 1.

[53] Ebd., 2–3; Oppermann, *Prinzipale und Agenten in Zwei-Ebenen-Spielen: Die innerstaatlichen Restriktionen der Europapolitik Großbritanniens unter Tony Blair*, 37.

[54] Hill, *The Changing Politics of Foreign Policy*; Breuning, *Foreign Policy Analysis: A Comparative Introduction*; Hudson, *Foreign Policy Analysis: Classic and Contemporary Theory*; Smith, Hadfield, und Dunne, *Foreign Policy: Theories, Actors, Cases*; Carlsnaes und Guzzini, *Foreign Policy Analysis*; Carlsnaes, Risse, und Simmons, *Handbook of International Relations*; Alden und Aran, *Foreign Policy Analysis: New Approaches*; Beach, *Analyzing Foreign Policy*; Schmidt, Hellmann, und Wolf, *Handbuch zur deutschen Außenpolitik*; Brummer und Oppermann, *Außenpolitikanalyse*, 1–3.

[55] Putnam, „Diplomacy and Domestic Politics: The Logic of Two-Level Games".

[56] Ebd., 430–433; Putnam, „Two-Level Games: The Impact of Domestic Politics on Transatlantic Bargaining", 79; Carlsnaes, Risse, und Simmons, *Handbook of Internatio-*

Zwei-Ebenen-Spiels als Metapher für die Interaktion zwischen nationaler und internationaler Ebene ein.[57]

Während die neorealistische Schule der Internationalen Beziehungen außenpolitische Entscheidungen eines Staates einzig auf der Basis systemischer Zwänge erklärt, versuchen liberale Theorien der Internationalen Beziehungen, die Außenpolitik eines Staates durch innenpolitische Faktoren zu erklären.[58]

Das von Putnam vorgeschlagene Modell ist der Versuch, diese beiden Analyseebenen miteinander zu kombinieren und so der Kritik an reinen subsystemischen oder systemischen Erklärungsansätzen für Außenpolitik Rechnung zu tragen.[59] Das Zwei-Ebenen-Modell ist in besonderer Weise dafür geeignet, diese Brücke zu bauen, da es nicht willkürliche Variablen zur Erklärung heranzieht, sondern durch die von Putnam beschriebenen Wirkungszusammenhänge ein klares Analysekonzept zur Außenpolitikanalyse anbietet.[60]

2.1 Das Zwei-Ebenen-Modell von Robert D. Putnam

Die Grundannahme von Robert D. Putnam lautet, dass eine Vielzahl zwischenstaatlicher Verhandlungen als ein Zwei-Ebenen-Spiel verstanden werden kann.[61] Dabei sind die nationalen Regierungen, vertreten durch Delegationen oder Einzelpersonen, die zentralen Akteu-

---

nal Relations; Hellmann, Wolf, und Zürn, *Die neuen internationalen Beziehungen: Forschungsstand und Perspektiven in Deutschland*; Oppermann, *Prinzipale und Agenten in Zwei-Ebenen-Spielen: Die innerstaatlichen Restriktionen der Europapolitik Großbritanniens unter Tony Blair*, 18–19; Brummer und Oppermann, *Außenpolitikanalyse*, 9–66.

[57] Putnam, „Diplomacy and Domestic Politics: The Logic of Two-Level Games“, 433; Oppermann, *Prinzipale und Agenten in Zwei-Ebenen-Spielen: Die innerstaatlichen Restriktionen der Europapolitik Großbritanniens unter Tony Blair*, 18–19; Brummer und Oppermann, *Außenpolitikanalyse*, 9–66.

[58] Putnam, „Diplomacy and Domestic Politics: The Logic of Two-Level Games“, 430–33; Oppermann, *Prinzipale und Agenten in Zwei-Ebenen-Spielen: Die innerstaatlichen Restriktionen der Europapolitik Großbritanniens unter Tony Blair*, 18–20.

[59] Brummer und Oppermann, *Außenpolitikanalyse*, 76–77.

[60] Ebd.; Oppermann, *Prinzipale und Agenten in Zwei-Ebenen-Spielen: Die innerstaatlichen Restriktionen der Europapolitik Großbritanniens unter Tony Blair*, 37.

[61] Putnam, „Diplomacy and Domestic Politics: The Logic of Two-Level Games“, 430–34.

re zwischen der staatlichen und der zwischenstaatlichen Ebene.[62] Sie vertreten als rationale Akteure[63] die Interessen ihres Staates auf der zwischenstaatlichen Ebene (Ebene-I), die maßgeblich auf der nationalen Ebene (Ebene-II) bestimmt werden.[64]

Mit Putnams Worten:

„At the national level, domestic groups pursue their interests by pressuring the government to adopt favorable policies, and politicians seek power by constructing coalitions among those groups. At the international level, national governments seek to maximize their own ability to satisfy domestic pressures, while minimizing the adverse consequences of foreign developments. Neither of the two games can be ignored by central decision-makers, so long as their countries remain interdependent, yet sovereign."[65]

Die Aufgabe der Regierung besteht darin, in den Verhandlungen auf zwischenstaatlicher Ebene ein Ergebnis zu erzielen, das die nationalen Interessen widerspiegelt und gleichzeitig mit den Verhandlungszielen anderer Regierungen vereinbar ist.[66]

„Each national political leader appears at both game boards. Across the international table sit his foreign counterparts, and at his elbows sit diplomats and other international advisors. Around the domestic table behind him sit party and parliamentary figures, spokespersons for domestic agencies, representatives of key interest groups, and the leader's own political advisors."[67]

Aufgrund der Annahme, dass Regierungen primär am eigenen Machterhalt interessiert sind, ist zu vermuten, dass eine Regierung

---

[62] Ebd.; Oppermann, *Prinzipale und Agenten in Zwei-Ebenen-Spielen: Die innerstaatlichen Restriktionen der Europapolitik Großbritanniens unter Tony Blair*, 22–23.

[63] Oppermann, *Prinzipale und Agenten in Zwei-Ebenen-Spielen: Die innerstaatlichen Restriktionen der Europapolitik Großbritanniens unter Tony Blair*, 56–76.

[64] Putnam, „Diplomacy and Domestic Politics: The Logic of Two-Level Games", 430–36; Oppermann, *Prinzipale und Agenten in Zwei-Ebenen-Spielen: Die innerstaatlichen Restriktionen der Europapolitik Großbritanniens unter Tony Blair*, 22–23.

[65] Putnam, „Diplomacy and Domestic Politics: The Logic of Two-Level Games", 434.

[66] Ebd., 430–37; Oppermann, *Prinzipale und Agenten in Zwei-Ebenen-Spielen: Die innerstaatlichen Restriktionen der Europapolitik Großbritanniens unter Tony Blair*, 22–23.

[67] Putnam, „Diplomacy and Domestic Politics: The Logic of Two-Level Games", 434.

grundsätzlich versucht, unter den Bedingungen von Unsicherheit, und die Verhandlungsziele der anderen Akteure auf Ebene-I antizipierend, eine für sich optimale Handlungsoption zu wählen.[68]

Das Modell von Putnam verknüpft die beiden Spielebenen dadurch, dass ein auf zwischenstaatlicher Ebene getroffenes Verhandlungsergebnis der nationalen Ratifikation bedarf.[69] Darunter ist die formelle und informelle Zustimmung zum Verhandlungsergebnis im innenpolitischen Prozess zu verstehen.[70]

Abbildung: Das Zwei-Ebenen-Modell nach Putnam[71]

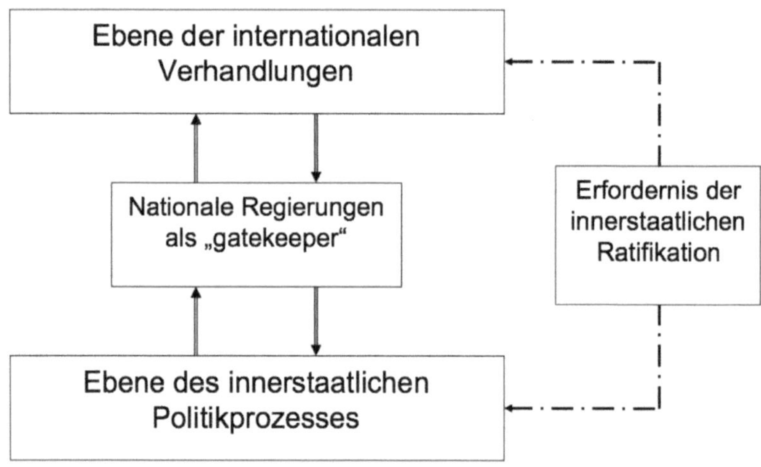

Für jede der beiden Spielebenen, nimmt Putnam an, gibt es ein sogenanntes *Win-Set*.[72] Darin sind auf Ebene-I alle international

---

[68] Brummer und Oppermann, *Außenpolitikanalyse*, 78–81.

[69] Ebd., 81–83.

[70] Putnam, „Diplomacy and Domestic Politics: The Logic of Two-Level Games", 430–37; Oppermann, *Prinzipale und Agenten in Zwei-Ebenen-Spielen: Die innerstaatlichen Restriktionen der Europapolitik Großbritanniens unter Tony Blair*, 22–23, 26–28.

[71] Oppermann, *Prinzipale und Agenten in Zwei-Ebenen-Spielen: Die innerstaatlichen Restriktionen der Europapolitik Großbritanniens unter Tony Blair*, 24; Jäger, „Grundzüge der Internationalen Beziehungen, Einführung in die Außenpolitik (Power Point Präsentation)".

zustimmungsfähigen Kooperationsvereinbarungen enthalten.[73] Auf Ebene-II beschreibt das Win-Set alle formell oder informell ratifizierbaren Verhandlungsergebnisse der Ebene-I.[74]

Der Prozess der Genese eines Win-Sets auf Ebene-II wurde intensiv in der Arbeit von Kai Oppermann beschrieben und diskutiert.[75] Oppermann sieht nach Putnam vier Faktoren als maßgeblich für die Bestimmung nationaler Win-Sets an. Der erste Faktor betrifft die außenpolitischen Präferenzen der maßgeblichen innenpolitischen Akteure.[76] Wenn alle relevanten innenpolitischen Akteure bestimmte außenpolitische Präferenzen teilen, ergibt sich daraus keine Einschränkung für die Verhandlungsführung auf Ebene-I.[77] Als zweiten Faktor bestimmt Oppermann die formalen bzw. institutionellen Anforderungen an ein innenpolitisches Ratifikationsverfahren.[78] Drittens können die verhandlungsführenden Regierungen selbst ihr politisches Gewicht in die innenpolitischen Verhandlungen über ein Win-Set einbringen.[79] Oppermann sieht viertens internationale Akteure als

---

[72] Putnam, „Diplomacy and Domestic Politics: The Logic of Two-Level Games", 435–41; Oppermann, *Prinzipale und Agenten in Zwei-Ebenen-Spielen: Die innerstaatlichen Restriktionen der Europapolitik Großbritanniens unter Tony Blair*, 28.

[73] Oppermann, *Prinzipale und Agenten in Zwei-Ebenen-Spielen: Die innerstaatlichen Restriktionen der Europapolitik Großbritanniens unter Tony Blair*, 28; Brummer und Oppermann, *Außenpolitikanalyse*, 81–83; Putnam, „Diplomacy and Domestic Politics: The Logic of Two-Level Games", 435–41.

[74] Oppermann, *Prinzipale und Agenten in Zwei-Ebenen-Spielen: Die innerstaatlichen Restriktionen der Europapolitik Großbritanniens unter Tony Blair*, 28.

[75] Ebd., 39–55.

[76] Ebd., 39; Putnam, „Diplomacy and Domestic Politics: The Logic of Two-Level Games", 442–48.

[77] Oppermann, *Prinzipale und Agenten in Zwei-Ebenen-Spielen: Die innerstaatlichen Restriktionen der Europapolitik Großbritanniens unter Tony Blair*, 39–40.

[78] Ebd., 40; Putnam, „Diplomacy and Domestic Politics: The Logic of Two-Level Games", 448–49.

[79] Oppermann, *Prinzipale und Agenten in Zwei-Ebenen-Spielen: Die innerstaatlichen Restriktionen der Europapolitik Großbritanniens unter Tony Blair*, 40; Putnam, „Diplomacy and Domestic Politics: The Logic of Two-Level Games", 450–52.

potenzielle Faktoren, die auf die Größenbestimmung eines nationalen Win-Sets Einfluss nehmen können.[80]

Der politische Spielraum der verhandlungsführenden Regierung auf Ebene-I wird maßgeblich von dem Win-Set auf Ebene-II bestimmt.[81] Die relative Größe des Win-Sets auf Ebene-II hat Einfluss auf die Verhandlungsführung der Regierung. Ein relativ großes Win-Set auf Ebene-II erhöht die Wahrscheinlichkeit für eine Einigung auf Ebene-I.[82] Ein relativ kleines Win-Set auf Ebene-II führt hingegen dazu, dass die Regierung in der Verhandlungsführung eine gewisse Härte zeigen sollte, da sie glaubhaft damit drohen kann, für sie auf nationaler Ebene nicht ratifizierbare Kompromisse auf Ebene-I nicht mitzutragen.[83]

Die Regierung hat durch ihre Funktion als alleinige verhandlungsführende Partei auf Ebene-I einen gewissen Handlungsspielraum.[84] Dieser ergibt sich durch die Möglichkeit, Einfluss auf den Agenda-Setting-Prozess auf Ebene-I auszuüben sowie nur selektiv die Präferenzen innerstaatlicher Akteure bei der Genese dieser Agenda zu berücksichtigen.[85] Gleichzeitig hat die verhandlungsführende Regierung die Möglichkeit, Einfluss auf das zu ratifizierende Verhand-

---

[80] Oppermann, *Prinzipale und Agenten in Zwei-Ebenen-Spielen: Die innerstaatlichen Restriktionen der Europapolitik Großbritanniens unter Tony Blair*, 40.

[81] Brummer und Oppermann, *Außenpolitikanalyse*, 81–83; Putnam, „Diplomacy and Domestic Politics: The Logic of Two-Level Games", 435–37; Oppermann, *Prinzipale und Agenten in Zwei-Ebenen-Spielen: Die innerstaatlichen Restriktionen der Europapolitik Großbritanniens unter Tony Blair*, 28.

[82] Putnam, „Diplomacy and Domestic Politics: The Logic of Two-Level Games", 437.

[83] Ebd., 440; Oppermann, *Prinzipale und Agenten in Zwei-Ebenen-Spielen: Die innerstaatlichen Restriktionen der Europapolitik Großbritanniens unter Tony Blair*, 34–35.

[84] Brummer und Oppermann, *Außenpolitikanalyse*, 78–81; Oppermann, *Prinzipale und Agenten in Zwei-Ebenen-Spielen: Die innerstaatlichen Restriktionen der Europapolitik Großbritanniens unter Tony Blair*, 24; Putnam, „Diplomacy and Domestic Politics: The Logic of Two-Level Games", 456–59.

[85] Oppermann, *Prinzipale und Agenten in Zwei-Ebenen-Spielen: Die innerstaatlichen Restriktionen der Europapolitik Großbritanniens unter Tony Blair*, 25–26; Putnam, „Diplomacy and Domestic Politics: The Logic of Two-Level Games", 456–59.

lungsergebnis zu nehmen.[86] Darüber hinaus können Regierungen durch die Verknüpfung von unterschiedlichen Verhandlungsthemen *(Issue Linkage)* auf Ebene-I die Größe eines möglichen Win-Sets beeinflussen und auf Ebene-II die Aussichten auf eine erfolgreiche Ratifikation steigern.[87] Schließlich besteht die Option für Regierungen, auf Ebene-I und Ebene-II durch sogenannte *Side-payments* gezielt Kooperationsanreize für einzelne Akteure zu setzen und somit ihren eigenen Nutzen möglichst zu maximieren.[88] Außerdem ist der Informationsvorsprung der verhandlungsführenden Regierung gegenüber den Akteuren auf Ebene-II sowie Ebene-I von Bedeutung für die Durchsetzung spezifischer Regierungsinteressen.[89]

2.2 Vorgehensweise und Hypothesenbildung

Im Folgenden wird erläutert, wie das Zwei-Ebenen-Modell als Instrument zur Außenpolitikanalyse genutzt werden kann, um der Forschungsfrage nachzugehen, warum Deutschland sich innerhalb der NATO nicht erfolgreich für den Abzug der taktischen Kernwaffen aus Europa einsetzen konnte.

Folgt man dem Modell von Putnam, ist die Ursache vermutlich in den Win-Sets der jeweiligen Verhandlungspartner auf nationaler und internationaler Ebene zu suchen. Deswegen wird der Abgleich der Win-Sets der NATO-Staaten im Mittelpunkt der Arbeit stehen. Entlang der in der NATO in den Jahren 2009 bis 2012 geführten Diskussion über die Zukunft der nuklearen Teilhabe wird die deutsche Position mit den übrigen NATO-Staaten verglichen. Ziel ist es,

---

[86] Oppermann, *Prinzipale und Agenten in Zwei-Ebenen-Spielen: Die innerstaatlichen Restriktionen der Europapolitik Großbritanniens unter Tony Blair*, 25–26; Putnam, „Diplomacy and Domestic Politics: The Logic of Two-Level Games", 456–59.

[87] Oppermann, *Prinzipale und Agenten in Zwei-Ebenen-Spielen: Die innerstaatlichen Restriktionen der Europapolitik Großbritanniens unter Tony Blair*, 25–26; Putnam, „Diplomacy and Domestic Politics: The Logic of Two-Level Games", 445–48.

[88] Oppermann, *Prinzipale und Agenten in Zwei-Ebenen-Spielen: Die innerstaatlichen Restriktionen der Europapolitik Großbritanniens unter Tony Blair*, 25–26; Putnam, „Diplomacy and Domestic Politics: The Logic of Two-Level Games", 450–52.

[89] Oppermann, *Prinzipale und Agenten in Zwei-Ebenen-Spielen: Die innerstaatlichen Restriktionen der Europapolitik Großbritanniens unter Tony Blair*, 25–26.

diesen Vergleich soweit möglich zu systematisieren und Gruppen von „gleichgesinnten" Staaten zu identifizieren.

Um der hier zugrunde liegenden Forschungsfrage gezielt nachgehen zu können, werden die wissenschaftliche Literatur sowie die sehr umfangreichen Publikationen von politikberatenden Forschungseinrichtungen und Experten ausgewertet. Da nicht alle Details der bündnisinternen Diskussionen aus frei zugänglichen Quellen gezogen werden können, wurden im Rahmen der Arbeit Hintergrundgespräche mit Einzelpersonen geführt, die am Verhandlungsprozess als Vertreter unterschiedlicher Institutionen beteiligt waren.[90]

Mithilfe dieser Arbeit soll auch überprüft werden, ob Putnams Modell zur Erklärung des konkreten Einzelfalls geeignet ist. Entgegen der Argumentation von Putnam kann Deutschland im konkreten Fall das relativ kleine nationale Win-Set nicht in eine ausreichende Verhandlungsmacht auf internationaler Ebene übersetzen. Dafür kann es verschiedene Gründe geben, die im Verlauf der Arbeit als Hypothesen überprüft werden:

Hypothese 1: In diesem konkreten Fall gab es keine oder nur sehr geringe Überschneidungen der Win-Sets auf Ebene-I.

Hypothese 2: In diesem konkreten Fall konnte Deutschland die theoretischen Vorteile aus einem kleinen Win-Set nicht für sich nutzen.

Neben der Überprüfung der Erklärungskraft von Putnams Modell liefert der Beitrag eine historische Aufarbeitung der politischen Ereignisse und schafft damit Grundlagen und Anknüpfungspunkte für weitere Forschungen.

Die Arbeit ist als Einzelfallanalyse konzipiert, wobei untersucht wird, welche der, nach dem Modell von Putnam, identifizierten unabhängigen Variablen ($x_1 - x_2$) für die Ausprägung der abhängigen Variablen (Y) maßgeblich verantwortlich ist.

---

[90] Für diese Arbeit wurden folgende Hintergrundgespräche im Zeitraum 2011 bis 2015 geführt: US White House (NSC); US Department of State (Ständige Vertretung der USA bei der NATO); NATO (International Staff, International Military Staff); AA (Abt. 2, Abt. 2A, Deutsche Botschaft Washington D.C., Ständige Vertretung Deutschlands bei der NATO); BMVg (Abt. Pol ehemals FüS III, Deutsche Militärische Vertretung Brüssel)

2.3 Einführung: Nuklearwaffen und nukleare Abschreckung

Bevor die Arbeit sich der konkreten Fragestellung nähern kann, ist es notwendig, kurz auf die grundlegenden Konzeptionen nuklearer Abschreckung einzugehen. Nuklearwaffen haben seit ihrer Erfindung und ihres ersten Einsatzes eine lange Tradition als Untersuchungsgegenstand der Politikwissenschaften.[91]

Am 16. Juli 1945 testeten die USA die erste Kernwaffe der Welt und leiteten damit das nukleare Zeitalter ein. Die USA waren die erste und bisher einzige Nation, die Kernwaffen in einem Krieg eingesetzt hat. Im Verlauf des Zweiten Weltkrieges kam es am 6. und 9. August 1945 zum Abwurf von jeweils einer US-Atombombe auf die japanischen Städte Hiroshima und Nagasaki. Die verheerenden Auswirkungen des Kernwaffeneinsatzes führten in den USA zu der Einsicht, dass diese zukünftig mehr als politisches, denn als militärisches Instrument zur Kriegsführung zu nutzen sind.[92]

---

[91] Hier eine Auswahl: Baylis u. a., *Strategy in the Contemporary World: An Introduction to Strategic Studies*; Beaufre, „A Strategy of Deterrence"; Delpech, *Nuclear Deterrence in the 21st Century: Lessons from the Cold War for a New Era of Strategic Piracy*; Long, *Deterrence: From Cold War to Long War*; Sokolski, *Moving Beyond Pretense: Nuclear Power and Nonproliferation*; Corera, *Shopping for Bombs: Nuclear Proliferation, Global Insecurity, and the Rise and Fall of the A.Q. Khan Network*; Collins, *Contemporary Security Studies*; Cirincione, Wolfsthal, und Rajkumar, *Deadly Arsenals: Tracking Weapons of Mass Destruction*; Cirincione, *Bomb Scare: The History and Future of Nuclear Weapons*; Deutsch, „The New Nuclear Threat"; Freedman, *The Evolution of Nuclear Strategy*; Frey, „Of Nuclear Myths and Nuclear Taboos"; Herz, *International Politics in the Atomic Age*; Jervis, *The Meaning of the Nuclear Revolution: Statecraft and the Prospect of Armageddon*; Mærli und Lodgaard, *Nuclear Proliferation and International Security*; O'Neill, „Nuclear Weapons and National Prestige"; Sagan und Waltz, *The Spread of Nuclear Weapons: A Debate Renewed*; Schwarz, „The Future of Deterrence".

[92] Brodie, „The Absolute Weapon: Atomic Power and Word Order"; Gaddis, „Kernwaffen, Stabilität und das international Staatengefüge nach dem Zweiten Weltkrieg"; Krause, „Nach Hiroshima: Die Entwicklung der Theorie des Nuklearkrieges".

Das Konzept der nuklearen Abschreckung durch Kernwaffen zielt darauf ab, das Verhalten eines möglichen Aggressors zu beeinflussen, indem glaubhaft damit gedroht wird, einen Angriff durch einen Gegen- oder Zweitschlag zu vergelten. Damit soll dem potenziellen Gegner signalisiert werden, dass die Kosten eines Angriffs immer den Nutzen übersteigen werden.[94] Dies ist eine Definition für zentrale Abschreckung *(Central Deterrence)* in Abgrenzung zur erweiterten Abschreckung *(Extended Deterrence)*. In diesem zweiten Falle wird die Vergeltungsdrohung ausgedehnt und betrifft nun auch Angriffe auf verbündete Staaten.[95] Damit Abschreckung glaubhaft ist, müssen zwei Bedingungen erfüllt sein. Erstens bedarf es der militärischen Fähigkeiten, inakzeptablen Schaden bei einem Gegner als Vergeltungsmaßnahme zu verursachen[96] und zweitens darf nicht nur die Fähigkeit vorausgesetzt werden, es bedarf auch des politischen Willens zur Umsetzung.[97]

Grundsätzlich können Kernwaffen für verschiedene Aufgaben genutzt werden:[98]

➢ Durch die Androhung oder den Einsatz von Kernwaffen kann ein Staat zu einem konkreten Verhalten gezwungen werden *(Coercion)*.[99]

---

[93] Beaufre, „A Strategy of Deterrence", 238.

[94] Woolf, „Nuclear Weapons in U.S. National Security Policy: Past, Present, and Prospects", 5; Long, *Deterrence: From Cold War to Long War*, 7; U.S. Department of Defense, „Dictionary of Military and Associated Terms"; U.S. Department of Defense, „Joint Operations".

[95] Watman und Wilkening, „U.S. Regional Deterrence Strategies", 15.

[96] Waltz, „More May Be Better", 21.

[97] Murdock und Yeats, „Exploring the Nuclear Posture Implications of Extended Deterrence and Assurance: Workshop Proceeding and Key Takeaways", 16; Nye, *Understanding International Conflicts: An Introduction to Theory and History*, 144; Lupovici, „The Emerging Fourth Wave of Deterrence Theory: Toward a New Research Agenda"; Morgan, *Deterrence Now*, 15–20.

[98] Buchan u. a., *Future Roles of U.S. Nuclear Forces: Implications for U.S. Strategy*, 4–5.

[99] Ebd.

➢ Durch die Androhung eines nuklearen Vergeltungsschlags kann ein Staat von verschiedenen Verhaltensoptionen abgeschreckt werden *(Deterrence by Punishment)*.[100]

➢ Der Besitz von Kernwaffen kann ein Kräfteungleichgewicht konventioneller Waffen ausgleichen.[101]

➢ Kernwaffen sind aufgrund ihrer Zerstörungskraft geeignet, großflächige oder stark befestigte Ziele anzugreifen.[102]

➢ Nach den Modellen des Kalten Krieges kann ihr Einsatz zur Schadensbegrenzung genutzt werden. Ziel wäre es demnach, durch den Ersteinsatz von Kernwaffen gegen das militärische Potenzial eines Gegners, den Schaden seines Angriffs so gering wie möglich zu halten.[103]

➢ Trotz aller Kritik an ihrer Existenz ist für viele Staaten ein politischer Prestigegewinn mit dem Besitz von Kernwaffen verbunden, der erstmals bei der Schaffung und Zusammensetzung des Sicherheitsrats der VN deutlich wurde.[104]

Bis 1964 ist die Anzahl der Atomwaffenstaaten auf fünf gestiegen. Am 29. August 1949 konnte die Sowjetunion ihren ersten erfolgreichen Nuklearwaffentest durchführen. Es folgte am 2. Oktober 1952 der erste britische sowie am 3. Februar 1960 ein französischer Kernwaffentest. Am 16. Oktober 1964 führte auch die Volksrepublik China einen Nukleartest durch.

Diese Entwicklungen wurden in den Politikwissenschaften aufgegriffen und wissenschaftlich begleitet. Eine Übersicht über die wissenschaftlichen Fragestellungen und Forschungstrends während des Kalten Krieges ist zum Beispiel in einigen Publikationen der RAND Corporation erarbeitet worden.[105]

---

[100] Ebd.

[101] Ebd.

[102] Ebd.

[103] Ebd.

[104] Ebd.

[105] Delpech, *Nuclear Deterrence in the 21st Century: Lessons from the Cold War for a New Era of Strategic Piracy*; Long, *Deterrence: From Cold War to Long War*.

Für die folgenden Kapitel dieser Arbeit ist es notwendig, näher auf die unterschiedlichen Kategorien von Nuklearwaffen einzugehen. So werden grundsätzlich strategische und substrategische (taktische) Kernwaffen unterschieden.[106] Häufig werden die Kategorien nach den Reichweiten der Waffensysteme unterschieden. Beispiele für strategische Nuklearwaffen sind landgestützte Interkontinentalraketen (Reichweiten ab 5.500 km), aber auch Nuklearwaffen in Form von Bomben an Bord von Langstreckenbombern (Reichweite ca. 10.000 km) oder Marschflugkörper an Bord von Langstreckenbombern sowie ballistische Raketen und Marschflugkörper an Bord von U-Booten.[107] In einigen Darstellungen werden auch nukleare Waffensysteme mittlerer Reichweite (*Medium-range Ballistic Missile / Intermediate-range Ballistic Missile*) in die Kategorie strategischer Waffen aufgenommen.[108] Hier wird deutlich, dass die Reichweite einer Nuklearwaffe inklusive des Trägersystems allein nicht ausreichend ist für eine eindeutige Kategorisierung. Der Bericht der Kommission für nukleare Nichtverbreitung und Abrüstung aus dem Jahr 2009 ergänzt deswe-

---

[106] Evans und Kawaguchi, „Eliminating Nuclear Threats: A Practical Agenda for Global Policymakers", 13–30.

[107] Encyclopædia Britannica online, „Strategic Weapons System"; Evans und Kawaguchi, „Eliminating Nuclear Threats: A Practical Agenda for Global Policymakers", 13–30; Croddy und Wirtz, *Weapons of Mass Destruction: An Encyclopedia of Worldwide Policy, Technology, and History*; Gabbitas, „Non-Strategic Nuclear Weapons: Problems of Definition"; Müller und Schaper, „Definitions, Types, Missions, Risks and Options for Control: A European Perspective"; Cirincione, *Bomb Scare: The History and Future of Nuclear Weapons*, 166.

[108] Encyclopædia Britannica online, „Strategic Weapons System"; Evans und Kawaguchi, „Eliminating Nuclear Threats: A Practical Agenda for Global Policymakers", 13–30. Für eine Grundsätzliche Einordnung: National Air and Space Intelligence Center, „Ballistic and Cruise Missile Threat", 5. Ballistische Raketen für militärische Anwendungen werden anhand ihrer Reichweite in vier Gruppen kategorisiert. Sogenannte Kurzstreckenraketen (SRBM = Short-range Ballistic Missile) haben eine Reichweite bis zu 1.000 km. Mittelstreckenraketen (MRBM = Medium-range Ballistic Missile) haben eine Reichweite von 1.000 bis 3.000 km. IRBMs (Intermediate-range Ballistic Missiles) haben eine Reichweite zwischen 3.000 und 5.500 km. Raketen größerer Reichweite werden als Interkontinentalraketen oder auch umgangssprachlich als Langstreckenraketen (IRBM = Interncontinental Ballistic Missile) bezeichnet. Ihre Reichweite liegt in der Regel zwischen 5.500 und 10.000 km.

gen die Kategorisierung um die Funktion der Waffensysteme. So kommt strategischen Nuklearwaffen die Funktion zu, die glaubhafte Drohung abzubilden, einem Gegner inakzeptablen Schaden zufügen zu können, indem man seine Streitkräfte, industrielle Basis oder Infrastruktur zerstören kann *(Counter-force Targeting)*.[109] Die Drohung mit einem inakzeptablen Schaden kann aber auch dadurch gewährleistet werden, dass man die Bevölkerungszentren eines Gegners mit Nuklearwaffen bedroht *(Counter-value Targeting)*.[110] Diese „strategische" Funktion von Nuklearwaffen hängt offensichtlich stärker von der Waffenwirkung und weniger von Distanzen ab. Vor dem Hintergrund der großen Bandbreite an nuklearen Gefechtsköpfen und Trägersystemen und möglichen Einsatzszenarien wird deutlich, dass die eindeutige Kategorisierung eines Waffensystems problematisch ist.[111]

2.4 Taktische Nuklearwaffen

Die Definition taktischer oder substrategischer Nuklearwaffen ist nicht ohne Tücke.[112] In der Regel versteht man darunter Kernwaffen mit einer kurzen Reichweite (unter 500 km) und einer relativ geringen Sprengkraft. Dabei können diese Waffen gegen See-, Boden- oder Luftziele genutzt werden und in Form von Minen, Granaten, Bomben, Luftabwehrraketen, ballistischen oder Lenkflugkörpern vorliegen.[113] Paul Schulte schlägt folgende Charakterisierung vor:

---

[109] Evans und Kawaguchi, „Eliminating Nuclear Threats: A Practical Agenda for Global Policymakers", 13–30. Ein inakzeptabler Schaden wurde von den USA zeitweilig als die Zerstörung eines Viertels oder Drittels der Gesamtbevölkerung bzw. der Zerstörung eines Drittels der industriellen Basis betrachtet. So dargestellt in: Ball, „The Development of the SIOP, 1960–1983"; Woolf, „Nuclear Weapons in U.S. National Security Policy: Past, Present, and Prospects", 6.

[110] Evans und Kawaguchi, „Eliminating Nuclear Threats: A Practical Agenda for Global Policymakers", 13–30.

[111] Ebd.

[112] Müller und Schaper, „Definitions, Types, Missions, Risks and Options for Control: A European Perspective"; Gabbitas, „Non-Strategic Nuclear Weapons: Problems of Definition".

[113] Schulte, „Tactical Nuclear Weapons in NATO and Beyond: A Historical and Thematic Examination", 42; Dembinski und Müller, „Das neue strategische Konzept der NATO und die Zukunft der nuklearen Abrüstung in Europa", 4. Siehe

„Nuclear devices and delivery systems with relatively short range and low yield by contemporary standards, which are intended for employment against conventional, or nuclear, ground, naval, air targets or transport assets, on the battlefield, or across the theater, to contribute to total conventional and nuclear campaign capability, yet which are not expected to inflict strategically decisive damage to enemy military, economic, or regime targets, but whose use would nevertheless be an unmistakable signal that the stakes in a crisis were regarded as serious enough to transform it into, or continue it, as a nuclear conflict, and so, unavoidably, to risk possible escalation to a strategic level.“[114]

2.5   Nukleare Abschreckung

Im Allgemeinen versteht man unter dem Begriff der nuklearen Abschreckung, dass ein Angriff auf ein Land dadurch verhindert werden kann, dass man dem potenziellen Angreifer mit nuklearer Vergeltung droht und somit signalisiert, dass die Kosten eines möglichen Angriffs den vermeintlichen Nutzen deutlich übersteigen würden.

„A widely used definition of deterrence is the manipulation of an adversary's estimation of the cost/benefit calculation of taking a given action. By reducing prospective benefits or increasing prospective costs (or both), one can convince the adversary to avoid taking action.“[115]

Eine weitere Definition von Amy F. Woolf hebt die Bedeutung der Interaktion für nukleare Abschreckung hervor:

„[...] the theoretical construct of strategic deterrence, describes an ongoing interaction between two parties. In a deterrent relationship, one or both parties seek to persuade the other to refrain from harmful or dangerous actions by threatening or promising the other nation that the costs of acting will far outweigh the benefits.“[116]

Schließlich folgt noch eine Definition durch die US-Streitkräfte:

---

auch die ausführliche Debatte in: Potter u. a., *Tactical Nuclear Weapons: Options for Control*.

[114] Schulte, „Tactical Nuclear Weapons in NATO and Beyond: A Historical and Thematic Examination“, 15. Siehe dazu auch: Kristensen und Norris, „Nonstrategic Nuclear Weapons, 2012“.

[115] Long, *Deterrence: From Cold War to Long War*, 7.

[116] Woolf, „Nuclear Weapons in U.S. National Security Policy: Past, Present, and Prospects“, 5.

„The prevention of action by the existence of a credible threat of unacceptable coun-teraction and/or belief that the cost of action outweighs the perceived benefits.“[117]

Die Forschung zu Fragen der Abschreckung folgte der Entwicklung von Kernwaffen und war stets ein kontroverses Feld. Um die Wiederholung einer historischen Aufarbeitung der Forschung zu vermeiden, verweise ich auf die Werke von Zagare und Kilgour, Quackenbush, Lupovici und Freedman.[118]

Um die theoretischen Grundlagen dieses Konzeptes etwas genauer zu betrachten, werden im Folgenden weitere Differenzierungen des Konzeptes eingeführt.

2.5.1 Deterrence by punishment und Deterrence by denial

Abschreckung durch die Androhung von Vergeltung *(Deterrence by Punishment)* basiert auf der glaubhaften Drohung eines Staates, im Falle eines Angriffs durch einen anderen Staat militärisch Vergeltung zu üben, die dem Angreifer größere Kosten verursachen wird, als er bereit ist, zu akzeptieren.[119] Die Konsequenz dieser Überlegung ist, dass ein Staat, der auf diese Weise abschrecken möchte, eine überlebensfähige Zweitschlagsfähigkeit aufbaut, die in der Lage ist, einen gezielten Erstschlag zu überstehen.[120] Dazu gehört auch, die militärische Kommandostruktur für den Fall nach einem Erstschlag sicherzustellen.[121]

Das Konzept von *Deterrence by Denial* zielt darauf ab, einen potenziellen Gegner von seinen Plänen abzuhalten, indem ihm glaubwürdig signalisiert wird, dass sein Angriff nicht zu den gewünschten

---

[117] U.S. Department of Defense, „Dictionary of Military and Associated Terms“; U.S. Department of Defense, „Joint Operations“.

[118] Zagare und Kilgour, *Perfect Deterrence*, 7–24; Quackenbush, „Deterrence Theory: Where do we Stand?“; Lupovici, „The Emerging Fourth Wave of Deterrence Theory: Toward a New Research Agenda“; Freedman, *Deterrence*, 21–22. Siehe auch: Quackenbush, „Deterrence Theory: Where do we Stand?“, 752.

[119] Schwarz, „The Future of Deterrence“, 9–10; Freedman, *Deterrence*, 36–40.

[120] Wirtz, „Weapons of Mass Destruction“, 276.

[121] Waltz, „More May Be Better“, 20.

Ergebnissen führen würde. Die RAND Cooperation verwendet folgende Definition:

„Deterrence by denial attempts to dissuade an adversary from attacking by convincing him that he cannot accomplish his political and military objectives with the use of force or that the probability of accomplishing his political and military objectives at an acceptable cost is very low."[122]

2.5.2 Nuclear and Conventional Deterrence

„[...] conventional forces will probably never be as deterring as nuclear weapons. Nuclear forces simply are inherently more impressive and clear in their destructiveness."[123]

Nach der Entwicklung der ersten Kernwaffe und den dramatischen Folgen der ersten Einsätze über Hiroshima und Nagasaki wurde sie als das letzte Mittel zur Verteidigung und zur Sicherung des staatlichen Überlebens betrachtet.[124] Sie wurde so zu einem politischen Instrument, mit dem die Austragung von militärischen Konflikten durch Abschreckung vermieden werden sollte.[125]

Das Konzept der konventionellen Abschreckung im Gegensatz zur nuklearen Abschreckung setzt aufgrund der begrenzten Waffenwirkung nicht auf *Deterrence by Punishment*. Vielmehr ermöglicht es eine *Deterrence-by-Denial*-Option, indem einem potenziellen Gegner signalisiert wird, dass es ihm nicht gelingen wird, seine Ziele in einem akzeptablen Zeitraum und zu akzeptablen Kosten zu erreichen. Der Vorteil einer Abschreckungsstrategie mit konventionellen Waffen besteht in der Glaubwürdigkeit der Drohung. Moralische und politische Vorbehalte gegen den Einsatz von Kernwaffen können nukleare Abschreckung unglaubhaft machen. Dieses nukleare Tabu scheint besonders wirkungsvoll in Konflikten zwischen nuklear bewaffneten Weltmächten und regionalen Gegnern ohne Kernwaffen. Bei konventioneller

---

[122] Watman und Wilkening, „U.S. Regional Deterrence Strategies", 16. Siehe auch: Freedman, *Deterrence*, 37.

[123] Watman und Wilkening, „U.S. Regional Deterrence Strategies", 79.

[124] Freedman, *The Evolution of Nuclear Strategy*, 20:68–69, 106–10; Beaufre, „A Strategy of Deterrence", 238.

[125] Brodie, „The Absolute Weapon: Atomic Power and Word Order", 76.

Abschreckung steht weniger die Entschlusskraft eines Akteurs zur Disposition als die Bewertung der militärischen Fähigkeit, mit konventionellen Mitteln einem Gegner seine Kriegsziele verwehren zu können.[126]

2.5.3 Central and Extended Deterrence

Central Deterrence ist das Basiskonzept der Abschreckung. Die Androhung von Vergeltung wird in diesem Falle für Angriffe auf einen Staat oder seine nationalen und vitalen Interessen ausgesprochen. Erweiterte Abschreckung sieht im Gegensatz dazu die Ausweitung der Vergeltungsandrohung auf Angriffe auf verbündete und befreundete Staaten vor.[127] Die Voraussetzung für eine glaubwürdige erweiterte Abschreckung ist neben den militärischen Anforderungen der Ausdruck des Willens, seine Sicherheitsgarantien auch einzulösen. Davon gilt es sowohl den potenziellen Gegner als auch den Beschützten zu überzeugen.[128]

Nachdem nun knapp die grundlegenden Konzeptionen nuklearer Abschreckung in den für die Arbeit wichtigsten Varianten dargestellt wurden, widmet sich der folgende Abschnitt der konkreten Einzelfallbetrachtung.

---

[126] Gerson, „Conventional Deterrence in the Second Nuclear Age".

[127] Watman und Wilkening, „U.S. Regional Deterrence Strategies", 15; Zagare und Kilgour, *Perfect Deterrence*, 170.

[128] Kahn, *On Thermonuclear War*, 287; Yost, „US Extended Deterrence in NATO and North-East Asia", 15; Murdock und Yeats, „Exploring the Nuclear Posture Implications of Extended Deterrence and Assurance: Workshop Proceeding and Key Takeaways".

Abschnitt II: Empirie – Die Verhandlungen über die substrategischen Kernwaffen in der NATO

3 Einführung: Die Nuklearwaffenpolitik der USA

Die USA stellen mit ihrem nuklearen Arsenal seit jeher den zentralen Anteil zur nuklearen Abschreckungsfähigkeit der NATO. Um sich konkret mit der Nuklearwaffenpolitik der NATO und im Speziellen der nuklearen Teilhabe befassen zu können, ist es deswegen notwendig, sich zunächst mit der Nuklearwaffenpolitik der USA auseinanderzusetzen. Dazu folgt eine kurze Darstellung der Nuklearwaffenpolitik der USA mit einem Fokus auf den Entwicklungen seit dem Ende des Ost-West-Konfliktes.

Am 16. Juli 1945 testeten die USA die erste Kernwaffe der Welt und setzten bisher als einzige Nation Kernwaffen in einem Krieg ein. Nach dem Abwurf der Atombomben am 6. und 9. August auf die japanischen Städte Hiroshima und Nagasaki wurde deutlich, dass Atomwaffen zukünftig mehr als politisches, denn als militärisches Instrument zur Kriegsführung zu nutzen sind.[129] Seitdem dient das Kernwaffendispositiv der USA der Abschreckung von Angriffen von außen auf die USA oder definiert nationale bzw. vitale Interessen.

Im Zuge der nuklearen Abschreckung und des Kalten Krieges besaßen die USA ihr größtes Arsenal im Jahre 1967 mit insgesamt 31.255 einsatzbereiten nuklearen Gefechtsköpfen. Im Vergleich dazu umfasste das US-Arsenal im September 2009 nur noch 5.113 einsatzbereite nukleare Gefechtsköpfe.[130] Die Stationierungsplanung der USA sieht eine Verteilung dieser Gefechtsköpfe auf unterschiedliche Trägersysteme und Waffenplattformen vor, die grundsätzlich aus einer Triade von land-, luft- und seegestützten Systemen bestehen. Ziel dieser Aufteilung ist es, das nukleare Arsenal vor der Zerstörung durch einen gegnerischen Erstschlag zu schützen und somit eine gesicherte Zweitschlagsfähigkeit garantieren zu können.

---

[129] Brodie, „The Absolute Weapon: Atomic Power and Word Order"; Beaufre, „A Strategy of Deterrence", 238.
[130] U.S. Department of Defense, „Fact Sheet: Increasing Transparency in the U.S. Nuclear Weapons Stockpile"; Kristensen und Norris, „US Nuclear Forces, 2012".

3.1 Kernwaffen nach dem Ende des Ost-West-Konfliktes[131]

Abschreckung ist das Schlagwort, das die Aufgabe von Kernwaffen wohl am besten beschreibt.[132] Dabei wird sowohl im Falle der erweiterten als auch der zentralen Abschreckung die Wirkung durch die Androhung von Vergeltung erzielt *(Deterrence by Punishment)*.[133] Im Gegensatz dazu hat sich ein zweites Konzept der Abschreckung etabliert, das darauf baut, dass einem potenziellen Gegner glaubhaft signalisiert wird, dass ihm im Falle eines Angriffs die Erreichung seiner Ziele verwehrt werden kann *(Deterrence by Denial)*. Dieser Aspekt von Abschreckung wird im Zusammenhang mit der Entwicklung und Einführung einer ballistischen Raketenabwehr durch die USA relevant.

In den ersten Jahren nach der Entwicklung der Atombombe durch die USA und später die Sowjetunion wurde die bloße Existenz dieser verheerenden Waffensysteme als ausreichend für eine wirksame Abschreckung erachtet. Allerdings wurde, ausgelöst durch das nach John Herz benannte Sicherheitsdilemma, eine Rüstungsspirale in Gang gesetzt. Beide Seiten wollten durch eigene Rüstungsanstrengungen ihre Sicherheit verbessern. Der Versuch wurde jedoch von der jeweiligen Gegenseite als Verringerung ihrer eigenen Sicherheit wahrgenommen und verstetigte so den Aufrüstungsprozess.[134] Eine solche Entwicklung birgt für den Fall, dass eine Seite zu der Überzeugung gelangt, sie sei dabei, den Rüstungswettlauf zu verlieren oder ins Hintertreffen zu geraten, ein enormes Eskalationsrisiko. Mit dem Begriff der strategischen Stabilität *(Strategic Stability)* wurde der Versuch unternommen, einen Zustand zu beschreiben, in dem keine der potenziellen Konfliktparteien einen Anreiz hat, einen Nuklearkrieg zu be-

---

131 Oelrich, „Missions for Nuclear Weapons After the Cold War".

132 Sokolski, *Getting MAD: Mutual Assured Destruction, its Origins and Practice*.

133 Maßgeblich sind hier die Werke von Bernad Brodie und Thomas C. Schelling: Brodie, *Strategy in the Missile Age*; Schelling, *Arms and Influence*; Schelling, *The Strategy of Conflict*.
Für eine Übersicht siehe: Freedman, *The Evolution of Nuclear Strategy*.

134 Paul, *Atomare Abrüstung: Probleme, Prozesse, Perspektiven*, 25.

ginnen, da beide Seiten sicher sein können, dass das gegnerische Arsenal groß genug und überlebensfähig ist, einen Erstschlag zu absorbieren und einen Zweitschlag führen zu können, der immer noch ausreichend ist, inakzeptablen Schaden zu verursachen.[135]

In einer Studie der *Federation of American Scientists* (FAS) werden verschiedene Funktionen für US-Kernwaffen identifiziert.[136] Sie betreffen Vergeltungsschläge mit Kernwaffen gegen einen Ersteinsatz von atomaren, chemischen und biologischen (ABC-)Waffen gegen die USA und ihre Verbündeten sowie gegen den Einsatz von B- und C-Waffen in einem Operationsgebiet.[137] Eine weitere Funktion des US-Kernwaffenarsenals ist es, allein durch den Besitz von Kernwaffen und der Drohung, diese gegen ABC-Ziele einzusetzen, die Entwicklung von ABC-Waffen in anderen Staaten zu verhindern.[138] Denn warum sollte ein Staat ABC-Fähigkeiten aufbauen, wenn die USA von vornherein glaubhaft drohen können, dieses Arsenal zu zerstören?

Außerdem können US-Kernwaffen zur Schadensbegrenzung eingesetzt werden. Diese Einsatzoption sieht vor, Nuklearwaffen zur Zerstörung von ABC-Waffen gegnerischer Staaten vor deren Einsatz zu nutzen *(Counterforce)*, das bedeutet aber auch, zuerst Kernwaffen einzusetzen.[139] Eine weitere Funktion von Kernwaffen könnte die Vergeltungsandrohung gegen regionale, konventionelle Angriffe auf US-Basen oder Verbündete sein. Während ein konventioneller Angriff des Warschauer Paktes auf das Bündnisgebiet der NATO im Kalten Krieg verhindert werden konnte, waren die USA trotz ihres Kernwaffenarsenals in mehrere Regionalkriege verwickelt, so zum Beispiel in Korea, Vietnam und im Irak.[140] Des Weiteren werden in

---

135 Hildreth und Woolf, „Ballistic Missile Defense and Offensive Arms. Reductions: A Review of the Historical Record", 4.

136 Oelrich, „Missions for Nuclear Weapons After the Cold War". Siehe auch: U.S. Department of Defense, „Doctrine for Joint Nuclear Operations: Final Coordination (2)"; United States Air Force, „Nuclear Operations: Air Force Doctrine Document 3-72. Incorporating Change 2, 14 December 2011".

137 Oelrich, „Missions for Nuclear Weapons After the Cold War", 1–29.

138 Ebd., 33–34.

139 Ebd., 36–45.

140 Ebd., 45.

dem Bericht mögliche Aufgaben für US-Kernwaffen genannt, die sich allerdings nicht trennscharf von den bereits genannten Aufgaben unterscheiden bzw. die nicht eindeutig als Aufgabe verstanden werden können, sondern eher als Nebenprodukt der Existenz der US-Kernwaffen. Dabei handelt es sich um die Aufgabe, potenzielle Gegner mit dem US-Kernwaffendispositiv einzuschüchtern und damit den Gegner davon abzubringen, überhaupt zu versuchen, mit den USA gleichzuziehen.[141] Die letzten beiden Aufgaben für US-Kernwaffen sind der Einsatz in Regionalkriegen und der Einsatz zur Beendigung von Kriegen. Die Nutzung von Kernwaffen als Instrument der Kriegsführung wurde während des Kalten Krieges für das europäische Operationsgebiet diskutiert. Dabei sollten vor allem substrategische Kernwaffen zum Einsatz kommen, um einen Vormarsch sowjetischer Verbände in Europa zu stoppen.[142] Schließlich besteht die Option, Kernwaffen einzusetzen, um einem Kriegsgegner zu signalisieren, dass man bereit ist, die nukleare Schwelle zu überschreiten, und dadurch ein Ende der Kampfhandlungen erwirken kann. Der Einsatz von Nuklearwaffen durch die USA im Krieg gegen Japan ist ein historisches Beispiel für die Option, Kriege durch einen Kernwaffeneinsatz zu beenden.[143]

Eine RAND-Studie aus dem Jahr 2003 beschreibt etwas weniger detailliert die Funktionen von Kernwaffen und ergänzt, dass diese Waffen geeignet sind, eine militärische Unterlegenheit im konventionellen Bereich durch nukleare Abschreckung auszugleichen.[144] Außerdem verweist die Studie darauf, dass der Besitz von Kernwaffen einen politischen Prestigegewinn bedeutet und schließlich, dass diese sehr effektiven Waffen in großen, zwischenstaatlichen Kriegen darstellen.[145]

Nachdem nun grundsätzlich die Funktion und politische Wirkungsweise von Kernwaffen erläutert wurde, wird im weiteren Ver-

---

[141] Ebd., 46–48.
[142] Ebd., 49.
[143] Ebd., 51.
[144] Buchan u. a., *Future Roles of U.S. Nuclear Forces: Implications for U.S. Strategy*, 4–5.
[145] Ebd.

lauf des Kapitels die Nuklearwaffenpolitik der USA seit dem Ende des Kalten Krieges skizziert. Der Begriff Nuklearwaffenpolitik umfasst dabei die Bereiche der militärischen Planung und Doktrin sowie Aspekte der Zielplanungen, Waffenentwicklung und nuklearen Rüstungskontrolle und Nichtverbreitung.[146] Ziel des Kapitels ist es, Veränderungen und Kontinuitäten in der US-Nuklearwaffenpolitik herauszustellen. Anschließend wird die Entwicklung der US-Fähigkeiten und -Planungen zu einer ballistischen Raketenabwehr und konventioneller, offensiver, strategischer Fähigkeiten *(Conventional Prompt Global Strike)* erläutert.

3.1.1 Die US-Nuklearwaffenpolitik unter George H. W. Bush

Die 41. Präsidentschaft der USA unter George H. W. Bush von 1989 bis 1993 war geprägt vom Ende des Kalten Krieges mit der Auflösung des Warschauer Paktes und der Sowjetunion im März und Dezember 1991. Um den politischen Umbrüchen der Zeit Rechnung zu tragen und das nukleare Arsenal der beiden Blöcke zu reduzieren, unterzeichneten am 31. Juni 1991 US-Präsident George H. W. Bush und der russische Präsident Michail Gorbatschow den *Strategic Arms Reduction Treaty* (START). Im Jahr 1989 wurde das globale Arsenal an nuklearen Gefechtsköpfen auf insgesamt 62.525 geschätzt. Davon entfielen 22.380 auf die USA und 39.000 auf die Sowjetunion.[147] Der unterzeichnete START-Vertrag begrenzte die Gesamtanzahl an Trägersystemen (Interkontinentalraketen [ICBM], seegestützte ballistische Raketen [SLBM] und Langstreckenbomber) auf 1.600 auf jeder Seite mit maximal 6.000 nuklearen Gefechtsköpfen.[148] Am 3. Januar 1993 unterzeichneten George H. W. Bush und der russische Präsident Boris Jelzin ein Folgeabkommen (START-II), das weitere Reduzierungsschritte der Gefechtsköpfe auf 3.000 bis 3.500 bei strategischen

---

146 Ritchie, *US Nuclear Weapons Policy After the Cold War: Russians, „Rogues" and Domestic Division*, 2–3.
147 Norris und Kristensen, „Global Nuclear Stockpiles, 1945–2006", 64–66.
148 Kimball, „START I at a Glance".

Nuklearwaffen bis zum 31. Dezember 2007 vorsah. Der Vertrag trat jedoch nicht in Kraft.[149]

Trotz der politischen Umbrüche während der Präsidentschaft von George H. W. Bush und den Bemühungen um nukleare Rüstungskontrolle und Abrüstung kam es zu keinen unmittelbaren Veränderungen der Nuklearwaffendoktrin der USA.[150] So heißt es in der Nationalen Sicherheitsstrategie der USA aus dem Jahr 1990:

„While we will ensure that each leg of the Triad is as survivable as possible, the existence of all three precludes the destruction of more than one by surprise attack and guards against a technological surprise that could undermine a single leg. [...] Flexible response and deterrence through the threat of retaliation have preserved the security of the United States and its allies for decades. [...] The Atlantic Alliance has consistently followed the principle of maintaining survivable and credible theater nuclear forces to ensure a robust deterrent, to execute its agreed strategy of flexible response – and to ‚couple‘ European defense to the strategic nuclear guarantee of the United States. [...] As requirements change, we will continue to ensure that our posture provides survivability and credibility at the lowest possible levels. The United States believes that for the foreseeable future, even in a new environment of reduced conventional forces and changes in Eastern Europe, we will need to retain modern nuclear forces in-theater.“[151]

Im Vergleich dazu Auszüge aus der *U.S. National Security Strategy* von 1991:

„Even in a new era, deterring nuclear attack remains the number one defense priority of the United States. [...] Even with the dramatic changes we see in Europe, however, non strategic nuclear weapons remain integral to our strategy of deterrence. They make NATO's resolve unmistakably clear and help prevent war by ensuring that there are no circumstances in which a nuclear response to military action might be discounted. [...] Such a posture is not designed to threaten any

---

149 Kimball, „Brief Chronology of START II“.

150 The White House, „National Security Strategy of the United States“, August 1991, 25; Woolf, „Nuclear Weapons in U.S. National Security Policy: Past, Present, and Prospects“, 7; Joint Chiefs of Staff, „National Military Strategy of the United States“, 6.

151 The White House, „National Security Strategy of the United States“, März 1990, 24–25.

50

European state but to provide a secure deterrent in the face of unforeseen circumstances."[152]

Während der Amtsführung von George H. W. Bush kam es aber zu ersten Veränderungen der Einsatzplanung und der Kommandostruktur über die US-Kernwaffen. Seit den 1970er-Jahren verfolgten die USA eine nukleare Einsatzstrategie, die darauf abzielte, wertvolle militärische Ziele in der Sowjetunion im Falle einer nuklearen Eskalation anzugreifen. Diese Ziele bestanden aus den sowjetischen Nuklearstreitkräften, den konventionellen Verbänden, der militärischen und politischen Führung des Landes sowie relevanten industriellen Anlagen *(Counter-force Targeting)*. Dies war eine Abkehr von einer Zielplanung, die bewusst zivile Infrastruktur und Städte anvisierte, um im Falle eines nuklearen Schlagabtausches der Sowjetunion „inakzeptablen" Schaden[153] zuzufügen *(Counter-value Targeting)*.[154] Im Jahr 1990 beinhaltete der *Strategic Integrated Operational Plan (SIOP)* ca. 12.500 Ziele in der Sowjetunion.[155] In der Konsequenz mussten die USA ein nukleares Arsenal vorhalten, das groß und robust genug war, einen nuklearen Erstschlag zu „absorbieren" und anschließend noch ausreichen musste, in einem Gegenschlag Tausende Ziele in der Sowjetunion anzugreifen.[156] Bis zum Jahr 1992 wurde die Zielliste in der ehemaligen Sowjetunion auf ca. 2.500 reduziert.[157] Nach Berichten des *Congressional Research Service* begann damit eine grundsätzliche Debatte über den SIOP, um ihn an die neue sicherheitspolitische Lage anzu-

---

[152] The White House, „National Security Strategy of the United States", August 1991.

[153] „Unacceptable damage" war in Zeiten einer Counter-Value-Strategie ca. 25 % der gegnerischen Gesamtbevölkerung.

[154] Woolf, „Nuclear Weapons in U.S. National Security Policy: Past, Present, and Prospects", 6–7.

[155] Ritchie, *US Nuclear Weapons Policy After the Cold War: Russians, „Rogues" and Domestic Division*, 25.

[156] McKinzie u. a., „The U.S. Nuclear War Plan: A Time for Change".

[157] Ritchie, *US Nuclear Weapons Policy After the Cold War: Russians, „Rogues" and Domestic Division*, 25.

passen.[158] Das neue *Strategic War Planning System* (SWPS) sollte eine schnellere Reaktion auf Veränderungen externer Bedrohungen oder neue Beschränkungen durch Rüstungskontrollverträge ermöglichen.[159] Um eine kohärente nukleare Planung zu ermöglichen, wurde das *Strategic Air Command* (SAC) 1992 durch das *Strategic Command* (STRAT-COM) ersetzt, das nun mit der gesamten, Teilstreitkräfte übergreifenden nuklearen Planung der USA betraut war.[160]

3.1.2 Die US-Nuklearwaffenpolitik unter Bill Clinton

Die Amtszeit von Bill Clinton als 42. Präsident der USA dauerte vom 20. Januar 1993 bis zum 20. Januar 2001. Bereits im Oktober 1993 ordnete der US-Verteidigungsminister und der vereinigte Generalstab *(Joint Chiefs of Staff)* die Durchführung der ersten Überprüfung der US-Kernwaffenpolitik an *(Nuclear Posture Review)*. Die Aufgabe lautete, die neue Rolle von Kernwaffen in der US-Sicherheitsstrategie zu bestimmen.[161] Am 18. September 1994 billigte Bill Clinton die Ergebnisse des Überprüfungsprozesses. Nach Veröffentlichungen der *Federation of American Scientists* (FAS) enthält die *Nuclear Posture Review* fünf zentrale Punkte.[162] Erstens: Kernwaffen haben in der US-Sicherheitsplanung eine geringere Bedeutung.[163] Zweitens: Deswegen können die USA ein kleineres Arsenal vorhalten.[164] Drittens: Obwohl sich die sicherheitspolitischen Bedrohungen für die USA seit dem Ende des Kalten Krieges deutlich verringert haben, besteht weiterhin Ungewissheit

---

[158] Woolf, „Nuclear Weapons in U.S. National Security Policy: Past, Present, and Prospects“, 8.

[159] Ritchie, *US Nuclear Weapons Policy After the Cold War: Russians, „Rogues“ and Domestic Division*, 25.

[160] Ebd., 19.

[161] U.S. Department of Defense, „Nuclear Posture Review“; U.S. Department of Defense, „Strategic Nuclear Forces“.

[162] U.S. Department of Defense, „Nuclear Posture Review“; U.S. Department of Defense, „Strategic Nuclear Forces“.

[163] U.S. Department of Defense, „Nuclear Posture Review“; U.S. Department of Defense, „Strategic Nuclear Forces“.

[164] U.S. Department of Defense, „Nuclear Posture Review“; U.S. Department of Defense, „Strategic Nuclear Forces“.

über die Zukunft.[165] Deswegen müssen die USA auch weiterhin an der nuklearen Abschreckung festhalten, um sich gegen diese Unwägbarkeiten abzusichern. Viertens: Die USA benötigen auch weiterhin ein nukleares Arsenal, um die Sicherheit ihrer Bündnispartner durch erweiterte Abschreckung zu gewährleisten.[166] Fünftens: Die USA werden auch weiterhin den höchsten Standard für Verwaltung, Sicherheit, Führung und Kontrolle über ihre nuklearen Streitkräfte ansetzen.[167] Auch während der Amtszeit von Bill Clinton wichen die USA von ihrer mehrdeutigen deklaratorischen Kernwaffendoktrin nicht ab. Dies bedeutete, dass die USA einen möglichen Gegner darüber im Unklaren lassen wollten, ob sie Kernwaffen zuerst einsetzen würden. Die USA behielten sich auch die Option vor, gegen einen nicht atomar bewaffneten Staat Kernwaffen einzusetzen, so zum Beispiel im Gegenzug für einen Angriff mit biologischen oder chemischen Waffen.[168] In der U.S. *National Security Strategy* (NSS) von 1994 wurde die folgende Formulierung gewählt:

„We will retain strategic nuclear forces sufficient to deter any future hostile foreign leadership with access to strategic nuclear forces from acting against our vital interests and to convince it that seeking a nuclear advantage would be futile. Therefore we will continue to maintain nuclear forces of sufficient size and capability to hold at risk a broad range of assets valued by such political and military leaders. We are engaged in a review to determine what nuclear posture is required in the current world situation.“[169]

US-Präsident Bill Clinton veröffentlichte im Jahr 1995 eine neue *National Security Strategy*, ohne dabei inhaltliche Änderungen im

---

165 U.S. Department of Defense, „Nuclear Posture Review“; U.S. Department of Defense, „Strategic Nuclear Forces“.

166 U.S. Department of Defense, „Nuclear Posture Review“; U.S. Department of Defense, „Strategic Nuclear Forces“.

167 U.S. Department of Defense, „Nuclear Posture Review“; U.S. Department of Defense, „Strategic Nuclear Forces“.

168 Woolf, „Nuclear Weapons in U.S. National Security Policy: Past, Present, and Prospects“, 9.

169 The White House, „A National Security Strategy of Engagement and Enlargement“, Juli 1994, 12.

Abschnitt über die US-Kernwaffenpolitik vorzunehmen.[170] Wohingegen die *U.S. Military Strategy* von 1995 die Rolle der US-Kernwaffen deutlicher formulierte:

„The highest priority of our military strategy is to deter a nuclear attack against our Nation and allies. Our survival and the freedom of action that we need to protect extended national interests depend upon strategic and nonstrategic nuclear forces and their associated command, control, and communications. We have recently concluded a comprehensive Nuclear Posture Review that looked into the next century and validated those systems we will need for the foreseeable future. Though we are continuing to pursue reductions under the Strategic Arms Reduction Treaty (START) I and II, we still need to maintain a survivable triad of strategic delivery systems. This serves both to deter still very powerful strategic arsenals and to convince possible adversaries that any attempt to seek a nuclear advantage would be futile. We still need to maintain a mix of forward deployed and deployable nonstrategic nuclear weapons, both to provide deterrent coverage over our allies, and because extended deterrence, in many cases, is a decisive factor in our non-proliferation efforts."[171]

Im Jahr 1997 wurde erneut eine neue *National Security Strategy* vorgestellt, deren Sprachregelung in Fragen der Kernwaffenpolitik nicht verändert war. Allerdings wies die *National Military Strategy* der USA aus dem Jahr 1997 wieder wichtige Details aus:

„Credible standing nuclear and conventional forces cause potential adversaries to consider the consequences of pursuing aggression. Although most nuclear powers continue to reduce their arsenals our triad of strategic forces serves as a vital hedge against an uncertain future, a guarantor of our security commitments to our allies and a deterrent to those who would contemplate developing or otherwise acquiring their own nuclear weapons. Strategic nuclear weapons remain the keystone of US deterrent strategy. A mix of forward deployable non-strategic nuclear and conventional weapons adds credibility to our commitments. Deterrence is further enhanced by the ability of US forces to attack targets even when access to regional bases may not be feasible or assured. Geography and political constraints on access will not

<hr>

[170] The White House, „A National Security Strategy of Engagement and Enlargement", Februar 1995, 15.

[171] Joint Chiefs of Staff, „National Military Strategy of the United States of America: A Strategy of Flexible and Selective Engagement", 10.

restrict our ability to conduct long range stand-off attacks against a full range of targets in hostile territory.“[172]

Im Bereich der nuklearen Rüstungskontrolle kam es zur Einigung auf einen Rahmen für START-III-Verhandlungen zwischen Russland und den USA während eines Treffens von Clinton und dem russischen Präsidenten Boris Jelzin in Helsinki im März 1997. Im September 1998 wiederholten Clinton und Jelzin ihre Bereitschaft zu Verhandlungen über einen START-III-Vertrag nach einer Ratifizierung von START-II. Russland ratifizierte START-II allerdings erst im Jahr 2000 und kündigte den Vertrag im Jahr 2002 wieder auf, nachdem die USA den *ABM*-Vertrag *(Anti-ballistic Missile)* gekündigt hatten.

Insgesamt lässt sich für die US-Kernwaffenpolitik der 1990er-Jahre festhalten, dass das Thema der Proliferation von Kernwaffen immer größere Bedeutung erhielt, während die wahrgenommene Bedrohung durch russische Kernwaffen nachließ. Die USA waren an einer Stärkung der nuklearen Nichtverbreitung und Abrüstung interessiert.[173] Gleichzeitig hielten die USA in ihrer Militärpolitik an einer Triade aus luft-, land- und seegestützten Kernwaffen fest, die weiterhin groß und robust genug sein sollte, um den vagen und unbeständigen Anforderungen des veränderten Sicherheitsumfeldes gerecht zu werden. Dies beinhaltete auch ein Festhalten an der erweiterten nuklearen Abschreckung. Diese Position wurde in der *U.S. Quadrennial Defense Review* von 1997 wie folgt ausgedrückt:

„Our nuclear posture also contributes substantially to our ability to deter aggression in peacetime. The primary role of U.S. nuclear forces in the current and projected security environment is to deter aggression against the United States, its forces abroad, and its allies and friends. Although the prominence of nuclear weapons in our defense posture has diminished since the end of the Cold War, nuclear weapons remain important as a hedge against NBC proliferation and the uncertain futures of existing nuclear powers, and as a means of upholding our

---

[172] Ebd., 25.

[173] Riecke, „The Most Ambitious Agenda: Amerikanische Diplomatie gegen die Entstehung neuer Kernwaffenstaaten und das Nukleare Nichtverbreitungsregime“.

security commitments to allies. Consistent with this, the United States remains committed to negotiating further reductions in U.S. and Russian strategic nuclear arsenals consistent with the agreed START III framework once Moscow ratifies the START II treaty."[174]

3.1.3   Die US-Nuklearwaffenpolitik unter George W. Bush

Während der Amtszeit von George W. Bush (20. Januar 2001 bis 20. Januar 2009) änderte sich die US-Kernwaffenpolitik nur wenig.[175] Nukleare Abschreckung wurde auch unter dieser Administration als weiterhin notwendig und glaubwürdig erachtet gegenüber einem breiten Spektrum an Gefahren.[176] Jedoch wurden Kernwaffen nur noch als ein Aspekt des gesamten Fähigkeitsspektrums zu einer erfolgreichen Abschreckung angesehen.

„A multifaceted approach to deterrence is needed. Such an approach requires forces and capabilities that provide the President with a wider range of military options to discourage aggression or any form of coercion.[177] [...] This new approach to deterrence also requires non-nuclear forces that can strike with precision at fixed and mobile targets throughout the depth of an adversary's territory; active and passive defenses; and rapidly deployable and sustainable forces that can decisively defeat any adversary. A final aspect of deterrence, addressed not in the QDR but in the Nuclear Posture Review, is related to the offensive nuclear response capability of the United States."[178]

Während der Amtszeit von George W. Bush wurden eine *Quadrennial Defense Review* (QDR) und eine *Nuclear Posture Review* (NPR) durchgeführt. Die Ergebnisse beider Überprüfungen führen zu der Einsicht, dass sich sowohl die Funktion von Kernwaffen als auch die

---

[174] U.S. Department of Defense, „Report of the Quadrennial Defense Review", 4.

[175] Woolf, „Nuclear Weapons in U.S. National Security Policy: Past, Present, and Prospects", 9.

[176] Ebd.

[177] U.S. Department of Defense, „Quadrennial Defense Review Report", 30. September 2001, 12.

[178] Ebd.

nukleare Planung seit dem Ende des Kalten Krieges nur wenig verändert haben.[179]

Allerdings sieht die NPR aus dem Jahr 2001 eine Änderung des *Strategic Integrated Operation Plan* (SIOP) vor. Das nun *Operation Plan* (OPLAN) genannte Dokument sollte Optionen für ein breiteres Spektrum an Krisenszenarien (*Contingencies*) abdecken.[180] Aus dem QDR-Bericht gehen vier Ziele für die gesamte US-Verteidigungspolitik hervor:

„Assuring allies and friends; Dissuading future military competition; Deterring threats and coercion against U.S. interests; and if deterrence fails, decisively defeating any adversary."[181]

Durch die QDR und NPR wurde eine neue Triade als maßgebliche Konzeption der US-Verteidigungsplanung geformt. Diese besteht nun aus offensiven Waffensystemen großer Reichweite, die sowohl nuklear als auch konventionell bestückt sein können, aktiven und passiven Verteidigungssystemen, einer verbesserten Verteidigungsinfrastruktur und einem verbesserten Führungs- und Informationssystem *(Command, Control and Intelligence (*C^2I*))*.[182] Die einzelnen Komponenten dieser Triade sind nicht neu. Allerdings führte die Idee der gezielten Verknüpfung der einzelnen Fähigkeiten zu dem neuen Begriff der: *Tailored Deterrence*.[183] Elaine Bunn, die maßgeblich zur Entwicklung dieses Konzeptes beigetragen hat, identifiziert drei zentrale Komponenten: Erstens sollte Abschreckung mehrere Adressaten gleichzeitig erreichen und spezifische Situationen abdecken. Dies bedeutet, Abschreckung den Rationalitäten mehrerer Akteure und verschiedener Krisenszenarien gleichzeitig anzupassen. Dafür muss, zweitens, identifiziert werden, welche Fähigkeiten dafür notwendig

---

[179] U.S. Department of Defense, „Nuclear Posture Review Report".

[180] Woolf, „Nuclear Weapons in U.S. National Security Policy: Past, Present, and Prospects", 12.

[181] U.S. Department of Defense, „Quadrennial Defense Review Report", 30. September 2001, 11.

[182] U.S. Department of Defense, „Nuclear Posture Review Report".

[183] Woolf, „Nuclear Weapons in U.S. National Security Policy: Past, Present, and Prospects", 9–10; Bunn, „Can Deterrence be Tailored?"

sind. Der Begriff der Fähigkeiten beinhaltet in diesem Zusammenhang neben den militärischen auch diplomatische oder wirtschaftliche Optionen. Damit, drittens, Abschreckung glaubhaft ist, muss allen Adressaten in angemessener Weise kommuniziert werden, dass die USA sowohl über die Fähigkeiten verfügen als auch die Absicht haben, ihre Fähigkeiten im Konfliktfall einzusetzen. Amy F. Woolf vom *U.S. Congressional Research Service* kommt zu dem Schluss, dass sich trotz rhetorischer Änderungen in der Amtszeit von George W. Bush die US-Nuklearwaffenpolitik nicht maßgeblich verändert hat.[184]

„[...] „it seems, then, that the change from strategic deterrence to tailored deterrence is less of a change in "how to deter" then there is in "whom to deter."[185]

3.1.4 Die US-Nuklearwaffenpolitik in der ersten Amtszeit von Barack Obama

„So today, I state clearly and with conviction America's commitment to seek the peace and security of a world without nuclear weapons."[186]

Das waren die Worte des 44. US-Präsidenten Barack Obama kurz nach seinem Amtsantritt (am 20. Januar 2009) am 5. April in seiner Prager Rede. Obama wies außerdem darauf hin, dass die USA als konkrete Maßnahme die Bedeutung von Kernwaffen in der Sicherheits- und Verteidigungsplanung reduzieren würden, um die Voraussetzungen für nukleare Abrüstung zu verbessern.[187] Einen Schwerpunkt der US-Außenpolitik auf Fragen der Abrüstung und Rüstungskontrolle zu setzen, ist eine Konsequenz der gegenwärtigen Risikowahrnehmung der USA.[188] US-Präsident Barack Obama hat die Proli-

---

184 Woolf, „Nuclear Weapons in U.S. National Security Policy: Past, Present, and Prospects", 15.

185 Ebd.

186 Obama, „Remarks by President Barack Obama in Prague as Delivered [Rede von US-Präsident Barack Obama am 5. April 2009 in Prag]".

187 Ebd.; Walker, „President-elect Obama and Nuclear Disarmament: Between Elimination and Restraint"; Krepon, „Numerology in the Second Nuclear Age".

188 Harnisch, „Under Construction: Skeptische Agenten und normative Strukturen in der nuklearen Rüstungskontrollpolitik der USA"; Walker, „President-elect

58

feration von Nuklearwaffen an staatliche und nicht staatliche Akteure als eine der zentralen Gefahren für die Sicherheit der USA identifiziert. Deswegen setzte er sich frühzeitig für eine Stärkung der internationalen Nichtverbreitungsinstrumente ein und befürwortete nukleare Abrüstung.[189]

„And there is no greater threat to the American people than weapons of mass destruction, particularly the danger posed by the pursuit of nuclear weapons by violent extremists and their proliferation to additional states."[190]

3.1.4.1 Nuclear Posture Review (NPR)

Am 6. April 2010 stellten die USA ihre neue *Nuclear Posture Review* (NPR) vor.[191] Die NPR benennt fünf konkrete Ziele: erstens die Verhinderung der Weiterverbreitung von Kernwaffen und Nuklearterrorismus; zweitens eine Reduktion der Bedeutung von Kernwaffen für die US-Sicherheitspolitik; drittens die Aufrechterhaltung der strategischen Abschreckung und Stabilität mit einer geringeren Anzahl an Kernwaffen; viertens die Stärkung regionaler Abschreckung und Rückversicherung der Verbündeten und Partner der USA und fünftens die sichere und effektive Aufrechterhaltung des Kernwaffendispositives der USA.[192]

„By maintaining a credible nuclear deterrent and reinforcing regional security architectures with missile defenses and other conventional military capabilities, we can reassure our non-nuclear allies and partners worldwide of our security commitments

---

Obama and Nuclear Disarmament: Between Elimination and Restraint"; Krepon, „Numerology in the Second Nuclear Age".

[189] Harnisch, „Schadensbegrenzung: Die Obama-Administration und der Wiederaufbau der internationalen Nuklearordnung".
Für die Position der Kritiker siehe z. B.: Payne und Foster, *Nuclear Force Adaptability for Deterrence and Assurance: A Prudent Alternative to Minimum Deterrence*; Pearl, „Forecasting Zero: U.S. Nuclear History and the Low Probability of Disarmament"; Doyle, „Why Eliminate Nuclear Weapons?"

[190] The White House, „National Security Strategy (May 2010)", 4.

[191] U.S. Department of Defense, „Nuclear Posture Review Report (April 2010)".

[192] Kallmyer, „Assessing Implementation of the 2010 Nuclear Posture Review", 1–2.

to them and confirm that they do not need nuclear weapons capabilities of their own."[193]

Zu den fünf Punkten im Einzelnen:

1. Die Verhinderung der Weiterverbreitung von Kernwaffen und Nuklearterrorismus:

Dazu sollen das Regime zur Nichtverbreitung von Kernwaffen (NPT) und die für die Überwachung zuständige Organisation, die Internationale Atomenergiebehörde (IAEA), gestärkt werden. Zusätzlich sollen international die Maßnahmen zur Sicherung von Spaltmaterial verbessert werden. Hierzu haben bis 2012 zwei sogenannte *Nuclear Security Summits* in Washington D.C. und Seoul stattgefunden. Darüber hinaus haben sich die USA und Russland im Rahmen der Verhandlungen über ein START-I-Folgeabkommen auf weitere Abrüstungsschritte im Bereich der strategischen Kernwaffen geeinigt und damit auch einen Beitrag zur Stärkung des NPT geleistet, der in Artikel 6 die nukleare Abrüstung fordert. Außerdem benennt die NPR die Absicht, sich für die Ratifizierung des umfassenden nuklearen Teststopvertrages (CTBT) einzusetzen. Zusätzlich sollen die USA laut NPR über den Vertrag zur Beendigung der Produktion von Spaltmaterial (FMCT) verhandeln.[194]

2. Reduktion der Bedeutung von Kernwaffen:

Die Rolle von Kernwaffen in der US-Verteidigungsplanung hat laut NPR nach dem Ende des Kalten Krieges an Bedeutung verloren und soll weiter reduziert werden. Dieses Ziel soll vor allem durch eine Stärkung konventioneller militärischer Fähigkeiten erreicht werden. Außerdem wird in der NPR das Ziel benannt, die Androhung des Einsatzes von Kernwaffen nur noch zur Abschreckung eines Angriffs mit Kernwaffen aufrechtzuerhalten. Allerdings behalten sich die USA weiter vor, ihre nukleare Abschreckung auch gegenüber Staaten, die sich als Mitglieder des NVV nicht normenkonform verhalten, aufrechtzuerhalten. Außerdem soll die nukleare Abschreckung auch ge-

---

[193] U.S. Department of Defense, „Nuclear Posture Review Report (April 2010)", 12.
[194] Ebd., VI–VII.

genüber einer Bedrohung durch biologische und chemische Waffen zunächst aufrechterhalten werden.[195]

3. Aufrechterhaltung der strategischen Abschreckung und Stabilität:

Laut NPR ist es weiterhin ein Ziel der USA, die strategische Stabilität mit Russland und China zu wahren, allerdings mit einem kleineren Kernwaffenarsenal.[196] Ein erster Reduktionsschritt wurde durch die Ratifizierung des New-START-Vertrages mit Russland erzielt, auf den später noch genauer eingegangen wird. Um diese und weitere Reduktionsschritte zu ermöglichen, muss weiterhin sowohl auf ziviler als auch militärischer Seite das Know-how und eine angemessene Infrastruktur gesichert werden. Darüber hinaus sollen die Abschreckungsfähigkeit durch konventionelle Waffensysteme großer Reichweite *(Conventional Prompt Global Strike)* und eine Raketenabwehr ergänzt werden. Teil der Überlegungen ist aber auch, den gegenwärtigen Alarmzustand der amerikanischen Kernwaffen nicht zu ändern.[197]

4. Stärkung regionaler Abschreckung und Rückversicherung der Verbündeten und Partner:

Die NPR verweist auf die besondere Rolle von Kernwaffen für die erweiterte Abschreckung und den Schutz von Alliierten und Partnern. Die regionalen Sicherheitsbündnisse dienen dabei zwei Funktionen, sie gewährleisten regionale Sicherheit und leisten einen Beitrag zur nuklearen Nichtverbreitung. Indem Alliierte und Partner unter dem Schutzschirm der USA stehen, haben sie keinen Anreiz, selbst Kernwaffen zu entwickeln. Um auch weiterhin diese regionale Schutzfunktion tragen zu können, benötigen die USA ihre strategischen und substrategischen Kernwaffen, die in der Region stationiert oder im Krisenfalle eingeführt werden können. Zusätzlich soll die regionale Abschreckungsfähigkeit durch eine Raketenabwehr und konventionelle Waffensysteme großer Reichweite gestärkt werden. Eine enge Kon-

---

[195] Ebd., VIII–IX.
[196] Ebd., X, 28.
[197] Ebd., X–XI.

sultation mit den Bündnispartnern ist die Voraussetzung für eine glaubwürde, regionale Abschreckungspolitik.[198]

5.   Aufrechterhaltung eines sicheren und effektiven Kernwaffendispositives:

Um die Zuverlässigkeit der US-Abschreckungsfähigkeit aufrechtzuerhalten, soll laut NPR in die zivile und militärische Infrastruktur investiert werden, um Know-how und Aufwuchsfähigkeiten zu erhalten. Darüber hinaus ist es notwendig, durch umfassende Investitionen das bestehende Kernwaffenarsenal zu modernisieren und die Nutzungszeiten der Waffensysteme zu verlängern.[199]

3.1.4.2 New START

Ein weiteres zentrales Ereignis für die Änderung der US-Kernwaffenpolitik war die Unterzeichnung des *New Strategic Arms Reduction Treaty* (New START) am 8. April 2010 durch Präsident Obama und den russischen Staatspräsidenten Dmitri Medwedew.[200] Damit unterstrich Barack Obama sein Engagement in Fragen der nuklearen Rüstungskontrolle und Abrüstung, nachdem der am 31. Juni 1991 von Präsident George H. W. Bush und Präsident Michail Gorbatschow geschlossene START-Vertrag im Dezember 2009 ausgelaufen war. Die im New START festgelegten Obergrenzen für strategische Kernwaffen sehen bis 2018 eine Reduktion auf 1.550 nukleare Gefechtsköpfe und 700 Trägersysteme vor *(deployed)*, wobei weitere 100 Trägersysteme in Reserve sein können *(non-deployed)*.[201]

---

[198] Ebd., XII–XIV.

[199] Ebd., XIV–XV.

[200] „Treaty Between the United States of America and the Russian Federation on Measures for the Further Reduction and Limitation of Strategic Offensive Arms"; „Protocol to the Treaty Between the United States of America and the Russian Federation on Measures for the Further Reduction and Limitation of Strategic Offensive Arms". Zum Verlauf der Verhandlungen siehe: Paul und Thränert, „Neustart mit Hindernissen: Probleme und Perspektiven des START-I Nachfolgeabkommens"; Paul, *Atomare Abrüstung: Probleme, Prozesse, Perspektiven*, 100–175.

[201] „Treaty Between the United States of America and the Russian Federation on Measures for the Further Reduction and Limitation of Strategic Offensive Arms".

Die USA verfügen im Jahr 2012 über ca. 5.000 nukleare Gefechtsköpfe. Davon sind 2.150 einsatzbereit und schätzungsweise weitere 2.800 in Reserve. Von den einsatzbereiten Gefechtsköpfen sind ca. 1.950 strategische Kernwaffen. Die 1.950 strategischen Gefechtsköpfe sind verteilt auf 798 Trägersysteme.[202] Davon sind ca. 450 landgestützte Interkontinentalraketen vom Typ Minuteman III, auf die ca. 500 Sprengköpfe entfallen. Die Waffensysteme sind auf drei Luftwaffenbasen in den US-Bundesstaaten Wyoming, Montana und North Dakota mit jeweils 150 Raketen verteilt.[203] Der seegestützte Teil der nuklearen Triade basiert auf gegenwärtig 14 Unterseebooten der Ohio-Klasse, mit ca. 1.152 Sprengköpfen vom Typ W-76 oder W-88 auf Trident-II-D5-Interkontinentalraketen. Diese U-Boot-Flotte unterhält zwei Stützpunkte in Kings Bay, GA, und Bangor, WA. Weitere 300 Sprengköpfe sind für die strategische Bomberflotte der USA, bestehend aus Bombern des Typs B-52H und B-2A, vorgesehen, stationiert auf der Luftwaffenbasis Whiteman in Missouri, Barksdale, LA, und Minot, ND. Die im US-Arsenal verbliebenen substrategischen Kernwaffen vom Typ B-61 sind vorgesehen für den Einsatz mit Kampfflugzeugen und Bombern der Typen F-15E, F-16, B-2A, B-52H, F-35 und dem europäischen Tornado.[204]

Im Jahr 2018 wird sich durch die Implementierung des neuen START-Vertrages die Zahl und Dislozierung der US-Kernwaffen verändern. Auf 400 bodengebundene Trägersysteme vom Typ Minuteman III werden 400 Sprengköpfe entfallen, wobei 20 Trägersysteme in Reserve *(non-deployed)* bleiben. Wenn die USA ihre Flotte an Trident-U-Booten, die zum Abschuss der nuklearen Interkontinentalraketen vorgesehen sind, beibehalten, werden 1.090 Sprengköpfe auf 240 aktive *(deployed)* Raketen verteilt werden, mit weiteren 40 in Reserve. Die strategische Bomberflotte der USA wird dann aus 42 aktiven Bombern des Typs B-52 und 32 in Reserve bestehen, für die 42 Sprengköpfe vorgesehen sind. Darüber hinaus sind 18 Maschinen

---

[202] Kristensen und Norris, „US Nuclear Forces, 2012".
[203] Woolf, „U.S. Strategic Nuclear Forces: Background, Developments, and Issues", 9.
[204] Kristensen und Norris, „US Nuclear Forces, 2012".

vom Typ B-2A eingeplant mit auch jeweils einem Sprengkopf. Natürlich könnte jede dieser Maschinen auch eine größere Bombenlast tragen als eine pro Maschine.[205]

Im Rahmen des Ratifikationsverfahrens für den neuen START-Vertrag durch den US-Kongress sicherte die Obama-Administration zu, in den kommenden zehn Jahren 80 Milliarden US-Dollar in den amerikanischen Nuklearwaffenkomplex und 100 Milliarden US-Dollar für den Erhalt und die Modernisierung nuklearer Trägersysteme zu investieren.[206]

3.1.4.2.1   Landgestützte Interkontinentalraketen

Teil der Modernisierung sind einsatzverlängernde Maßnahmen für die Minuteman-III-Raketen bis zum Jahr 2030. Dazu zählen der Austausch des Festtreibstoffs der ersten und zweiten Brennstufe und eine Überarbeitung der dritten Stufe. Außerdem wurden neue Steuerungselemente beschafft, die sowohl die Zuverlässigkeit und als auch die Genauigkeit des Trägersystems verbessern sollen. Bereits im Jahr 2006 wurde das System zur Zieldateneingabe an den Minuteman III ausgetauscht, mit dem Ziel, die Zeit für die Umprogrammierung der Zieldaten deutlich zu verkürzen. Darüber hinaus werden voraussichtlich bis 2012 die Wiedereintrittssysteme und nuklearen Sprengköpfe MK21/W-87   der   außer   Dienst   gestellten *Peacekeeper-*

---

[205] Woolf, „U.S. Strategic Nuclear Forces: Background, Developments, and Issues", 8; Woolf, „The New START Treaty: Central Limits and Key Provisions"; *The New START Treaty (Treaty doc. 111-5). Hearings before the Committee on Foreign Relations, United States Senate, One Hundred Eleventh Congress, second session, April 29, May 18, 19, 25, June 10, 15, 16, 24, and July 15, 2010*, Abschn. Committee on Foreign Relations; *Treaty with Russia on Measures for Further Reduction and Limitation of Strategic Offensive Arms (the New START Treaty). Report together with Minority Views (to Accompany Treaty Doc. 111-5)*; U.S. Department of Defense und U.S. National Nuclear Security Administration, „November 2010 Update to the National Defense Authorization Act of FY2010 Section 1251 Report: New START Treaty Framework and Nuclear Force Structure Plans".
[206] *National Defense Authorization Act for Fiscal Year 2010*; The White House, „Fact Sheet: An Enduring Commitment to the U.S. Nuclear Deterrent"; Paul, *Atomare Abrüstung: Probleme, Prozesse, Perspektiven.*

Interkontinentalraketen (MX) auf dem System Minuteman III einge-
rüstet, um die älteren Systeme MK12/W62 und MK12A/W78 zu
ersetzen. Damit kann voraussichtlich die Nutzungsdauer des Waffensystems bis über das Jahr 2025 gewährleistet werden.[207] Schließlich
veranschlagt der Haushaltsplan für 2013 9,4 Millionen US-Dollar für
die Erforschung einer neuen Raketengeneration als Ersatz für die
Minuteman III.[208] Ursprünglich sollte ein Nachfolgesystem bereits
2018 in Dienst gestellt werden, um die ICBM-Fähigkeiten der USA
über das Jahr 2030 aufrechtzuerhalten. Es wurde jedoch entschieden,
neben der Erforschung eines neuen Systems, durch die schrittweise
Modernisierung die Nutzungsdauer des Systems Minuteman III bis
2030 zu verlängern.[209]

3.1.4.2.2   Seegestützte Interkontinentalraketen

Aktuell unterhält die US-Marine 14 U-Boote der Ohio-Klasse mit
insgesamt 1.200 nuklearen Sprengköpfen auf je 24 Trident-
Trägersystemen pro Boot, die die seegestützte Säule der nuklearen
Triade bilden.[210] Nach den Vorgaben durch New START werden die
Boote der Ohio-Klasse voraussichtlich nur noch mit 20 statt 24 Tri-
dents bestückt werden. Die Trägersysteme können mit bis zu acht
nuklearen Gefechtsköpfen ausgestattet werden, wobei die USA nach
den Maßgaben des New-START-Vertrages nicht verpflichtet sind,
darüber Auskunft zu geben, wie viele Sprengköpfe sie auf welchen
Raketen montiert haben.[211] Die Anzahl der U-Boote wird bestimmt
durch die Maßgabe, ständig fünf Boote in möglichen Abschussräu-
men zu halten, während vier bis fünf auf dem Transit in ihre Bezugs-
räume sind und die restliche Anzahl gewartet werden kann. Stationiert
sind die Boote auf zwei Basen, Kings Bay, GA, an der Ostküste, und

---

[207] Woolf, „U.S. Strategic Nuclear Forces: Background, Developments, and Issues",
12–14.
[208] Kristensen und Norris, „US Nuclear Forces, 2012", 88.
[209] Woolf, „U.S. Strategic Nuclear Forces: Background, Developments, and Issues",
15.
[210] Ebd.
[211] Ebd., 16–18.

Bangor, WA, an der Westküste. Um den sicherheitspolitischen Anforderungen der USA Rechnung zu tragen, sind seit 2005 an der Westküste insgesamt neun U-Boote stationiert und an der Westküste fünf. Zunächst wurden aufgrund der *Nuclear Posture Review* von 2001 nur vier der 14 Boote mit neuen Trident-II-Flugkörpern (D-5) ausgestattet. Alle weiteren sollten ebenfalls umgerüstet werden. In den Haushaltsjahren 2008 bis 2011 investierte die US-Marine insgesamt 7,65 Milliarden US-Dollar in die Beschaffung, Modifikation und Lebenserhaltung der Trident-II.[212] Auf den Trident-Trägersystemen können zwei Typen von Gefechtsköpfen montiert werden, der W88 und der W76. Die Nutzungsdauer des W76 soll durch ein Investitionsprogramm bis zum Haushaltsjahr 2017 um 30 Jahre verlängert werden.

Die Außerdienststellung des ersten Bootes der Ohio-Klasse erfolgt bei konstanter Nutzung voraussichtlich im Jahr 2027. Ab dem Jahr 2028/2029 soll dann eine neue Generation an U-Booten mit ballistischen Nuklearraketen zulaufen und bis 2031 die Ohio-Klasse ersetzen.[213] Die Kosten pro Boot der neuen Klasse SSBN(X) werden mit 4,9 bis 5,6 Milliarden US-Dollar beziffert.[214] Strittig ist zurzeit die Anzahl der zu beschaffenden Boote. Geplant wurde, zunächst zwölf Boote zu bauen und mit jeweils 16 Startbehältern für die Trident-Flugkörper auszurüsten. Im US-Kongress kamen Diskussionen auf, ob diese Anzahl an Booten mit jeweils 16 Startbehältern ausreichend sei, um den Anforderungen an den maritimen Beitrag zur nuklearen Abschreckung gerecht zu werden. Infolgedessen werden auch Varianten einer Flotte von acht bis zehn U-Booten mit einer Anzahl von jeweils 20 Startbehältern diskutiert. Amy F. Woolf vom *Congressional Research Service* weist jedoch darauf hin, dass durch die neuen Obergrenzen des New-START-Vertrages die Anzahl der Gefechtsköpfe pro Boot ohnehin unter der maximalen Zuladungsmenge liegen wür-

---

212 Kristensen und Norris, „US Nuclear Forces, 2012", 89; Woolf, „U.S. Strategic Nuclear Forces: Background, Developments, and Issues", 19.
213 Kristensen und Norris, „US Nuclear Forces, 2012", 89.
214 O'Rourke, „Navy Ohio Replacement (SSBN[X]) Ballistic Missile Submarine Program: Background and Issues for Congress", 2.

de, da jede Trident-II-Rakete bis zu acht Gefechtsköpfe tragen könnte. Die Frage ist also nur, auf wie viele Schultern die Last verteilt wird und ob sich dadurch weitere Kosten für das SSBN(X)-Projekt einsparen lassen.[215]

3.1.4.2.3 Luftgestützte strategische Kernwaffen

Die luftgestützte Säule der Triade besteht aus 20 B-2- und 93 B-52-Bombern, stationiert auf den Luftwaffenbasen Whiteman Missouri, Barksdale, LA, und Minot, ND. Der Mitte der 1980er-Jahre eingeführte B-1-Bomber ist seit 1997 nur noch für den Einsatz konventioneller Waffen vorgesehen und wird deswegen in dieser Darstellung nicht weiter berücksichtigt.[216] Die erste Ausführung des B-52-Bombers wurde 1961 in Dienst gestellt. Im Jahr 2006 begann eine Debatte zwischen den Streitkräften und dem US-Kongress über eine Reduzierung der Flotte auf 56 Maschinen. Aufgrund der konventionellen und nuklearen Rolle des B-52 bestand der US-Kongress aber letztlich darauf, dass der Bestand nicht unter 76 Maschinen sinken dürfe. Diese Zahl wurde auch nach der *Nuclear Posture Review* bestätigt, und gemäß den aktuellen Planungen soll der B-52 mindestens bis zum Jahr 2035 für konventionelle und nukleare Einsätze genutzt werden.[217] Der Bomber vom Typ B-2 soll bis in die 2050er-Jahre seinen Dienst leisten. Die US-Luftwaffe hat für das Haushaltsjahr 2013 300 Millionen US-Dollar zugesagt bekommen, um ein Nachfolgesystem für beide Bomber zu entwickeln. Bis 2017 sollen 6,3 Milliarden US-Dollar für das Vorhaben zur Verfügung stehen. Ziel ist es, 80 bis 100 Bomber der neuen Generation zu fertigen.[218] Die Einführung dieses neuen Waffensystems soll 2025 erfolgen, nachdem erste Planungen bereits

---

[215] Woolf, „U.S. Strategic Nuclear Forces: Background, Developments, and Issues", 21–22.

[216] Ebd., 22–23.

[217] Ebd., 24–26.

[218] Kristensen und Norris, „US Nuclear Forces, 2012", 89.

das Jahr 2018 genannt hatten. Die Stückkosten werden auf 550 Millionen US-Dollar geschätzt.[219]

3.1.4.2.4 Substrategische Kernwaffen

Außerdem modernisieren die USA ihre substrategischen Kernwaffen B-61, von denen ca. 200 in Europa lagern, auf den Luftwaffenstützpunkten in Belgien, Deutschland, Italien, den Niederlanden und der Türkei. Diese Waffensysteme können im Rahmen der nuklearen Teilhabe der NATO genutzt werden.[220] Darüber hinaus lagern weitere 350 inaktive B-61-Bomben in den USA. Im Haushaltsjahr 2012 wurden 224 Millionen US-Dollar für das Lebenserhaltungsprogramm der B-61 beantragt.[221]

Nennenswert ist auch die Investition von 610 Millionen US-Dollar für die Entwicklung eines neuen, nuklearen Marschflugkörpers zur Bekämpfung von Landzielen, der im Jahr 2025 in Produktion gehen und den im Jahr 2030 auslaufenden aktuellen Flugkörper ersetzen soll.[222]

3.1.4.2.5 Konventionelle Systeme

Um die Rolle von Kernwaffen in der US-Verteidigungsplanung reduzieren und gleichzeitig den Aufgaben der Landesverteidigung und dem Schutz der Verbündeten nachkommen zu können, werden defensive und offensive, konventionelle Fähigkeiten in der NPR betont:

„Contributions by non-nuclear systems to U.S. regional deterrence and reassurance goals will be preserved by avoiding limitations on missile defenses and preserving

---

[219] Woolf, „U.S. Strategic Nuclear Forces: Background, Developments, and Issues", 29–30.

[220] Kristensen und Norris, „US Nuclear Forces, 2012", 90.

[221] Woolf, „U.S. Strategic Nuclear Forces: Background, Developments, and Issues", 23.

[222] Kristensen und Norris, „US Nuclear Forces, 2012", 90.

options for using heavy bombers and long-range missile systems in conventional roles."[223]

Die Betonung von konventionellen Systemen großer Reichweite wie Bombern und das Konzept von *Prompt Global Strike* sowie die Raketenabwehr deuten darauf hin, dass die USA weniger auf eine große Präsenz eigener Streitkräfte in allen Weltregionen setzen wollen, sondern vielmehr in kurzer Zeit überall auf der Welt präzise wirken wollen. Auf diesem Wege entziehen sich die USA zwei konzeptionellen Problemen der konventionellen Abschreckung. Sie sind nicht gezwungen, stets in allen Regionen mit etwa paritätischen Kräften wie der potenzielle Gegner präsent zu sein. Außerdem verringern sie durch die Raketenabwehr und die abstandsfähige Wirkungsfähigkeit auch den Anreiz eines Gegners in einer konventionellen Abschreckungssituation, seine eingebüßte militärische Flexibilität durch die Entwicklung von Massenvernichtungswaffen wieder auszugleichen.[224] Um konventionelle Fähigkeiten zur Abschreckung stärken zu können, haben die USA in ihrer *Nuclear Posture Review* beschlossen, keine rüstungskontrollpolitischen Beschränkungen für die Raketenabwehr und die Pläne zu *Prompt Global Strike* zu akzeptieren.[225]

3.1.4.2.5.1   Ballistische Raketenabwehr

Der Flug einer ballistischen Rakete kann grob in drei Phasen eingeteilt werden, die Startphase, die mittlere Flugphase und die Endanflugsphase. In Abhängigkeit von der Reichweite des Flugkörpers ergeben sich die Dauer der einzelnen Phasen sowie die Flughöhe. Ballistische Raketen für militärische Anwendungen werden anhand ihrer Reichweite in vier Gruppen kategorisiert. Sogenannte Kurzstreckenraketen

---

[223] U.S. Department of Defense, „Nuclear Posture Review Report (April 2010)", 16; Brustlein, „Conventionalizing Deterrence? U.S. Prompt Strike Programs and Their Limits"; Roberts, „On the Strategic Value of Ballistic Missile Defense"; Gormley, „The Path to Deep Nuclear Reductions: Dealing with American Conventional Superiority".
[224] Gerson, „Conventional Deterrence in the Second Nuclear Age"; Wirtz, „Deterring the Weak: Problems and Prospects".
[225] US Nuclear Posture Review 2010, S. 25.

(SRBM = Short-range Ballistic Missile) haben eine Reichweite von bis zu 1.000 km. Mittelstreckenraketen *(MRBM = Medium-range Ballistic Missile)* haben eine Reichweite von 1.000 km bis 3.000 km. *IRBMs (Intermediate-range Ballistic Missiles)* haben eine Reichweite zwischen 3.000 km und 5.500 km. Raketen größerer Reichweite werden als Interkontinentalraketen oder auch umgangssprachlich als Langstreckenraketen *(IRBM = Interncontinental Ballistic Missile)* bezeichnet. Ihre Reichweite liegt in der Regel zwischen 5.500 km und 10.000 km.[226]

Die Idee einer Raketenabwehr geht bereits zurück auf die Präsidentschaft von Jimmy Carter.[227] Um das strategische Gleichgewicht zwischen den USA und der Sowjetunion zu wahren, hatten sich beide Seiten im Jahr 1972 durch den *Anti-ballistic-Missile-*(ABM-)Vertrag auf eine Begrenzung ihrer Fähigkeiten zur ballistischen Raketenabwehr verständigt. Die Idee, das US-Heimatland gegen einen umfassenden Angriff mit ballistischen Raketen zu schützen, erhielt jedoch mit der *Strategic Defense Initiative* (SDI)[228] unter US-Präsident Ronald Reagan am 23. März 1983 einen erneuten Auftrieb. Präsident George H. W. Bush führte die Finanzierung einer Raketenabwehr fort, änderte jedoch den Umfang des Vorhabens auf den Schutz gegen nur noch begrenzte Angriffe mit ballistischen Raketen.[229] Nach den Erfahrungen des US-Militärs im Golfkrieg von 1990 bis 1991, in dem der Irak seine Nachbarländer Saudi-Arabien und Israel mit konventionell bestückten ballistischen Raketen beschossen hatte, verabschiedete der US-Kongress ein Gesetz, das die Entwicklung und Stationierung einer Raketenabwehr gegen begrenzte Angriffe auf die USA und den Schutz von US-Streitkräften, Verbündeten und Freunden in einem Operationsgebiet verlangte. Daraufhin wurde am 13. Mai 1993 durch

---

[226] National Air and Space Intelligence Center, „Ballistic and Cruise Missile Threat", 5.

[227] Hildreth und Woolf, „Ballistic Missile Defense and Offensive Arms. Reductions: A Review of the Historical Record", 11.

[228] Für weitere Details zu SDI siehe: Federation of American Scientists (FAS), „Strategic Defense Initiative".

[229] Hildreth und Woolf, „Ballistic Missile Defense and Offensive Arms. Reductions: A Review of the Historical Record", 12.

US-Verteidigungsminister Les Aspin die *Strategic Defense Initiative Organization* in *Ballistic Missile Defense Organization* (BMDO) umbenannt.[230]

Während der Aufbau einer Raketenabwehr unter der Administration von George W. Bush zunächst noch eine rein nationale Ausrichtung hatte, änderte sich diese Maßgabe bereits in der zweiten Amtszeit von George W. Bush und beinhaltet nun auch unter der Führung von Präsident Obama einen angemessenen Schutz von Verbündeten und Partnern.[231] Die konkreten Pläne des US-Verteidigungsministeriums wurden im Bericht *(Ballistic Missile Defense Review Report)* vom Februar 2010 vorgestellt. Die USA verstehen die Raketenabwehr als Instrument, das gleichzeitig mehreren Zielen dient. Zum einen leistet es einen Beitrag zur *Reassurance* von US-Verbündeten und -Partnern und damit einen Beitrag zur Stärkung regionaler Sicherheit. Außerdem dient es der Verteidigung *(Defense)* und zur Abschreckung von Angriffen auf die USA *(Deterrence)* sowie auf Verbündete *(Extended Deterrence)*. Zum anderen sichert die Raketenabwehr die Operationsmöglichkeiten des US-Militärs und der Streitkräfte von Verbündeten und Partnern unter der Bedrohung durch ballistische Raketen *(Coercion und Aggression)*.[232]

Gegenwärtig haben die USA zum Schutz ihres Territoriums vor begrenzten Schlägen mit Interkontinentalraketen zwei Basen mit Abfangraketen errichtet, die die anfliegenden Raketen in ihrer mittleren Flugphase abfangen sollen. 26 Abfangraketen *(Ground-Based Interceptor*, GBI) sind auf der Luftwaffenbasis Fort Greely in Alaska und vier auf der Basis Vandenberg in Kalifornien stationiert.[233] Um eine zeitgerechte Zielerfassung, -verfolgung und Feuerleitlösung zu ermöglichen, betreiben die USA mehrere Radarstationen in Alaska, Kalifornien,

---

[230] U.S. Department of Defense, „History of Ballistic Missile Defense".

[231] Hildreth und Woolf, „Ballistic Missile Defense and Offensive Arms. Reductions: A Review of the Historical Record".

[232] U.S. Department of Defense, „Ballistic Missile Defense Review Report".

[233] Giles und Monaghan, „European Missile Defense and Russia"; The White House, „Fact Sheet: U.S. Missile Defense Policy: A Phased, Adaptive Approach for Missile Defense in Europe"; Hildreth und Woolf, „Ballistic Missile Defense and Offensive Arms. Reductions: A Review of the Historical Record".

Grönland, Großbritannien sowie Systeme auf hoher See. Ziel dieser Radarstationen ist es, frühzeitig den Start einer anfliegenden Rakete zu detektieren und möglichst präzise die Flugbahn bestimmen zu können.[234] Um Raketenstarts und Flugbahnen erkennen zu können, verfügen die USA außerdem über ein dichtes Netz von Satelliten, die mit dem Führungssystem der Raketenabwehr verbunden sind.[235]

Laut dem *Ballistic Missile Defense Review Report* soll durch die Dislozierung der Raketenabwehr auch die regionale, erweiterte Abschreckung gestärkt werden. In Anbetracht von regionalen Atomwaffenstaaten sehen die USA zwar weiterhin die Notwendigkeit gegeben, ihre nukleare Abschreckung aufrechtzuerhalten.[236] Dies kann aber durch die Präsenz oder die Verlegbarkeit von Kernwaffen in eine Region gewährleistet werden.[237] Die Raketenabwehr soll es jedoch ermöglichen, die Bedeutung von Kernwaffen in der regionalen Sicherheitsplanung zu reduzieren.[238] Das Konzept der USA unter der Obama-Administration sieht dafür einen Plan vor, der „maßgeschneidert" für die Anforderungen jeder Region ist und der Entwicklung und dem Umfang der potenziellen Bedrohung angemessen ist. Der sogenannte *Phase Adaptive Approach* sieht ebenso vor, dass die US-Kräfte mobil und damit verlegbar sind, um sich verändernden Bedrohungslagen anpassen zu können.[239] Die Vorteile, die sich die USA von diesem Vorgehen versprechen, sind zum einen die Stärkung der regionalen Bündnisse und der Möglichkeit zur adäquaten Lastenteilung

---

234 Giles und Monaghan, „European Missile Defense and Russia"; The White House, „Fact Sheet: U.S. Missile Defense Policy: A Phased, Adaptive Approach for Missile Defense in Europe"; Hildreth und Woolf, „Ballistic Missile Defense and Offensive Arms. Reductions: A Review of the Historical Record"; U.S. Department of Defense, „Ballistic Missile Defense Review Report".
235 U.S. Department of Defense, „Ballistic Missile Defense Review Report".
236 Ebd.
237 Ebd.
238 Ebd.
239 Ebd.; Giles und Monaghan, „European Missile Defense and Russia"; The White House, „Fact Sheet: U.S. Missile Defense Policy: A Phased, Adaptive Approach for Missile Defense in Europe"; Hildreth und Woolf, „Ballistic Missile Defense and Offensive Arms. Reductions: A Review of the Historical Record".

unter den Alliierten. Außerdem wird die Möglichkeit von Staaten in Nahost und in Ostasien eingeschränkt, Verbündete der USA durch die Androhung eines Raketenangriffs einzuschüchtern *(coerce)*. Durch die Stärkung der Verteidigungsfähigkeit des Bündnisses erhoffen sich die USA, auch weiterhin Proliferationsanreize unter den Verbündeten gering zu halten. Für die regionale Raketenabwehr von Kurz- und Mittelstreckenraketen verfügen die USA über Flugabwehrbatterien vom Typ Patriot und hochauflösende Radarsysteme vom Typ AN/TPY-2. Zusätzlich soll das Flugabwehrsystem THAAD *(Theater High Altitude Area Defense)* eingeführt und stationiert werden.[240] Ergänzt werden diese bodengebundenen Systeme durch seegestützte Systeme der US-Marine vom Typ Aegis, die mit einem Multifunktionsradar AN/SPY-1 (Sensor) und dem Flugkörper SM-3 Block IA (Effektor) ausgestattet sind.[241] Ab 2015 soll der Boden-Luft-Flugkörper SM-3 in einer Variante vorliegen, die auch an Land stationiert werden kann, um gegen Mittelstreckenraketen und IRBMs wirken zu können. Die USA haben gemeinsam mit Japan in die Weiterentwicklung der SM-3 investiert. Um das Jahr 2020 herum wollen die USA die SM-3 in einer Variante IIA und IIB entwickeln, um dank einer höheren Geschwindigkeit des Flugkörpers ein größeres Areal beschützen zu können und zusätzlich die Option zu haben, gegen Interkontinentalraketen in der ersten Flugphase wirken zu können.[242]

Im September 2009 kündigte die Obama-Administration an, die von George W. Bush 2007 vorgestellten Raketenabwehrpläne für Europa zu überarbeiten. Der *European Phased Adaptive Approach* sieht eine Entwicklung in vier Phasen vor. Phase eins (bis 2011) betrifft den Schutz Südeuropas durch die Stationierung von seegestützten

[240] Giles und Monaghan, „European Missile Defense and Russia"; The White House, „Fact Sheet: U.S. Missile Defense Policy: A Phased, Adaptive Approach for Missile Defense in Europe"; Hildreth und Woolf, „Ballistic Missile Defense and Offensive Arms. Reductions: A Review of the Historical Record".
[241] Giles und Monaghan, „European Missile Defense and Russia"; The White House, „Fact Sheet: U.S. Missile Defense Policy: A Phased, Adaptive Approach for Missile Defense in Europe"; Hildreth und Woolf, „Ballistic Missile Defense and Offensive Arms. Reductions: A Review of the Historical Record".
[242] U.S. Department of Defense, „Ballistic Missile Defense Review Report".

Raketenabwehrfähigkeiten gegen Kurz- und Mittelstreckenraketen, ergänzt um landgestützte Radarsysteme. Phase zwei (um das Jahr 2015) sieht die Einführung einer verbesserten Version der SM-3 (Version Block IB) vor, die nun auch in einer landgestützten Variante disloziert werden soll. Zusätzlich sollen weitere Sensoren in den Raketenabwehrverbund integriert werden. In Phase drei (um das Jahr 2018) soll das gesamte NATO-Territorium durch die Raketenabwehr abgedeckt sein und einen Schutz vor Angriffen durch Mittelstreckenraketen und IRBMs bieten.[243] Dies soll ermöglicht werden durch die Einführung eines nochmals leistungsfähigeren Effektors (SM-3 Block IIA) und einer zweiten Basis für Abfangraketen im Norden Europas. Die Umsetzung von Phase vier, die ab dem Jahr 2020 durch die Einführung der SM-3 in der Variante Block IIB den Schutz vor Interkontinentalraketen aus dem Nahen und Mittleren Osten hätte erhöhen sollen, wurde nach Beschluss der USA ausgesetzt. Um die regionale Zusammenarbeit und Lastenteilung zu erhöhen, soll der *European Phased Adaptive Approach* in der NATO umgesetzt werden.[244] Die NATO-Mitgliedsstaaten haben sich auf dem NATO-Gipfel in Lissabon im Jahr 2010 zu diesem Ziel bekannt. Für die USA drückt der *European Phased Adaptive Approach* ihre Beistandsverpflichtung nach Artikel 5 des NATO-Vertrages aus und stärkt die Glaubhaftigkeit der erweiterten Abschreckung.[245] Im Rahmen des NATO-Vorhabens *Active Layered Theatre Ballistic Missile Defense* (ALTBMD) gibt es bereits eine integ-

---

243 Ebd.; Giles und Monaghan, „European Missile Defense and Russia"; The White House, „Fact Sheet: U.S. Missile Defense Policy: A Phased, Adaptive Approach for Missile Defense in Europe"; Hildreth und Woolf, „Ballistic Missile Defense and Offensive Arms. Reductions: A Review of the Historical Record".
244 U.S. Department of Defense, „Ballistic Missile Defense Review Report"; Giles und Monaghan, „European Missile Defense and Russia"; The White House, „Fact Sheet: U.S. Missile Defense Policy: A Phased, Adaptive Approach for Missile Defense in Europe"; Hildreth und Woolf, „Ballistic Missile Defense and Offensive Arms. Reductions: A Review of the Historical Record".
245 U.S. Department of Defense, „Ballistic Missile Defense Review Report"; Giles und Monaghan, „European Missile Defense and Russia"; The White House, „Fact Sheet: U.S. Missile Defense Policy: A Phased, Adaptive Approach for Missile Defense in Europe"; Hildreth und Woolf, „Ballistic Missile Defense and Offensive Arms. Reductions: A Review of the Historical Record".

rierte Führungs- und Kommandostruktur, die auch für die territoriale Raketenabwehr umgesetzt werden soll. Auf diesem Wege erhoffen sich die USA, die Lastenteilung in der Allianz verbessern zu können und Beiträge der europäischen NATO-Länder in das Gesamtsystem integrieren zu können.[246]

In Ostasien arbeiten die USA eng mit ihren Verbündeten, Japan und Südkorea, zusammen, um eine bedrohungsgerechte Raketenabwehr aufzubauen.[247] Japan ist bei der Kooperation ein Vorreiter, es investiert in die Weiterentwicklung des Flugkörpers SM-3 und verfügt bereits über land- und seegestützte Systeme zur Raketenabwehr.[248] Zur Verbesserung der Interoperabilität führen Japan und die USA regelmäßige gemeinsame Raketenabwehrübungen durch. Während des Besuchs des US-Verteidigungsministers Leon Panetta in Japan am 17. September 2012 wurde bekannt gegeben, dass die beiden Länder ihre Zusammenarbeit in der Raketenabwehr weiter vertiefen wollen und Japan zusätzliche Sensoren (AN/TPY-2) stationiert.[249] Außerdem führen die USA Verhandlungen mit Südkorea und Australien über Form und Umfang der Zusammenarbeit bei der Stärkung einer regionalen Raketenabwehr.[250]

3.1.4.2.5.2 *Conventional Prompt Global Strike (PGS)*

Im Jahr 2002 stellte die US-Administration unter Präsident George W. Bush ihre *Nuclear Posture Review* vor. Darin enthalten war die Forderung, zusätzlich zu den bestehenden strategischen Nuklearwaffen eine konventionelle Offensivfähigkeit mit globaler Reichweite und

---

[246] U.S. Department of Defense, „Ballistic Missile Defense Review Report".

[247] Takahashi, „Ballistic Missile Defense in Japan: Deterrence and Military Transformation".

[248] Rinehart, Hildreth, und Lawrence, „Ballistic Missile Defense in the Asia-Pacific Region: Cooperation and Opposition".

[249] „Joint Press Conference with Secretary Panetta and Japanese Minister of Defense Morimoto from Tokyo, Japan: Presenters: Secretary of Defense Leon E. Panetta and Japanese Minister of Defense Satoshi Morimoto, September 17, 2012"; U.S. Department of Defense, „Ballistic Missile Defense Review Report".

[250] U.S. Department of Defense, „Ballistic Missile Defense Review Report".

schneller Verfügbarkeit zu entwickeln. Dahinter stand die Auffassung, dass viele Aufgaben, für die in den Planungen des US-Militärs interkontinentale Kernwaffen vorgesehen sind, auch durch hoch präzise, konventionelle Wirkmittel übernommen werden könnten.[251] Damit sollten nach Aussage des damaligen Oberbefehlshabers der strategischen Streitkräfte der USA, General Cartwright, zum einen dem Präsidenten in einer Krisensituation mehr Handlungsoptionen eröffnet werden, zum anderen sahen viele die Möglichkeit, auf diese Weise die benötigte Anzahl an strategischen Kernwaffen reduzieren zu können.[252] Laut einer Studie im Auftrag der US-Streitkräfte könnten durch weitreichende, schnell verfügbare, präzise konventionelle Wirkmittel zwischen 10 und maximal 30 Prozent der bisher nuklearen Aufgaben (im Original: *nuclear Missions*) durch konventionelle ersetzt werden.[253]

Der Bedarf nach schnell einsetzbaren, hoch präzisen, konventionellen, globalen Wirkmitteln wurde in den Jahren 2001 und 2006 in die *U.S. Quadrennial Defense Review* und in Konzepte der US-Luftwaffe aufgenommen.

„The United States should be able to strike globally and rapidly with joint conventional forces against high-payoff targets. The United States should be able to plan and execute these attacks in a matter of minutes or hours, as opposed to the days or weeks needed for planning and execution with existing forces, and it should be able to execute these attacks even when it had no permanent military presence in the region where the conflict would occur."[254]

---

251 Woolf, „Conventional Warheads for Long-Range Ballistic Missiles: Background and Issues for Congress", 2–3; Kamp, „‚Prompt Global Strike': Eine neue US-Strategie nimmt Gestalt an". Für eine historische Übersicht siehe:
Kristensen, „Global Strike: A Chronology of the Pentagon's New Offensive Strike Plan".
252 Woolf, „Conventional Warheads for Long-Range Ballistic Missiles: Background and Issues for Congress", 6.
253 Woolf, „Conventional Prompt Global Strike and Long-Range Ballistic Missiles: Background and Issues", 7.
254 Woolf, „Conventional Warheads for Long-Range Ballistic Missiles: Background and Issues for Congress", 7.

Ersten US-Planungen zufolge könnten die *Prompt-Global-Strike-*Missionen durch Kampfflugzeuge mittlerer und großer Reichweite, Marschflugkörper, die von U-Booten oder Bombern gestartet werden, und schließlich durch see- oder landgestützte ballistische Flugkörper durchgeführt werden.[255] Sowohl die US-Luftwaffe als auch die Marine *(Navy)* haben bereits seit den 1990er-Jahren Machbarkeitsstudien zur Bestückung ihrer Interkontinentalraketen mit konventionellen Sprengköpfen durchgeführt. Im Ergebnis zeigte sich, dass eine solche Entwicklung bei einer Steigerung der Präzision sinnvoll schiene.[256]

Auch die Obama-Administration hat sich im Rahmen der *Nuclear Posture Review* und der *Quadrennial Defense Review* 2010 ebenfalls für die Entwicklung von Waffensystemen für *Prompt-Global-Strike-*Missionen ausgesprochen. Allerdings gibt es zwei Akzentverschiebungen bei den Planungen. Zum einen wird die Rolle von *Prompt Global Strike* mehr in einen regionalen Zusammenhang gebracht. Mit der Hilfe von *Prompt Global Strike* sollen nun vornehmlich zeitlich sensible, regionale Ziele bekämpft werden können. Außerdem wurde deutlich, dass *Prompt Global Strike* kein Ersatz für Kernwaffen ist. Vielmehr füllt das System eine Nische und bietet dem US-Präsidenten zusätzliche Handlungsoptionen, vor allem in solchen Fällen, in denen der Rückgriff auf den Einsatz von Kernwaffen unglaubwürdig ist.[257] Das *Defense Science Board* hat im Jahr 2009 einen Bericht mit mehreren Szenarien für den Einsatz von *Prompt Global Strike* vorgestellt.[258] Im

---

[255] Ebd., 6.

[256] Ebd., 9.

[257] Woolf, „Conventional Prompt Global Strike and Long-Range Ballistic Missiles: Background and Issues", 4–8; U.S. Department of Defense, „Quadrennial Defense Review Report", Februar 2010, 32; U.S. Department of Defense, „Nuclear Posture Review Report (April 2010)", 34; Munoz, „Chilton: Conventional PGS Cannot Replace Nuclear Deterrent Role"; *Hearing on National Defense Authorization Act for Fiscal Year 2009 and oversight of previously authorized programs before the Committee on Armed Services, House of Representatives, One Hundred Tenth Congress, second session,* Abschn. Strategic Forces Subcommittee; Bunn und Manzo, „Conventional Prompt Global Strike: Strategic Asset or Unusable Liability?"

[258] Defense Science Board (DSB), „Time Critical Conventional Strike from Strategic Standoff".

ersten Szenario wird *PGS* als Vergeltung gegen einen *Near-peer Competitor* eingesetzt, der mit einer Anti-Satelliten-Waffe einen US- Satelliten zerstört hat.[259] Das zweite Szenario sieht den Einsatz von *PGS* vor, um gezielt eine Ladung nuklearen Materials zu zerstören, das im Besitz einer terroristischen Organisation ist, die ihren Sitz in einem neutralen Land hat.[260] Szenario drei beschreibt den Einsatz gegen Massenvernichtungswaffen, die an einem Ort für eine begrenzte Zeit, in einer ländlichen Region in einem neutralen Land lokalisiert wurden.[261] Szenario vier sieht den Einsatz von *PGS* gegen die Führungsriege einer terroristischen Organisation an einem Ort in einem neutralen Land vor.[262] Szenario fünf schließlich skizziert den Einsatz von *PGS* als *Counterforce*-Option gegen einen „Schurkenstaat", der über ein begrenztes Arsenal an Nuklearwaffen verfügt und mit deren Einsatz gedroht hat.[263] Aufgrund einer Entscheidung des Weißen Hauses verfolgen die USA jedoch nicht mehr die Option, ballistische Interkontinentalraketen mit konventionellen Gefechtsköpfen auszustatten.[264] Zu groß sei die Gefahr, dass der Start einer solchen Rakete von Staaten wie Russland oder China als nuklearer Erstschlag interpretiert werden könnte.[265] Als Konsequenz werden nun vornehmlich drei Projekte vorangetrieben, die alle nicht vom New-START-Vertrag erfasst wer-

---

[259] Ebd.; Woolf, „Conventional Prompt Global Strike and Long-Range Ballistic Missiles: Background and Issues".

[260] Defense Science Board (DSB), „Time Critical Conventional Strike from Strategic Standoff"; Woolf, „Conventional Prompt Global Strike and Long-Range Ballistic Missiles: Background and Issues".

[261] Defense Science Board (DSB), „Time Critical Conventional Strike from Strategic Standoff"; Woolf, „Conventional Prompt Global Strike and Long-Range Ballistic Missiles: Background and Issues".

[262] Defense Science Board (DSB), „Time Critical Conventional Strike from Strategic Standoff"; Woolf, „Conventional Prompt Global Strike and Long-Range Ballistic Missiles: Background and Issues".

[263] Woolf, „Conventional Prompt Global Strike and Long-Range Ballistic Missiles: Background and Issues", 5; Defense Science Board (DSB), „Time Critical Conventional Strike from Strategic Standoff".

[264] Collina, „U.S. Alters Non-Nuclear Prompt-Strike Plan".

[265] Die Arms Control Association weist zusätzlich auf das Problem hin, genügend präzise und verlässliche Informationen über potenzielle Ziele erhalten zu können.

den. Es handelt sich dabei um das *Hypersonic Technology Vehicle 2 (HTV-2)*, die *Advanced Hypersonic Weapon (AHW)* und die *Conventional Strike Missile (CSM)*. Für das Haushaltsjahr 2011 hat die Obama-Administration 240 Millionen US-Dollar für die Weiterentwicklung dieser drei Optionen veranschlagt. Das US-Verteidigungsministerium plant Ausgaben in Höhe von zwei Milliarden US-Dollar im Zeitraum 2011 bis 2016 für Forschung und Entwicklung der *PGS*-Fähigkeiten.[266]

Bei dem Projekt *Conventional Strike Missile* handelt es sich um ein Vorhaben der US-Luftwaffe, die eine führende Rolle bei der Bereitstellung einer *PGS*-Fähigkeit spielen möchte und das Vorhaben seit 2008 verfolgt.[267] Ziel ist es, eine landgestützte Interkontinentalrakete zu entwickeln, die eine abweichende Flugsignatur von nuklearen Interkontinentalraketen aufweist, um so China und Russland vor einer Verwechslung mit dem Start von Nuklearwaffen zu bewahren. Der Wiedereintrittskörper soll manövrierbar sein, um z. B. den Überflug über einige Länder auf dem Weg ins Ziel ausschließen zu können. Als Trägersystem für die *Conventional Strike Missile* kommt eine von der Luftwaffe neu entwickelte Rakete vom Typ Minotaur IV infrage, die auf Technologie aus den Interkontinentalraketen *Minuteman* und *Peacekeeper* basiert und mit einer neuen vierten Brennstufe kombiniert werden soll. Die Entwicklung des Wiedereintrittskörpers läuft und könnte entweder auf dem *Hypersonic Technology Vehicle 2* oder der *Advanced Hypersonic Weapon* basieren. Die Idee, die verfolgt wird, ist, einen Gleiter zu konstruieren, der mit Hyperschallgeschwindigkeit ins Ziel gelenkt werden kann, nachdem er sich von der letzten Brennstufe der Trägerrakete getrennt hat. Erste Tests des *Hypersonic Technology Vehicle 2* fanden im Jahr 2010 und 2011 statt und waren, den Berichten des Verteidigungsministeriums und der *Defense Advanced Research Projects Agency* (DARPA) zufolge, teilweise erfolgreich, obwohl der Gleiter jedes Mal außer Kontrolle geriet und abstürzte. Das US-Verteidigungsministerium hat im Haushaltsjahr 2012 51,8 Millionen

---

[266] Collina, „U.S. Alters Non-Nuclear Prompt-Strike Plan".
[267] U.S. Department of Defense, „Fiscal Year (FY) 2011 Budget Estimates: Research, Development, Test and Evaluation, Defense-Wide".

US-Dollar für das Projekt beantragt und weitere 49,5 Millionen US-Dollar für das Haushaltsjahr 2013.[268]

Die *U.S. Army* (Heer) verfolgt ein ähnliches Vorhaben mit der *Advanced Hypersonic Weapon*, basierend auf einem anderen Designentwurf. Außerdem möchte das Heer den Gefechtskopf auf Raketen kürzerer Reichweite einsetzen und sie somit auch nahe der Einsatzgebiete stationieren können *(Forward Deployment)*. Ein erster Test am 17. November 2011 verlief erfolgreich. Der US-Kongress bewilligte für das Haushaltsjahr 2012 91 Millionen US-Dollar zur Weiterentwicklung dieser Alternative zum *Hypersonic Technology Vehicle 2*.[269]

Das Kapitel hat gezeigt, inwieweit sich die Konzeption der US-Nuklearwaffenpolitik seit dem Ende des Kalten Krieges gewandelt hat. Es ist deutlich geworden, dass erst seit der Administration von George W. Bush ein vorsichtiges Umdenken in der Konzeption von militärischer Abschreckung zu erkennen ist. Im folgenden Kapitel wird nun näher auf die Nuklearwaffenpolitik der NATO eingegangen, deren Ausgestaltung maßgeblich von den USA und der Bereitstellung von US-Nuklearwaffen für die NATO-Verteidigungsplanung abhängt.

---

[268] Woolf, „Conventional Prompt Global Strike and Long-Range Ballistic Missiles: Background and Issues", 16–18.
[269] Ebd., 19.

4 Nuklearwaffen in der NATO und die nukleare Teilhabe

Das folgende Kapitel widmet sich der Nuklearwaffenpolitik der NA-TO. Dazu gibt es zunächst eine knappe Übersicht über den historischen Verlauf der Bündnispolitik und die Funktion von substrategischen Nuklearwaffen für die Aufgabe der nuklearen Abschreckung in der NATO. Anschließend wird kurz der Entscheidungsfindungsprozess im Bündnis dargestellt, bevor auf Deutschland im Kontext der nuklearen Teilhabe in der NATO sowie Deutschlands *Win-Set* im konkreten Einzelfall für den Zeitraum 2009 bis 2012 eingegangen wird.

Mit der Unterzeichnung des Washingtoner Vertrages am 4. April 1949 gründeten die Staaten USA, Kanada, Großbritannien, Frankreich, Niederlande, Belgien, Italien, Dänemark, Luxemburg, Norwegen, Island und Portugal die *North Atlantic Treaty Organization* (NATO). Zu diesem Zeitpunkt verfügten nur die USA über Nuklearwaffen. Großbritannien folgte und führte am 3. Oktober 1952 einen ersten Kernwaffentest durch. Frankreich testete am 3. Februar 1960 seine erste Kernwaffe.

Bereits zu Beginn des Kalten Krieges setzten die Alliierten auf die abschreckende Wirkung von Nuklearwaffen und beschlossen den raschen Aufwuchs des nuklearen Arsenals, einschließlich substrategischer Kernwaffen.[270] Die Einführung substrategischer Kernwaffen in Europa, die durch die USA bereits in den Jahren 1953 und 1954 begann, diente vornehmlich drei Aufgaben.[271] Erstens sollten sie eine glaubhafte Abschreckung gegen einen möglichen Angriff der Sowjetunion gegen Westeuropa gewährleisten und im Falle eines Krieges

---

[270] Schulte, „Tactical Nuclear Weapons in NATO and Beyond: A Historical and Thematic Examination", 20–21; Nichols, Stuart, und McCausland, *Tactical Nuclear Weapons and NATO*; Giegerich, *Die NATO*, 14; Pifer, „NATO, Nuclear Weapons and Arms Control", 5–10.

[271] Schulte, „Tactical Nuclear Weapons in NATO and Beyond: A Historical and Thematic Examination", 18; Wheeler, „The Changing Requirements of Assurance and Extended Deterrence", 13–24.

auch zur Verteidigung des Bündnisgebietes genutzt werden *(Deterrence and Defense)*.[272] Zweitens sollte ihre Präsenz ein Ausdruck der US-Bündnissolidarität sein und glaubhaft den militärischen Beistand der USA im Konfliktfall ausdrücken *(Reassurance)*.[273] Drittens sollte die Stationierung von US-Kernwaffen andere Bündnispartner davon abhalten, selbst Kernwaffen zu entwickeln.[274]

Die nukleare Teilhabe in der NATO umfasst bis heute, neben der gemeinsamen Planung, die Stationierung von substrategischen US-Kernwaffen in Europa und die Bereitstellung von Trägersystemen und Bedienpersonal durch die europäischen Verbündeten.[275] Bis zur Freigabe durch den US-Präsidenten stehen diese Waffen unter US-Aufsicht und Kontrolle. Auf Anordnung des US-Präsidenten kann im Krisen- oder Konfliktfall die Befehlsgewalt *(Command and Control)* an die militärische Führung der NATO abgegeben werden, die dann den Befehl zum Einsatz der Waffen durch die Streitkräfte eines NATO-Landes anordnen kann.[276] Auf diese Weise wären im Kalten Krieg neben den USA, Großbritannien und Frankreich auch die Länder Griechenland, Italien, Türkei, Belgien, Niederlande, Kanada und

---

[272] Kaim und Niedermeier, „Das Ende des ‚multilateralismus Reflexes‘? Deutsche NATO-Politik unter neuen nationalen und internationalen Rahmenbedingungen", 116; Pifer, „NATO, Nuclear Weapons and Arms Control"; Wheeler, „The Changing Requirements of Assurance and Extended Deterrence", 13–24.

[273] Kaim und Niedermeier, „Das Ende des ‚multilateralismus Reflexes‘? Deutsche NATO-Politik unter neuen nationalen und internationalen Rahmenbedingungen", 116; Pifer, „NATO, Nuclear Weapons and Arms Control"; Wheeler, „The Changing Requirements of Assurance and Extended Deterrence", 13–24; Suchy und Thayer, „Weapons as Political Symbolism: The Role of US Tactical Nuclear Weapons in Europe".

[274] Kaim und Niedermeier, „Das Ende des ‚multilateralismus Reflexes‘? Deutsche NATO-Politik unter neuen nationalen und internationalen Rahmenbedingungen", 116; Yost, *The US and Nuclear Deterrence in Europe*, 326:8.

[275] Rühle, „NATO and Nuclear Weapons".

[276] McArdle Kelleher, „NATO Nuclear Operations", 455; Schulte, „Tactical Nuclear Weapons in NATO and Beyond: A Historical and Thematic Examination", 42.

82

Deutschland unmittelbar in eine mögliche nukleare Kriegsführung der NATO involviert gewesen.[277]

Das Konzept der nuklearen Teilhabe in der NATO ist historisch eng mit der Gründung der Organisation und dem Verlauf des Kalten Krieges verbunden. Die NATO-Mitgliedsstaaten haben in ihrem ersten Grundsatzdokument festgehalten, dass der Einsatz von Kernwaffen gegen den damaligen Gegner Sowjetunion Teil ihrer Fähigkeitsforderung ist. Dabei lag schon damals das Hauptaugenmerk auf den Nuklearwaffen der USA, die von den restlichen Alliierten unterstützt werden sollten.[278]

„[...] the ability to carry out strategic bombing including the prompt delivery of the atomic bomb. This is primarily a US responsibility assisted as practicable by other nations."[279]

Aufgrund der Schwäche der konventionellen NATO-Streitkräfte und dem Grundsatz der Vorneverteidigung war der Einsatz von Kernwaffen zur Verteidigung des Bündnisgebietes notwendig und förderte die Einführung und Stationierung von substrategischen Kernwaffen in Europa.[280]

Unter dem Eindruck des ersten Kernwaffentests der Sowjetunion im Jahr 1949 und dem Ausbruch des Korea-Krieges 1950 sahen sich die NATO-Verbündeten einem expansionistischen Rivalen ausgesetzt und verstärkten ihre Bemühungen zum Aufbau einer verteidigungsfähigen NATO. Allerdings konnte das Ziel, 96 Divisionen für die Verteidigung Europas aufzustellen, das auf dem NATO-Gipfel in Lissabon 1952 beschlossen wurde, nicht erreicht werden.[281]

---

[277] Schulte, „Tactical Nuclear Weapons in NATO and Beyond: A Historical and Thematic Examination", 42; Pifer, „NATO, Nuclear Weapons and Arms Control", 5–10.

[278] Schulte, „Tactical Nuclear Weapons in NATO and Beyond: A Historical and Thematic Examination", 18.

[279] Donnelly, „Note by the Secretary to the North Atlantic Military Committee on the Strategic Concept for the Defense of the North Atlantic Area. Reference: M.C. 3, M.C. 3/1", 23.

[280] Schulte, „Tactical Nuclear Weapons in NATO and Beyond: A Historical and Thematic Examination", 18–19.

[281] Ebd., 19.

Die Reaktion des damaligen US-Präsidenten Dwight D. Eisenhower bestand darin, verstärkt auf nukleare Abschreckung zu setzen und schnellstmöglich die Anzahl an substrategischen Kernwaffen in Europa zu erhöhen.[282] Die in der Amtszeit von Eisenhower geprägte Doktrin der „Massiven Vergeltung" *(Massive Retaliation)* ging davon aus, dass der Aufbau eines großen Kernwaffenarsenals insgesamt günstiger war als der Unterhalt großer konventioneller Streitkräfte.[283]

Die Strategie der „Massiven Vergeltung" wurde bereits im Herbst 1953 durch die NATO-Staaten übernommen.[284] Gefolgt wurde der Beschluss von einem rasanten Aufwachsen substrategischer Kernwaffen in den Jahren 1954 bis 1960 auf ca. 3.000 US-Waffensysteme in Europa.[285] Dieser Entwicklung wurde in der NATO mit den Beschlüssen MC 14/2 im Juli 1954 sowie MC 48/2 im Jahre 1957 Rechnung getragen.[286] Damit unterstrichen die NATO-Mitgliedsstaaten die Bedeutung von Kernwaffen für die Verteidigung Europas:

„A. We must first ensure the ability to carry out an instant and devastating nuclear counteroffensive by all available means and develop the capability to absorb and survive the enemy's onslaught. [...]

D. Concurrently and closely related [...] we must develop our ability to use our land, sea and air forces for defense of their territories and sea areas of NATO as far forward as possible to maintain the integrity of the NATO area counting on the use of nuclear weapons from the outset."[287]

Die NATO-Dokumente MC 14/2 und MC 48/2 bilden nach Einschätzung des Experten Paul Schulte den relativen Hochpunkt für

---

[282] Ebd., 20–21.

[283] Ebd., 21–22.

[284] Ebd., 23; Wheeler, „NATO Nuclear Strategy, 1949–90", 127; Giegerich, *Die NATO*.

[285] Schulte, „Tactical Nuclear Weapons in NATO and Beyond: A Historical and Thematic Examination", 23; Barrass, *The Great Cold War: A Journey Through the Hall of Mirrors*, 112.

[286] Schulte, „Tactical Nuclear Weapons in NATO and Beyond: A Historical and Thematic Examination", 23.

[287] Wheeler, „NATO Nuclear Strategy, 1949–90", 127; Schulte, „Tactical Nuclear Weapons in NATO and Beyond: A Historical and Thematic Examination", 24.

die Abstützung auf Kernwaffen in der Verteidigungsplanung der NATO.[288] Auf europäischen Druck hin wurde der Automatismus nuklearer Vergeltung durch die NATO als Reaktion auf einen Angriff der Sowjetunion unter dem Eindruck eines massiven Nachrüstens der Sowjetunion diskutiert und unter der Leitung des *Supreme Allied Commander Europe* (SACEUR), General Lauris Norstad, in differenzierter Form interpretiert.[289] Eine offizielle Änderung der Verteidigungsstrategie der NATO erfolgte aber erst 1967.[290]

Für die europäischen NATO-Staaten war die Präsenz der US-Kernwaffen zusammen mit konventionellen Streitkräften Ausdruck der US-Bündnissolidarität.[291] Ihre Präsenz diente der Abschreckung eines sowjetischen Angriffs auf Europa und der Beistandsrückversicherung der Bündnispartner *(Reassurance)*. Natürlich war für die Europäer damit auch die Gefahr verbunden, dass ihr Kontinent im nuklearen Schlagabtausch völlig zerstört werden könnte, sollte die Abschreckung versagen *(Entrapment)*. Angesichts der perzipierten Bedrohung durch die Sowjetunion schien dies damals jedoch die bevorzugte Option zu sein, im Gegensatz zu der Gefahr, im Bündnisfalle von den USA im Stich gelassen zu werden *(Abandonment)*.[292]

Die Glaubwürdigkeit der Abschreckung durch eine massive nukleare Vergeltung wurde sowohl in den USA als auch unter den europäischen Bündnispartnern in den 1960er-Jahren zunehmend dis-

---

[288] Schulte, „Tactical Nuclear Weapons in NATO and Beyond: A Historical and Thematic Examination", 24.

[289] Ebd.

[290] Heuser, „The Development of NATO's Nuclear Strategy", 45; Haftendorn, *Kernwaffen und die Glaubwürdigkeit der Allianz: Die NATO-Krise von 1966/67*; Schulte, „Tactical Nuclear Weapons in NATO and Beyond: A Historical and Thematic Examination", 24.

[291] Suchy und Thayer, „Weapons as Political Symbolism: The Role of US Tactical Nuclear Weapons in Europe".

[292] Schulte, „Tactical Nuclear Weapons in NATO and Beyond: A Historical and Thematic Examination", 25. Zur allgemeinen Abandonment-Entrapment-Gefahr in Bündnissen siehe auch: Snyder, *Alliance Politics*.

kutiert.[293] Die Frage erhielt ebenso Einzug in den US-Präsidentschaftswahlkampf zwischen John F. Kennedy und dem damals amtierenden US-Präsidenten Dwight D. Eisenhower.[294] Ein für alle Verbündeten geeigneter Kompromiss wurde 1967 mit dem Beschluss des NATO-Dokuments MC 14/3 gefunden, der das neue Konzept zur Abschreckung in die NATO offiziell einführte, das als flexible Antwort *(Flexible Response)* bekannt wurde.[295]

Unter der US-Präsidentschaft von John F. Kennedy wurde außerdem die Nukleare Planungsgruppe *(Nuclear Planning Group,* NPG) der NATO ins Leben gerufen.[296] Auf Initiative des damaligen Verteidigungsministers der USA, Robert McNamara, wurde die Gruppe 1966 gegründet, im selben Jahr, in dem Frankreich die militärischen Strukturen der integrierten NATO-Planung verließ.[297] In ihr vertreten waren und sind all jene NATO-Staaten, die im Rahmen der nuklearen Teilhabe in der NATO an der Planung und Koordinierung von möglichen Kernwaffeneinsätzen im Rahmen der Allianz beteiligt sein würden, unter anderem auch die Bundesrepublik Deutschland.[298]

Ebenfalls während der Präsidentschaft von John F. Kennedy wurde die Größe des US-Arsenals an substrategischen Kernwaffen in Europa auf ca. 7.000 bis 8.000 festgelegt.[299]

---

[293] Schulte, „Tactical Nuclear Weapons in NATO and Beyond: A Historical and Thematic Examination", 39.

[294] Ebd.

[295] Ebd., 40–41.

[296] Seay, „NATO's Nuclear Guardians: Why NATO's Bureaucracy is Unable to Initiate Change to, or Support Reform of, Alliance Nuclear Policy".

[297] Schulte, „Tactical Nuclear Weapons in NATO and Beyond: A Historical and Thematic Examination", 40–41, 46–47.

[298] Wheeler, „NATO Nuclear Strategy, 1949–90", 131; Schulte, „Tactical Nuclear Weapons in NATO and Beyond: A Historical and Thematic Examination", 41–42; NATO, „Nuclear Planning Group (NPG)".

[299] McArdle Kelleher, „NATO Nuclear Operations", 488–89; Legge, „Theater Nuclear Weapons and the NATO Strategy of Flexible Response", 75; Schulte, „Tactical Nuclear Weapons in NATO and Beyond: A Historical and Thematic Examination", 45–46.

Das Strategische Konzept der NATO wurde erst wieder nach dem Ende des Ost-West-Konfliktes im Jahr 1991 aktualisiert.[300] Darin heißt es zur Rolle von Nuklearwaffen in der Allianz:

„To protect peace and to prevent war or any kind of coercion, the Alliance will maintain for the foreseeable future an appropriate mix of nuclear and conventional forces based in Europe and kept up to date where necessary, although at a significantly reduced level. [...] Nuclear weapons make a unique contribution in rendering the risks of any aggression incalculable and unacceptable. Thus, they remain essential to preserve peace.“[301]

Auch nach dem Ende des Ost-West-Konfliktes bleibt die nukleare Abschreckung also von großer Bedeutung für die transatlantische Sicherheit. Neue Akzente sind vor allem in Bezug auf die notwendige Anzahl an Systemen enthalten.

„A credible Alliance nuclear posture and the demonstration of Alliance solidarity and common commitment to war prevention continue to require widespread participation by European Allies involved in collective defence planning in nuclear roles, in peacetime basing of nuclear forces on their territory and in command, control and consultation arrangements.“[302] „Nuclear forces based in Europe and committed to NATO provide an essential political and military link between the European and the North American members of the Alliance. The Alliance will therefore maintain adequate nuclear forces in Europe.“[303]

Ähnlich wie in den NATO-Debatten aus den Jahren 2009 bis 2012 ist die Beteiligung der europäischen NATO-Verbündeten an der Planung und Ausgestaltung der nuklearen Teilhabe ein wichtiger Bestandteil transatlantischer Lasten- und Gefahrenteilung.

„They will maintain adequate sub-strategic forces based in Europe which will provide an essential link with strategic nuclear forces, reinforcing the transAtlantic link. These will consist solely of dual capable aircraft which could, if necessary, be supplemented by offshore systems. Sub-strategic nuclear weapons will,

---

[300] Riecke, *Die Transformation der NATO: Die Zukunft der euro-atlantischen Sicherheitskooperation.*

[301] NATO, „The Alliance's New Strategic Concept: Agreed by the Heads of State and Government participating in the Meeting of the North Atlantic Council".

[302] Ebd.

[303] Ebd.

however, not be deployed in normal circumstances on surface vessels and attack submarines. There is no requirement for nuclear artillery or ground-launched short-range nuclear missiles and they will be eliminated.[304]

Bereits im Jahr 1991 zeichnet sich ab, dass der praktische Anteil der nuklearen Teilhabe in Europa auf die Bereitstellung von Lagerorten und Trägersystemen *(Dual-Capable Aircraft)* beschränkt wird. Acht Jahre später, im Jahr 1999, einigten sich die Staats- und Regierungschefs der NATO-Mitgliedsstaaten nach intensiver Diskussion[305] auf ein neues Strategisches Konzept, in dem die Passagen zu Nuklearwaffen zum Teil wörtlich aus dem Vorgängerdokument übernommen worden sind. Im Vergleich sind folgende Passagen von Bedeutung:

„The presence of United States conventional and nuclear forces in Europe remains vital to the security of Europe, which is inseparably linked to that of North America.[306]

„Since 1991, therefore, the Allies have taken a series of steps which reflect the post-Cold War security environment. These include a dramatic reduction of the types and numbers of NATO's sub-strategic forces including the elimination of all nuclear artillery and ground-launched short-range nuclear missiles; a significant relaxation of the readiness criteria for nuclear-roled forces; and the termination of standing peacetime nuclear contingency plans. NATO's nuclear forces no longer target any country. Nonetheless, NATO will maintain, at the minimum level consistent with the prevailing security environment, adequate sub-strategic forces based in Europe which will provide an essential link with strategic nuclear forces, reinforcing the transatlantic link. These will consist of dual capable aircraft and a small number of United Kingdom Trident warheads. Sub-strategic nuclear weap-

---

[304] Ebd.

[305] Müller, „Kernwaffen und deutsche Interessen: Versuch einer Neubestimmung"; Nassauer, „50 Jahre Nuklearwaffen in Deutschland".

[306] NATO, „The Alliance's New Strategic Concept: Agreed by the Heads of State and Government participating in the Meeting of the North Atlantic Council".

ons will, however, not be deployed in normal circumstances on surface vessels and attack submarines."[307]

Im Jahr 2009 gab es anlässlich des 60. Jubiläums der NATO ein Gipfeltreffen der Staats- und Regierungschefs aller Mitgliedsländer in Straßburg/Kehl. Im Rahmen des Treffens verständigten sich alle Vertreter auf die Formulierung eines neuen Strategischen Konzeptes für die NATO.[308] Eine Überarbeitung des bestehenden Konzeptes von 1999 erschien notwendig, um den neuen politischen Rahmenbedingungen und Aufgaben des Bündnisses durch Auslandseinsätze und den bestehenden Aufgaben im Rahmen der Bündnisverteidigung Rechnung zu tragen.[309] Die während des Gipfels von den Staats- und Regierungschefs verabschiedete Erklärung über die Sicherheit der Allianz *(Declaration on Alliance Security)* enthielt folgende Sprachrege-

---

[307] NATO, „The Alliance's Strategic Concept: Approved by the Heads of State and Government participating in the meeting of the North Atlantic Council in Washington D.C. [Press Release NAC-S(99) 65]".

[308] Paul, *Atomare Abrüstung: Probleme, Prozesse, Perspektiven*, 39.

[309] Kamp und Yost, *NATO and 21st Century Deterrence*; Varwick und Schreer, „60 Jahre NATO: Ein Bündnis im Wandel"; Paul, *Atomare Abrüstung: Probleme, Prozesse, Perspektiven*, 39; NATO, „NATO's New Strategic Concept: Why? How?"; NATO, „Strasbourg / Kehl Summit Declaration: Issued by the Heads of State and Government Participating in the Meeting of the North Atlantic Council in Strasbourg / Kehl. [Press Release (2009) 044]"; Yost, „NATO's Deterrence and Defense Posture: After the Chicago Summit"; Yost, „Strategic Stability in the Cold War: Lessons for Continuing Challenges"; Yost, „Carrying Forward NATO's Deterrence Review: A Report on a Workshop in Brussels, 25–26 October 2011"; Yost, „Adapting NATO's Deterrence Posture: The Alliance's New Strategic Concept and Implications for Nuclear Policy, Non-Proliferation, Arms Control, and Disarmament"; Yost, „US Extended Deterrence in NATO and North-East Asia"; Yost, „The Future of NATO's Nuclear Deterrent: The New Strategic Concept and the 2010 NPT Review Conference"; Yost, „NATO's Evolving Purposes and the Next Strategic Concept"; Yost, „Introduction to the Special Issue on NATO and Deterrence"; Yost, „NATO and Tailored Deterrence: Key Workshop Findings in 2007–2008"; Yost, „NATO's Deterrence Challenges: Report on a Workshop in Vilnius, Lithuania, 10–12 May 2009"; Yost, „Analysing International Nuclear Order"; Yost, „NATO and the Anticipatory Use of Force"; Yost, „Missile Defence on NATO's Agenda"; Yost und Ponsard, „Is It Time To Update NATO's Strategic Concept?"; Yost, „Dissuasion and Allies"; Yost, „Debating Security Strategies"; Yost, *The US and Nuclear Deterrence in Europe*.

lung zum Thema Nuklearwaffen und nukleare Abrüstung und Nicht-verbreitung:

„Deterrence, based on an appropriate mix of nuclear and conventional capabilities, remains a core element of our overall strategy. NATO will continue to play its part in reinforcing arms control and promoting nuclear and conventional disarmament in accordance with the Nuclear Non-Proliferation Treaty, as well as non-proliferation efforts.“[310]

4.1   Substrategische Nuklearwaffen in der NATO

Nachdem das nukleare Gleichgewicht im Bereich der strategischen Nuklearwaffen zwischen den USA und Russland den militärischen Beistand der USA – bis zur nuklearen Eskalation – immer unglaubwürdiger machte, stationierten die USA substrategische Kernwaffen in Europa. Seitdem hat die nukleare Teilhabe in der NATO drei Komponenten: die Lagerung der Waffen in Europa, eine gemeinsame nukleare Einsatzplanung und schließlich den Einsatz der Waffen durch europäische Streitkräfte nach einer Freigabe durch den US-Präsidenten. Damit erfüllen die substrategischen Waffen seit ihrer Einführung vornehmlich zwei Funktionen im NATO-Rahmen, sie sind zum einen Ausdruck des US-Beistands für die Verbündeten in Europa und ein Sinnbild für die Lasten- und Gefahrenteilung im Bündnis.[311] Zum anderen dienen sie der Abschreckung eines potenziellen Gegners durch die Androhung ihres Einsatzes. Zusätzlich gilt, solange nicht nukleare Mitgliedsstaaten der NATO von US-Beistandsgarantien überzeugt sind, besteht auch kein Anreiz für sie, sich selbst Kernwaffen zu beschaffen.[312]

---

[310] NATO, „Declaration on Alliance Security: Issued by the Heads of State and Government Participating in the Meeting of the North Atlantic Council in Strasbourg / Kehl on 4 April 2009. [Press Release (2009) 043]“.

[311] Suchy und Thayer, „Weapons as Political Symbolism: The Role of US Tactical Nuclear Weapons in Europe“.

[312] Kaim und Niedermeier, „Das Ende des ‚multilateralismus Reflexes‘? Deutsche NATO-Politik unter neuen nationalen und internationalen Rahmenbedingungen“.

Abbildung: Anzahl der in Europa stationierten nuklearen Gefechtsköpfe der USA[313]

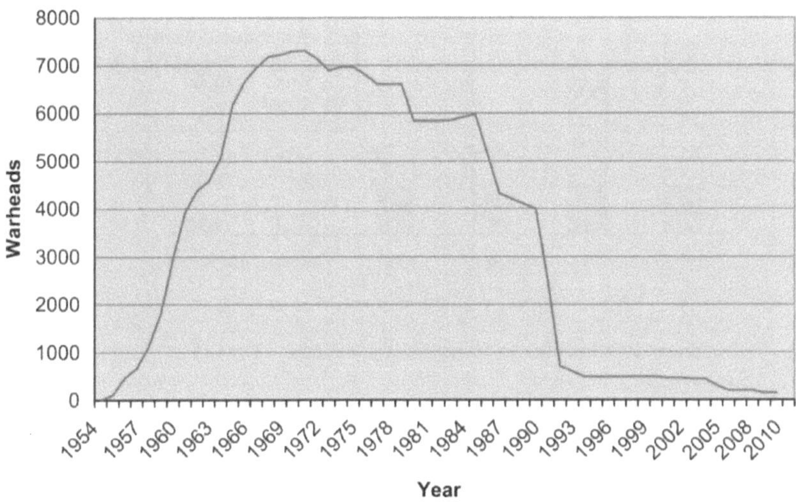

Bis zum Ende der Blockkonfrontation 1989/1990 waren weniger als 6.000 Kernwaffen der USA in Europa stationiert.[314] Eine
deutliche Reduktion auf ca. 1.000 substrategische US-Kernwaffen
fand in den Jahren bis 1995 statt.[315]

Abbildung: Reduktion von Nuklearwaffen und Trägersystemen in den
NATO-Staaten nach Art des Waffensystems[316]

---

[313] Norris und Kristensen, „US Tactical Nuclear Weapons in Europe, 2011".
[314] Ebd.; Woolf, „Nonstrategic Nuclear Weapons", 8.
[315] Schulte, „Tactical Nuclear Weapons in NATO and Beyond: A Historical and
Thematic Examination", 43–60; Woolf, „Nonstrategic Nuclear Weapons", 8.
[316] NATO, „NATO's Nuclear Forces in the New Security Environment: Background".

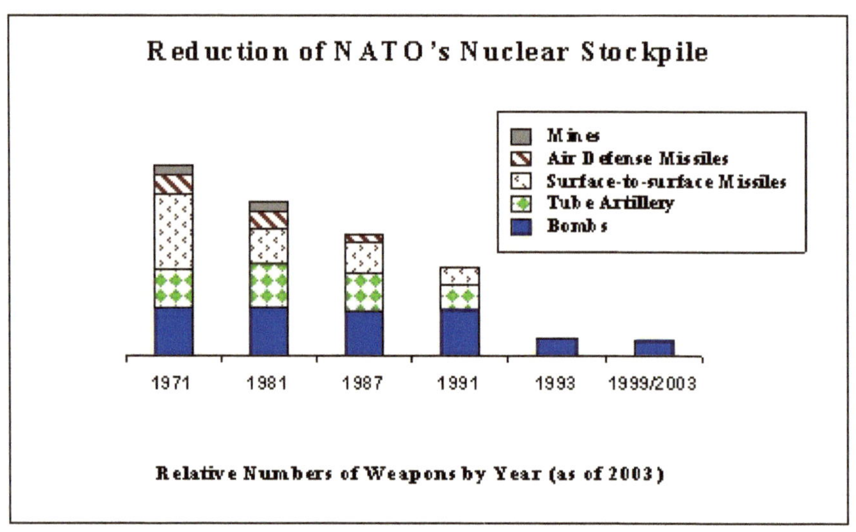

Aktuell lagern noch ca. 200 Nuklearwaffen vom Typ B-61 auf Militärbasen in Deutschland, Belgien, den Niederlanden, Italien und der Türkei. Bis auf die Türkei stellen alle genannten Staaten im Rahmen der nuklearen Teilhabe der NATO das zertifizierte Gerät und Personal bereit, um diese Waffen einzusetzen.[317]

Abbildung: Art der in Europa stationierten nuklearen Trägersysteme[318]

---

[317] Woolf, „Nonstrategic Nuclear Weapons", 8; Kristensen und Norris, „US Nuclear Forces, 2014"; Kristensen, „U.S. Nuclear Weapons in Europe: A Review of Post-Cold War Policy, Force Levels, and War Planning"; Chalmers und Lunn, „NATO's Tactical Nuclear Dilemma".

[318] NATO, „NATO's Nuclear Forces in the New Security Environment: Background".

Nuclear Systems Deployed in Europe

	1971	1981	1987	1991	1999	2003
· Mines	x	x				
· Nike Hercules SAM	x	x	x			
· Honest John SSM	x	x				
· Lance SSM	x	x	x	x		
· Sergeant SSM	x					
· Pershing IA	x	x	x			
· Pershing II			x			
· GLCM			x			
· 155mm Howitzer	x	x	x	x		
· 8-inch Howitzer	x	x	x	x		
· Walleye ASM	x					
· ASW Depth Bombs	x	x	x	x		
· DCA Bombs	x	x	x	x	x	x
Total Systems	**11**	**9**	**9**	**5**	**1**	**1**

Durch die geplanten Investitionen von ca. 80 Milliarden US-Dollar in einem Zeitraum von zehn Jahren für die Sicherung und Modernisierung des bestehenden US-Kernwaffenarsenals bewahren die USA ihre nuklearen Fähigkeiten bis über das Jahr 2050 hinaus.[319] Zu den Investitionen zählt auch ein Lebenserhaltungsprogramm für die in Europa stationierten Bomben, deren Nutzungsdauer bis über das Jahr 2040 gewährleistet und deren Modernisierung in den Jahren 2020 bis 2022 abgeschlossen sein soll. Durch die Bereitstellung dieser substrategischen Kernwaffen liefern die USA also auch zukünftig die technischen Voraussetzungen zur nuklearen Teilhabe in der NA-TO.[320]

---

[319] The White House, „Fact Sheet: An Enduring Commitment to the U.S. Nuclear Deterrent"; Collina, „U.S. Nuclear Modernization Programs"; Buchan u. a., *Future Roles of U.S. Nuclear Forces: Implications for U.S. Strategy*, 4–5.
[320] Collina, „U.S. Nuclear Modernization Programs".

4.1.1 Entscheidungsfindung in der NATO

In der NATO werden grundsätzlich alle Entscheidungen im Konsens getroffen.[321]

„The principle of consensus decision-making is applied throughout the Alliance, reflecting the fact that it is the member countries that decide and each one of them is involved in the decision-making process. This principle is applied at every level of the Organisation.“[322]

Dies gilt ebenso für die Nukleare Planungsgruppe, die sich regelmäßig in Form der beteiligten Verteidigungsminister trifft.[323]

Der Nuklearen Planungsgruppe arbeitet ein eigener Stab zu, der von den beteiligten Nationen gestellt wird und sich mindestens einmal pro Woche trifft.[324] Außerdem wird der Nuklearen Planungsgruppe ein Expertengremium zur Seite gestellt, das sich mit Nuklearwaffenpolitik und Planung sowie der Aufsicht über die Sicherheit (*Safety and Security*) sowie der Überlebensfähigkeit der Waffen befasst. Die sogenannte *High Level Group* besteht aus nationalen Vertretern der beteiligten Staaten, Experten sowie Mitgliedern des *International Staff* der NATO.[325]

Mit Ausnahme des NATO-Beitrittsartikels (Art. 10) gibt es für das Konsensprinzip in der NATO keine genauen Verfahrensregeln. Vielmehr hat sich die Praxis etabliert, dass Beschlüsse in einem Entwurfsstadium zirkulieren und die Mitgliedsstaaten anschließend in bi- oder multilateralen Formaten konsultiert werden. Wenn es nach eingehenden formellen und informellen Beratungen einen finalen Entwurf gibt, wird dieser in der Regel mit einer sogenannten Einspruchsfrist versehen und gilt für den Fall, dass kein Staat Einspruch erhoben hat, als angenommen.[326] Für den Fall, dass ein Einspruch durch einen

---

[321] NATO, *NATO Handbook*, 33; Michel, „NATO Decisionmaking: Au Revoir to the Consensus Rule?“, 1–3; Buckley und Volker, „NATO Reform and Decision-Making“; Theiler, „Deutschland und die NATO“, 323.
[322] NATO, *NATO Handbook*, 33.
[323] Ebd., 33–43, 36.
[324] Ebd., 36–37.
[325] Ebd.
[326] Michel, „NATO Decisionmaking: Au Revoir to the Consensus Rule?“, 1–3.

oder mehrere Mitgliedsstaaten erfolgt, wird der Entwurf des Beschlusses wieder an die zuständigen Ausschüsse und Foren zurücküberwiesen.[327]

Abbildung: Aufbau und Struktur der NATO[328]

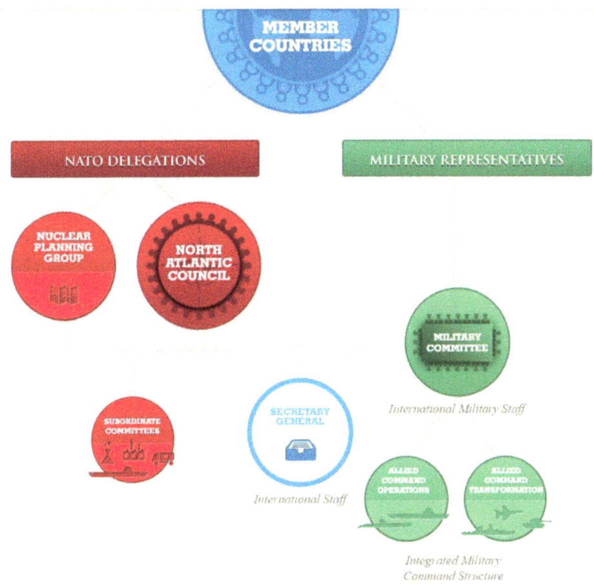

4.1.2 Deutschland und die nukleare Teilhabe

Bereits im Jahr des Eintritts der Bundesrepublik Deutschland in die NATO 1955 wurden erste Nuklearwaffen der USA in Deutschland stationiert.[329] Dies war die Konsequenz aus den damaligen Verteidigungsplanungen sowohl der USA als auch der NATO, in denen die

---

[327] Ebd.

[328] NATO, „5. Working Structures".

[329] Nassauer, „50 Jahre Nuklearwaffen in Deutschland"; Bald, *Die Atombewaffnung der Bundeswehr: Militär, Öffentlichkeit und Politik in der Ära Adenauer*, Kristensen, „U.S. Nuclear Weapons in Europe: A Review of Post-Cold War Policy, Force Levels, and War Planning".

Fähigkeit zur nuklearen Vergeltung ein zentrales Element bildete.[330] Um eine deutsche Zugriffsmöglichkeit und Mitsprache in Fragen der NATO-Nuklearpolitik zu sichern, wurde in Gesprächen zwischen den USA und der Bundesrepublik im Jahr 1956 der Vorschlag diskutiert, dass Deutschland Trägersysteme für US-Kernwaffen zur Verfügung stellt und im Verteidigungsfall Kernwaffen einsetzen kann.[331] Für die Bundesrepublik war die Einflussmöglichkeit von essenzieller Bedeutung, da sie politische Augenhöhe mit den Alliierten suggerierte und so auch der Sorge um eine Entkopplung der europäischen und nordamerikanischen Sicherheit entgegengewirkt werden konnte.[332] Außerdem konnte auf diesem Wege im NATO-Rahmen auch Einfluss auf die konkrete Einsatzplanung dieser Waffen genommen werden, was für die junge Bundesrepublik nach den Erfahrungen der NATO-Übung *Carte Blanche* im Jahr 1955 an Bedeutung gewonnen hatte.[333] Wurde in dem Planspiel doch schnell deutlich, dass ein Großteil der in der Übung eingesetzten Nuklearwaffen auf deutschem Boden detoniert wäre.[334] Für die USA war die Einbindung der Bundesrepublik Deutschland in die nukleare Teilhabe auch eine Möglichkeit, nukleare Ambitionen Deutschlands abzuschwächen.[335]

Nach einer intensiv geführten Debatte beschloss der Deutsche Bundestag am 25. März 1958 die Beschaffung von Trägersystemen für Nuklearwaffen für die Bundeswehr, die sie der NATO im Rahmen der Verteidigungsplanung zur Verfügung stellen sollte.[336] Der

---

[330] Nassauer, „50 Jahre Nuklearwaffen in Deutschland".

[331] Overhaus, *Die deutsche NATO-Politik: Vom Ende des Kalten Krieges bis zum Kampf gegen den Terrorismus*, 44–47; Nassauer, „50 Jahre Nuklearwaffen in Deutschland".

[332] Overhaus, *Die deutsche NATO-Politik: Vom Ende des Kalten Krieges bis zum Kampf gegen den Terrorismus*, 44–47.

[333] Franceschini und Müller, „Germany", 44–60.

[334] Ebd.

[335] Ebd.

[336] Deutscher Bundestag, „Plenarprotokoll 03/21"; Gablik, *Strategische Planungen in der Bundesrepublik Deutschland 1955–1967: Politische Kontrolle oder militärische Notwendigkeit?*; Steinhoff und Pommerin, *Strategiewechsel, Bundesrepublik und Nuklearstrategie in der Ära Adenauer-Kennedy: Nuclear History Program (NHP)*; Wiermann, „Deutsche Verteidigungs- und Militärpolitik in den Vereinten Nationen, der NATO und der

Beschluss, der durch die Mehrheiten der CDU/CSU-Fraktion getragen wurde, löste sowohl im Parlament als auch in der breiten Öffentlichkeit des damals geteilten Deutschlands eine heftige Kontroverse über den Umgang Deutschlands mit Nuklearwaffen aus.[337]

Gemäß der geltenden NATO-Strategie MC 14/2 sollte ein sowjetischer Angriff massiv nuklear vergolten werden. Folgerichtig übte die Bundesrepublik im Rahmen der nuklearen Teilhabe den Einsatz von nuklearen Minen, Granaten, Boden-Boden- und Boden-Luft-Raketen sowie den Abwurf von nuklearen Gravitationsbomben.[338]

Vor dem Hintergrund der sowjetischen Erfolge beim Bau von Interkontinentalraketen wurde die geltende NATO-Strategie der massiven Vergeltung zunehmend unglaubwürdig. Die Bundesrepublik suchte deswegen nach zusätzlichen Wegen, einen „nuklearen Mitbesitz“, zum Beispiel durch die später gescheiterte MLF-Initiative der NATO *(Multilateral Nuclear Force)*, zu gewährleisten und den Einfluss bei Fragen der nuklearen Planung zu sichern.[339] Erst 1968 konnte die NATO mit der Verabschiedung der neuen Strategie MC 14/3 (flexible Antwort) auf das Glaubwürdigkeitsproblem ihrer nuklearen Abschreckung reagieren.[340] Ein Grund für die lange Findungsphase unter den NATO-Staaten waren die Verhandlungen über die Ratifikation des nuklearen Nichtverbreitungsvertrages.[341] Auch Deutschland teilte die Sorge, dass die Regelungen des Nichtverbreitungsvertrages die gewachsenen nuklearen Arrangements in der NATO gefährden wür-

---

Europäischen Union: Die Sicht der Unterabteilung Sicherheitspolitische Angelegenheiten im BMVg“, 85–94.

[337] Nassauer, „50 Jahre Nuklearwaffen in Deutschland“; SPIEGEL Online, „Atomwaffen für die Bundeswehr: Kalenderblatt: 25.3.1958“; Deutscher Bundestag, „Plenarprotokoll 03/21“.

[338] Nassauer, „50 Jahre Nuklearwaffen in Deutschland“.

[339] Overhaus, *Die deutsche NATO-Politik: Vom Ende des Kalten Krieges bis zum Kampf gegen den Terrorismus*, 44–49; Nassauer, „50 Jahre Nuklearwaffen in Deutschland“.

[340] Overhaus, *Die deutsche NATO-Politik: Vom Ende des Kalten Krieges bis zum Kampf gegen den Terrorismus*, 44–49; Nassauer, „50 Jahre Nuklearwaffen in Deutschland“.

[341] Nassauer, „50 Jahre Nuklearwaffen in Deutschland“.

den.[342] Erst nachdem diese Sorgen ausgeräumt werden konnten, gelang der Durchbruch sowohl in der Frage des Nichtverbreitungsvertrages als auch der neuen NATO-Strategie.[343] Obwohl mit der NATO-Strategie MC 14/3 ein neuer Konsens unter den Bündnispartnern gefunden werden konnte, wichen die Vorstellungen der Umsetzung deutlich voneinander ab.[344] Die Bundesrepublik war in ihren Vorstellungen darum bemüht, ihr Territorium im Rahmen der Verteidigung des Bündnisgebietes nicht völlig zu verwüsten, und plädierte deswegen im Kriegsfall frühzeitig für den Einsatz von Nuklearwaffen östlich der eigenen Landesgrenzen.[345] Die USA hingegen fürchteten die nukleare Eskalation und waren für einen späten Einsatz von Nuklearwaffen auf dem europäischen Gefechtsfeld, was jedoch voraussichtlich zu einer vollständigen Vernichtung des Gebietes der Bundesrepublik geführt hätte.[346]

Jahrzehnte später, die deutsche Teilung ist vollzogen und der Kalte Krieg beendet, sind in Deutschland weiterhin Trägersysteme für Nuklearwaffen und US-Nuklearwaffen stationiert.[347] In zahlreichen Veröffentlichungen wird die Zahl der in den Jahren 2009 bis 2014 in Deutschland gelagerten substrategischen Kernwaffen auf zehn bis 20 geschätzt.[348] Bei den Waffen selbst handelt es sich um thermonukleare Gravitationsbomben vom Typ B61.[349] Diese sollen auf dem Luftwaffenstützpunkt des Taktischen Luftwaffengeschwaders 33 in Büchel

---

[342] Ebd.

[343] Ebd.

[344] Ebd.

[345] Ebd.

[346] Ebd.

[347] Kristensen, „U.S. Nuclear Weapons in Europe: A Review of Post-Cold War Policy, Force Levels, and War Planning"; Nassauer und Piper, „Atomwaffen-Modernisierung in Europa: Das Projekt B61-12".

[348] Paul und Thränert, „Abrüstung, Abschreckung und Abwehr: Die neue US-Nukleardoktrin – Abstimmungsbedarf in der Allianz", 3; Nassauer, „Atomwaffenstandort Büchel"; Gebauer und Goetz, „Atomwaffen in Deutschland: USA haben Nuklear-Arsenal in Ramstein geräumt".

[349] Nassauer und Piper, „Atomwaffen-Modernisierung in Europa: Das Projekt B61-12", 2.

lagern.[350] In Friedenszeiten werden die Sprengköpfe unter der Kontrolle der USA auf dem deutschen Luftwaffenstützpunkt gelagert. Deutschland stellt mit dem *Multirole-Combat-Aircraft*-Tornado in der Ausführung IDS *(Interdiction Strike)* das geeignete Trägersystem, um die Waffen einzusetzen.[351]

In diesem Zusammenhang ist es wichtig zu erwähnen, dass die Bundeswehr eigentlich geplant hatte, ab 2012 das Flugzeugmuster Tornado durch den Eurofighter zu ersetzen.[352] Der Eurofighter ist jedoch in seiner beschafften Konfiguration nicht für den Einsatz von Nuklearwaffen (*Dual-Capable Aircraft*, DCA) vorgesehen.[353] Otfried Nassauer führt dazu aus:

„Diese Planung wurde im Rahmen der Neuausrichtung der Bundeswehr im Herbst 2011 aufgegeben. Nun soll das Geschwader weiterhin mit dem Waffensystem Tornado ausgerüstet bleiben. Damit werden auch künftig bis zu 46 Kampfflugzeuge durch die Luftwaffe für die Aufgabe „Nukleare Teilhabe" bereitgehalten. Die Luftwaffe will insgesamt 85 Luftfahrzeuge des Typs weiter im Dienst halten. Sie geht davon aus, dass der Tornado mindestens bis 2025 genutzt werden kann."[354]

---

[350] Nassauer und Piper, „Atomwaffen-Modernisierung in Europa: Das Projekt B61-12"; Paul und Thränert, „Abrüstung, Abschreckung und Abwehr: Die neue US-Nukleardoktrin – Abstimmungsbedarf in der Allianz", 3.

[351] Dembinski und Müller, „Das neue strategische Konzept der NATO und die Zukunft der nuklearen Abrüstung in Europa", 4; „Taktisches Luftwaffengeschwader 33"; „MRCA PA-200 Tornado".

[352] Nassauer, „Atomwaffenstandort Büchel"; Chalmers und Lunn, „NATO's Tactical Nuclear Dilemma", 21–26; Nassauer und Piper, „Atomwaffen-Modernisierung in Europa: Das Projekt B61-12".

[353] Nassauer, „Atomwaffenstandort Büchel"; Chalmers und Lunn, „NATO's Tactical Nuclear Dilemma", 21–26.

[354] Nassauer, „Atomwaffenstandort Büchel"; Kamp, „Eine nukleare Allianz: Die NATO beschließt den Verbleib der amerikanischen Atomwaffen in Europa"; Wiegold, „Nukleare Teilhabe forever?"; Bundesministerium der Verteidigung (BMVG), „Verteidigungspolitische Richtlinien: Nationale Interessen wahren – Internationale Verantwortung übernehmen – Sicherheit gemeinsam gestalten".

4.1.3   Das deutsche Win-Set auf Ebene-II

Der deutsche Beitrag zur nuklearen Teilhabe ist ein wiederkehrendes
Thema in der deutschen parlamentarischen Debatte.[355] In den vier
Jahren vor dem Amtsantritt von Barack Obama war die deutsche
Position in Bezug auf den Abzug der verbliebenen substrategischen
Kernwaffen der USA verhalten positiv.[356] So heißt es dazu im Weiß-
buch des Jahres 2006:

*„Im Bündnis hat eine Debatte über die Rolle der Abschreckung im Sicherheits-
umfeld des 21. Jahrhunderts begonnen, deren Ergebnisse zu gegebenem Zeitpunkt
in ein neues Strategisches Konzept der NATO einfließen werden. Für die über-
schaubare Zukunft wird eine glaubhafte Abschreckungsfähigkeit des Bündnisses
neben konventioneller weiterhin auch nuklearer Mittel bedürfen. Der grundlegende
Zweck der nuklearen Streitkräfte der Bündnispartner ist politischer Art: Wah-
rung des Friedens, Verhinderung von Zwang und jeder Art von Krieg. Das gemeinsame Bekenntnis der Bündnispartner zur Kriegsverhinderung und die glaubwürdige Demonstration von Bündnissolidarität und fairer Lastenteilung erfordern
es, dass Deutschland bei der nuklearen Teilhabe einen seiner Rolle im Bündnis*

---

[355] Ausschnittsweise (weitere Nachweise im Literaturverzeichnis): Deutscher Bun-
destag, „Drucksache 17/13820"; Deutscher Bundestag, „Drucksache 17/11905";
Deutscher Bundestag, „Drucksache 17/11225"; Deutscher Bundestag, „Drucksache
17/10968"; Deutscher Bundestag, „Drucksache 17/10875"; Deutscher Bundestag,
„Drucksache 17/8843"; Deutscher Bundestag, „Drucksache 17/7226"; Deutscher
Bundestag, „Drucksache 17/3680"; Deutscher Bundestag, „Drucksache 17/3677";
Deutscher Bundestag, „Drucksache 16/6664"; Deutscher Bundestag, „Drucksache
17/1159"; Deutscher Bundestag, „Drucksache 17/242"; Deutscher Bundestag,
„Tagesordnungspunkt 19"; Deutscher Bundestag, „Tagesordnungspunkt 3", 2010;
Deutscher Bundestag, „Tagesordnungspunkt 23"; Deutscher Bundestag, „Tagesordnungspunkt 6"; Deutscher Bundestag, „Tagesordnungspunkt 1"; Deutscher
Bundestag, „Tagesordnungspunkt 3", 2009; Deutscher Bundestag, „Tagesordnungspunkt 22 in Verbindung mit Zusatztagesordnungspunkt 13"; Deutscher Bundestag, „Tagesordnungspunkt 22"; Deutscher Bundestag, „Tagesordnungspunkt
31"; Deutscher Bundestag, „Tagesordnungspunkt 17 in Verbindung mit Zusatztagesordnungspunkt 10 in Verbindung mit Zusatztagesordnungspunkt 11".
[356] Paul, *Atomare Abrüstung: Probleme, Prozesse, Perspektiven*, 74–75; Hoffmann, „Nukleare Nichtverbreitung: Die deutsche Position"; Deutscher Bundestag, „Tagesordnungspunkt 31"; Deutscher Bundestag, „Tagesordnungspunkt 17 in Verbindung
mit Zusatztagesordnungspunkt 10 in Verbindung mit Zusatztagesordnungspunkt
11".

und der im Strategischen Konzept von 1999 vereinbarten Grundsätze entspre-chenden Beitrag leistet.

Gleichzeitig hält die Bundesregierung an dem Ziel der weltweiten Abschaffung aller Massenvernichtungswaffen fest, auf die Deutschland völkerrechtlich verbind-lich verzichtet hat. Die Mitgliedstaaten der NATO haben seit Anfang der 90er Jahre die Anzahl der substrategischen Nuklearwaffen in Europa um mehr als 85 Prozent reduziert. Sie werden auf einem Mindestniveau gehalten, das zur Wah-rung von Frieden und Stabilität ausreicht."[357]

Während des Bundestagswahlkampfs zur 17. Legislaturperio-de sprachen sich sowohl der damals amtierende Außenminister Frank-Walter Steinmeier (SPD) als auch der spätere Außenminister Guido Westerwelle (FDP) für die nukleare Abrüstung und den Abzug der nach dem Kalten Krieg verbliebenen Kernwaffen der USA aus.[358] Im anschließenden Koalitionsvertrag der CDU/CSU und FDP für die 17. Legislaturperiode legten die Koalitionspartner fest:

„In diesem Zusammenhang sowie im Zuge der Ausarbeitung eines strategischen Konzeptes der NATO werden wir uns im Bündnis sowie gegenüber den amerika-nischen Verbündeten dafür einsetzen, dass die in Deutschland verbliebenen Atomwaffen abgezogen werden."

Gleichzeitig ist darauf hinzuwiesen, dass es graduelle Unter-schiede in der Betrachtung einzelner Parteien sowie der Bundesminis-terien gibt.[359] So wird aus einigen Veröffentlichungen der WikiLeaks-Plattform deutlich, dass die im Koalitionsvertrag zwischen FDP und CDU/CSU festgeschriebene Forderung eines Abzugs aller substrate-gischen Kernwaffen der USA aus Deutschland ein Zugeständnis der

---

[357] Bundesministerium der Verteidigung (BMVG), „Weißbuch 2006 zur Sicher-heitspolitik Deutschlands und zur Zukunft der Bundeswehr", 33.

[358] SPIEGEL Online, „Nuklearwaffen in Deutschland: Steinmeier fordert Abzug von US-Atombomben"; Handelsblatt, „Westerwelle will Abzug aller US-Atomraketen"; Deutscher Bundestag, „Tagesordnungspunkt 22 in Verbindung mit Zusatztagesordnungspunkt 13"; Deutscher Bundestag, „Tagesordnungspunkt 22".

[359] Dembinski und Müller, „Das neue strategische Konzept der NATO und die Zukunft der nuklearen Abrüstung in Europa", 14–16; Müller, „Flexible Responses: NATO Reactions to the US Nuclear Posture Review".

CDU/CSU an die FDP war und die Forderung nicht die volle Unterstützung der CDU/CSU hatte.[360]

„In response to Gordon's [US Assistant Secretary of State for European and Eurasian Affairs] question about how the government planned to take forward the commitment in the coalition agreement to seek the removal of all remaining nuclear weapons from Germany, Heusgen distanced the Chancellery from the proposal, claiming that this had been forced upon them by FM Westerwelle. Heusgen said that from his perspective, it made no sense to unilaterally withdraw ‚the 20' tactical nuclear weapons still in Germany while Russia maintains ‚thousands' of them. It would only be worth it if both sides drew down.“[361]

Darüber hinaus gab es Uneinigkeit zwischen dem Auswärtigen Amt und dem Bundesministerium der Verteidigung, vor allem mit Blick auf die Frage einseitiger Abrüstungsschritte durch die NATO und den Einfluss Deutschlands im NATO-Bündnis.[362]

Im Vorfeld des NATO-Gipfels im November 2010 kam es am 24. März 2010 im Deutschen Bundestag zu einem Beschluss, der mit der Unterstützung der Regierungsfraktionen sowie der beiden Oppositionsfraktionen SPD und Grünen verabschiedet wurde. Darin heißt es:

„Der Deutsche Bundestag begrüßt die Absicht der Bundesregierung, [...] neue Abrüstungsabkommen international zu unterstützen und die Überprüfungskonferenz zum Atomwaffensperrvertrag dafür zu nutzen, um eine neue Dynamik für Rüstungskontroll- und Abrüstungsvereinbarungen zu erreichen; in diesem Zusammenhang und im Zuge der Ausarbeitung eines neuen strategischen Konzeptes der NATO sich im Bündnis sowie gegenüber den amerikanischen Verbündeten

---

[360] Dembinski und Müller, „Das neue strategische Konzept der NATO und die Zukunft der nuklearen Abrüstung in Europa", 14–16; Wikileaks.org, „National Security Advisor Heusgen on Afghanistan, Middle East, Iran, Detainees, Russia, Nukes and Balkans. Canonical ID: 09BERLIN1433_a"; Müller, „Flexible Responses: NATO Reactions to the US Nuclear Posture Review".

[361] Wikileaks.org, „National Security Advisor Heusgen on Afghanistan, Middle East, Iran, Detainees, Russia, Nukes and Balkans. Canonical ID: 09BERLIN1433_a".

[362] Dembinski und Müller, „Das neue strategische Konzept der NATO und die Zukunft der nuklearen Abrüstung in Europa", 14–16.

dafür einzusetzen, dass die in Deutschland verbliebenen Atomwaffen abgezogen werden; sich für eine atomwaffenfreie Welt zu engagieren."[363]

„Der Deutsche Bundestag fordert die Bundesregierung auf, [...] sich auch bei der Ausarbeitung eines neuen strategischen Konzepts der NATO im Bündnis sowie gegenüber den amerikanischen Verbündeten mit Nachdruck für den Abzug der US-Atomwaffen aus Deutschland einzusetzen [...]"[364]

Wie in diesem Kapitel dargestellt, haben sich im Laufe der Zeit die politischen Positionen zum Thema Abzug der verbliebenen US-Kernwaffen aus Deutschland angeglichen. Sowohl die Mehrheit der im Deutschen Bundestag vertretenen Parteien als auch eine Mehrheit der Bevölkerung befürwortet den Abzug. Nicht zuletzt durch die prominente Erwähnung des Abzugsthemas im Koalitionsvertrag der schwarz-gelben Bundesregierung und dem gemeinsamen Beschluss des Deutschen Bundestages hat sich die Bundesregierung, und hier speziell das Auswärtige Amt unter der Leitung von Bundesminister Guido Westerwelle, selbst unter Zugzwang gestellt. Auch wenn die Formulierung selbst im Koalitionsvertrag zur 17. Legislaturperiode dem Wortlaut nach nur das „Einsetzen für den Abzug" hergibt.

Den Oppositionsparteien war dieses klare Bekenntnis zum Abzug nur recht, konnten sie doch so den politischen Erfolgsdruck auf den Außenminister aufrechterhalten.[365] Dadurch wurde die Breite des innenpolitischen Win-Sets bereits deutlich eingegrenzt. Um einen innenpolitischen Erfolg verzeichnen zu können, hätte die Bundesregierung in den Verhandlungen mit den NATO-Partnern ein klares Bekenntnis der NATO zu dem Ziel des Abzugs der US-Nuklearwaffen aus Europa durchsetzen müssen. Dass dies nur schwerlich gelingen würde, schien jedoch bereits im Nachgang zum Außenministertreffen der NATO-Staaten in Tallinn deutlich. Zu unterschiedlich waren die Positionen der Verbündeten.

---

[363] Deutscher Bundestag, „Drucksache 17/1159", 2; Deutscher Bundestag, „Tagesordnungspunkt 23".

[364] Deutscher Bundestag, „Drucksache 17/1159", 2.

[365] Zum Beispiel durch parlamentarische Anfragen: Deutscher Bundestag, „Drucksache 17/7226".

In den Verteidigungspolitischen Richtlinien aus dem Jahr 2011, die vom Bundesminister der Verteidigung, Thomas de Maizière, herausgegeben worden sind, heißt es bereits entsprechend der damals gängigen NATO-Sprachregelung:

„Gleichzeitig bekennt sich die Allianz zu Abrüstung und Rüstungskontrolle. Sie erhält und entwickelt ein aufeinander abgestimmtes und den Risiken und Gefährdungen angemessenes Spektrum konventioneller und nuklearer Fähigkeiten einschließlich der Flugkörperabwehr. Die Nordatlantische Allianz bleibt gemäß ihres neuen Strategischen Konzepts ein nukleares Bündnis. Die Notwendigkeit zu nuklearer Abschreckung besteht fort, solange nukleare Waffen ein Mittel militärischer Auseinandersetzungen sein können.“[366]

Das vorangegangene Kapitel hat den politisch-historischen Rahmen für die Verhandlungen im Untersuchungszeitraum, die Kontextualisierung und den Entscheidungsfindungsmechanismus im Bündnis vorgestellt. Außerdem konnte die Position Deutschlands in Bezug auf das Themenfeld nukleare Teilhabe dargestellt werden. Im Folgenden betrachtet die Arbeit nun die politische Diskussion innerhalb der NATO über die Zukunft der nuklearen Teilhabe.

---

[366] Bundesministerium der Verteidigung (BMVG), „Verteidigungspolitische Richtlinien: Nationale Interessen wahren – Internationale Verantwortung übernehmen – Sicherheit gemeinsam gestalten“, 8.

5 Der Prozess zur DDPR in der NATO

In den folgenden Abschnitten wird die Debatte innerhalb der NATO über die Zukunft der nuklearen Teilhabe und die Stationierung von taktischen Nuklearwaffen der USA in Europa aufgezeigt. Dazu werden die Positionen von einzelnen Mitgliedsstaaten sowie die thematischen Schwerpunkte genauer dargestellt. Zum Abschluss des Kapitels werden die Ergebnisse des Prozesses betrachtet.

5.1 Der NATO-Gipfel von Straßburg/Kehl 2009

Wie bereits eingangs erwähnt, begann der Prozess zur Formulierung eines neuen Strategischen Konzeptes für die NATO auf dem Gipfeltreffen der Staats- und Regierungschefs aller Mitgliedsländer in Straßburg/Kehl im Jahr 2009.[367] Eine Überarbeitung des bestehenden Konzeptes von 1999 erschien notwendig, um den neuen politischen Rahmenbedingungen und Aufgaben des Bündnisses durch Auslandseinsätze und den bestehenden Aufgaben im Rahmen der Bündnisverteidigung Rechnung zu tragen.[368]

---

[367] Paul, *Atomare Abrüstung: Probleme, Prozesse, Perspektiven*, 39.

[368] Kamp und Yost, *NATO and 21st Century Deterrence*; Varwick und Schreer, „60 Jahre NATO: Ein Bündnis im Wandel“; Paul, *Atomare Abrüstung: Probleme, Prozesse, Perspektiven*, 39; NATO, „NATO's New Strategic Concept: Why? How?“; NATO, „Strasbourg / Kehl Summit Declaration: Issued by the Heads of State and Government Participating in the Meeting of the North Atlantic Council in Strasbourg / Kehl. [Press Release (2009) 044]“; Yost, „NATO's Deterrence and Defense Posture: After the Chicago Summit“; Yost, „Carrying Forward NATO's Deterrence Review: A Report on a Workshop in Brussels, 25–26 October 2011“; Yost, „Adapting NATO's Deterrence Posture: The Alliance's New Strategic Concept and Implications for Nuclear Policy, Non-Proliferation, Arms Control, and Disarmament“; Yost, „The Future of NATO's Nuclear Deterrent: The New Strategic Concept and the 2010 NPT Review Conference“; Foradori, „Introduction: Debating the Last Remaining Case of the Forward Deployment of Nuclear Weapons“, 1–20; Lunn, „NATO“; Michel, „NATO's Nuclear Debate: The Broader Strategic Context“; Roberts, „Role of Nuclear Weapons in NATO's Deterrence and Defense Posture Review: Prospects for Change“; Yost, „NATO's Evolving Purposes and the Next Strategic Concept“; Yost, „Introduction to the Special Issue on NATO and Deter-

5.2   Das NATO-Außenministertreffen im April 2010 in Tallinn

Angestoßen durch die Prager Rede des US-Präsidenten über die Vision einer nuklearwaffenfreien Welt äußern sich die Außenminister der Staaten Deutschland, Belgien, Niederlande, Luxemburg und Norwegen in einem gemeinsamen Brief an den damaligen NATO-Generalsekretär im Vorfeld des Außenministertreffens positiv zu einer Diskussion über einen möglichen Abzug der in Europa verbliebenen Nuklearwaffen der USA.[369] Während des Treffens der NATO-Außenminister am 22. April 2010 in Tallinn definierte die damalige US-Außenministerin Hillary Clinton Grundsätze für die künftige Gestaltung der nuklearen Teilhabe in der NATO.[370] Matthias Dembinski und Harald Müller haben die Äußerungen wie folgt zusammengefasst:

- *„Die nukleare Abschreckung wird ein Merkmal der NATO bleiben, solange auf der Welt Nuklearwaffen existieren;*

- *Es solle weiterhin eine angemessene nukleare Risiko- und Lastenteilung geben;*

- *Die weitere Reduzierung nuklearer Waffen bleibe ein Ziel, wobei die bereits erfolgte Abrüstung in Rechnung zu stellen sei;*

- *Weitere Reduzierungen sollten russische Gegenleistungen voraussetzen; Ziel künftiger Verhandlungen sei die Transparenz, die Verlagerung russischer Systeme in Richtung Osten und die Einbeziehung substrategischer Nuklearwaffen in die nächste Runde der Rüstungskontrollverhandlungen;*

---

rence"; Yost, „NATO and Tailored Deterrence: Key Workshop Findings in 2007–2008"; Yost, „NATO's Deterrence Challenges: Report on a Workshop in Vilnius, Lithuania, 10–12 May 2009".

[369] Vanackere u. a., „Brief der Außenminister Belgiens, Deutschlands Niederlande, Luxemburgs und Norwegen an den NATO Generalsekretär Andres Fogh Rasmussen vom 26. Februar 2010."

[370] Clinton, „Secretary Clinton's Press Availability in Tallinn, Estonia: Clinton discusses Afghanistan, Russia and NATO's nuclear posture".

- *Der Zusammenhang zwischen nuklearer Abschreckung und ballistischer Raketenabwehr sei in Rechnung zu stellen.*"[371]

Mit diesem Ergebnis ist bereits deutlich geworden, dass kein rascher Politikwechsel in Bezug auf die Stationierung von US-Kernwaffen in Europa zu erwarten war.[372] Zu groß waren die Sorgen einiger Bündnismitglieder um Bündnissolidarität und Kohäsion, Lasten- und Gefahrenteilung sowie die Forderung nach Reziprozität in Fragen nuklearer Abrüstung mit Russland.[373]

5.3 Vom NATO-Gipfel 2010 in Lissabon zum Gipfel 2012 in Chicago

Die Durchführung der *Deterrence and Defence Posture Review* (DDPR) geht auf den NATO-Gipfel von Lissabon im November 2010 zurück.[374] Dort haben sich die Staats- und Regierungschefs der 28 Mitgliedsstaaten auf ein neues Strategisches Konzept für die NATO geeinigt.[375] Das Dokument von 2010 verweist ganz im Sinne der Ergebnisse des NATO-Außenministertreffens von Tallinn darauf, dass, solange Kernwaffen existieren, auch die Allianz auf nukleare Ab-

---

[371] Dembinski und Müller, „Das neue strategische Konzept der NATO und die Zukunft der nuklearen Abrüstung in Europa".

[372] Lunn, „Reducing the Role of NATO 's Nuclear Weapons: Where do we Stand after Tallinn?", 6.

[373] Ebd.; McArdle Kelleher, „Interlinked: Assurance, Russia, and Further Reductions of Non-Strategic Nuclear Weapons"; Binnendijk und McArdle Kelleher, „NATO Reassurance and Nuclear Reductions: Creating the Conditions"; Legvold, „Reconciling Limitations on Non-Strategic Nuclear Weapons, Conventional Arms Control, and Missile Defense Cooperation"; Dembinski und Müller, „Das neue strategische Konzept der NATO und die Zukunft der nuklearen Abrüstung in Europa".

[374] NATO, „Active Engagement, Modern Defence: Strategic Concept for the Defence and Security of the Members of the North Atlantic Treaty Organization"; Lunn und Kearns, „NATO's Nuclear Policy after Lisbon: The Summit Documents and the Way Ahead".

[375] NATO, „Active Engagement, Modern Defence: Strategic Concept for the Defence and Security of the Members of the North Atlantic Treaty Organization"; Kamp, „The Way to NATO's New Strategic Concept"; Kamp, „NATO's Nuclear Weapons in Europe: Beyond ‚Yes' or ‚No'".

schreckung setzen wird.[376] Gleichzeitig ist das Bündnis bestrebt, einen Beitrag zur Schaffung der Voraussetzungen einer atomwaffenfreien Welt zu leisten.[377] Ziel ist es, in Anlehnung an die US-Planungen die Rolle von Kernwaffen in der Verteidigungsplanung zu reduzieren.[378] Bereits im Vorfeld des NATO-Gipfels von 2010 zeichnete sich Uneinigkeit unter den Verbündeten in drei Themenbereichen ab, erstens die zukünftige Bedeutung der nuklearen Teilhabe, zweitens die Rolle einer ballistischen Raketenabwehr für die Sicherheit des Bündnisgebietes und drittens der Beitrag der NATO zur globalen Agenda nuklearer Abrüstung.[379]

Deutschland hat sich im Vorfeld des NATO-Gipfels von Lissabon zum Abzug der in Deutschland stationierten US-Kernwaffen bekannt und diese Position im Koalitionsvertrag der schwarz-gelben Bundesregierung festgeschrieben.[380] Die Forderung nach einer Diskussion über den Abzug aller substrategischen Kernwaffen aus Europa fand die Unterstützung der Mitgliedsstaaten Belgien, Luxemburg, Niederlande und Norwegens.[381] Auf dem Treffen der NATO-Außenminister im April 2010 in Tallinn stellte US-Außenministerin Clinton klar, dass eine solche Entscheidung nur im Bündnis getroffen werden sollte und nicht in einzelnen Hauptstädten der Mitgliedsländer.[382] Deswegen wurde im Abschlussdokument des Gipfels von Lissabon beschlossen, bis zum Gipfel in Chicago eine neue Position für

---

[376] NATO, „Active Engagement, Modern Defence: Strategic Concept for the Defence and Security of the Members of the North Atlantic Treaty Organization".

[377] Ebd.

[378] Ebd.

[379] Foradori, „Introduction: Debating the Last Remaining Case of the Forward Deployment of Nuclear Weapons", 1–20; Lunn, „NATO"; Michel, „NATO's Nuclear Debate: The Broader Strategic Context"; Roberts, „Role of Nuclear Weapons in NATO's Deterrence and Defense Posture Review: Prospects for Change".

[380] Foradori, „Introduction: Debating the Last Remaining Case of the Forward Deployment of Nuclear Weapons", 1–20.

[381] Ebd.

[382] Lunn, „Reducing the Role of NATO 's Nuclear Weapons: Where do we Stand after Tallinn?", 6; Dembinski und Müller, „Das neue strategische Konzept der NATO und die Zukunft der nuklearen Abrüstung in Europa".

das Bündnis zu erarbeiten.[383] Die Überarbeitung der Abschreckungs-
und Verteidigungsplanung sollte sich aber nicht allein auf die Bedeutung von Kernwaffen beschränken, sondern auch konventionelle Fähigkeiten, inklusive einer ballistischen Raketenabwehr und politischer
Möglichkeiten der Allianz zur Stärkung von Abrüstung, Rüstungskontrolle und Nichtverbreitung, berücksichtigen.[384]

Der eigentliche Prozess zur Überprüfung der *Deterrence and Defence Posture* der NATO begann im Sommer 2011 und wurde durch die
Botschafter der NATO-Mitgliedsstaaten im Nordatlantikrat begleitet.[385] In einer ersten Phase bis September 2011 befasste sich der Rat
mit einer sicherheitspolitischen Lageanalyse.[386] Im September 2011
begann eine Arbeitsphase, in der erste inhaltliche Vorschläge für eine
Position der NATO zu den Themen konventionelle Streitkräfte, Raketenabwehr, Nuklearwaffenpolitik sowie mögliche Beiträge der NA-
TO zur Rüstungskontrolle und Abrüstung von Massenvernichtungswaffen erarbeitet wurden.[387] Dazu beauftragte der Nordatlantikrat die
Ausschüsse *Defence Policy and Planning Committee* (DPPC) zum Thema
konventionelle Streitkräfte und Raketenabwehr, die *High Level Group*
zu nuklearen Themen sowie die *Division of Political Affairs and Security*
zu der auch der neu geschaffene Ausschuss *Weapons of Mass Destruction
Control and Disarmament Committee* (WCDC) gehört.[388] Bereits bei der
Formulierung der Arbeitsaufträge des Nordatlantikrats für die einzelnen Ausschüsse wurden die unterschiedlichen nationalen Positionen
deutlich. Eine letztendliche Einigung könnte häufig nur durch die
Intervention der *Quad*-Gruppe (oder *Group of Four*), bestehend aus
den USA, Großbritannien, Frankreich und Deutschland, erzielt werden.[389] Die Ausschüsse sollten ihre Ergebnisse im Januar 2012 dem

---

383 NATO, „Active Engagement, Modern Defence: Strategic Concept for the Defence and Security of the Members of the North Atlantic Treaty Organization".
384 Ebd.
385 Lunn und Kearns, „NATO's Deterrence and Defence Posture Review: A Status
Report".
386 Ebd.
387 Ebd.
388 Ebd.
389 Ebd.

Nordatlantikrat vorlegen, damit anschließend erste Formulierungsvorschläge für die *Deterrence and Defence Posture Review* der NATO erarbeitet und den Außen- und Verteidigungsministern der NATO-Staaten auf ihrem gemeinsamen Treffen im April 2012 vorgelegt werden konnten.[390] Die endgültige Fassung sollte dann im Mai 2012 auf dem NATO-Gipfel in Chicago von den Staats- und Regierungschefs aller Mitgliedsstaaten verabschiedet werden.[391]

Der Überprüfungsprozess fand vor dem Hintergrund unterschiedlicher Risikowahrnehmungen durch die Mitgliedsstaaten statt. Die mittel- und osteuropäischen Mitgliedsstaaten kritisieren mit Verweis auf den Vertrag zur konventionellen Rüstungskontrolle in Europa die Stationierung konventioneller russischer Streitkräfte und heben die Disparität zwischen Russland und der NATO im Bereich der substrategischen Kernwaffen hervor.[392] Gleichzeitig blicken die südlichen NATO-Staaten mit Besorgnis auf die Proliferation von Massenvernichtungswaffen und Trägersystemen in Nahost.[393] Deutschland möchte vor allem die Rolle der NATO bei der Rüstungskontrolle und nuklearen Abrüstung stärken und hat sich deswegen frühzeitig für den Abzug der in Europa verbliebenen US-Kernwaffen ausgesprochen.[394] Die Anforderungen an die NATO sind also vielfältig:

➢ Allen europäischen Mitgliedsstaaten gemein ist die Forderung, durch die Präsenz von US-Streitkräften in Europa die transatlantische

---

[390] Ebd.

[391] Ebd.

[392] Ebd.; Blank, *Russian Nuclear Weapons: Past, Present, and Future*; Neuneck, „European and German Perspectives"; Somerville, Kearns, und Chalmers, „Poland, NATO and Non-Strategic Nuclear Weapons in Europe"; Kulesa, „The New NATO Member States"; Foradori, „European Perspectives"; Kulesa, „Polish and Central European Priorities on NATO's Future Nuclear Policy"; Kulesa, „Polish and Central European Priorities for NATO's Future Nuclear Policy".

[393] Thränert, „Iran's Nuclear Programme as a Challenge to NATO's Defence and Deterrence Posture"; Kibaroglu, „Turkey".

[394] Bundesministerium des Innern (BMI), „Wachstum. Bildung. Zusammenhalt. Koalitionsvertrag zwischen CDU, CSU und FDP".

[394] Deutscher Bundestag, „Drucksache 17/1159"; Deutscher Bundestag, „Plenarprotokoll 17/35".

110

Verbindung und einen glaubhaften US-Beistand im Krisenfall aufrechtzuerhalten. Uneinigkeit besteht in der Frage, welche Stationierungspläne der USA dafür notwendig sind.

➢ Vor allem für die neuen NATO-Mitgliedsstaaten wird die Beistandsbekundung bisher noch am glaubhaftesten durch die Präsenz von US-Kernwaffen in Europa ausgedrückt.[395] Sollte der Iran ein Kernwaffenstaat werden, besteht die Möglichkeit, dass sich auch weitere NATO-Staaten für einen Verbleib der substrategischen Waffen in Europa aussprechen.[396]

➢ Für die USA ist ihr glaubhafter Beistand ein Instrument, der Proliferation von Kernwaffen innerhalb des Bündnisses vorzubeugen. Über die Einführung der territorialen Raketenabwehr erhoffen sich die USA, gemäß der neuen US-Nukleardoktrin, die Rolle von Kernwaffen in der Verteidigungsplanung reduzieren zu können.[397]

5.4 Die kritischen Themenkomplexe

Der Verlauf des Review-Prozesses wurde maßgeblich von der Frage geprägt, wie die NATO die teilweise sehr unterschiedlichen Anforderungen der einzelnen Mitgliedsländer an einen glaubhaften militärischen Beistand erfüllen kann.[398] Dabei gibt es eine Gruppe, in der Deutschland sich besonders engagierte, die vor allem die Rolle der NATO bei der nuklearen Rüstungskontrolle und Abrüstung stärken

---

[395] Foradori, „Introduction: Debating the Last Remaining Case of the Forward Deployment of Nuclear Weapons", 1–20; Lunn, „NATO"; Kulesa, „The New NATO Member States".
[396] Hildreth und Ek, „Missile Defense and NATO's Lisbon Summit"; Thränert, „Iran's Nuclear Programme as a Challenge to NATO's Defence and Deterrence Posture"; Kibaroglu, „Turkey".
[397] Hildreth und Ek, „Missile Defense and NATO's Lisbon Summit", 7.
[398] Freedman, „The Primacy of Alliance: Deterrence and European Security"; Kamp, „NATO's Nuclear Posture Review: Nuclear Sharing Instead of Nuclear Stationing"; Rühle, „The Broader Context of NATO's Nuclear Policy and Posture"; Foradori, „Introduction: Debating the Last Remaining Case of the Forward Deployment of Nuclear Weapons", 1–20; Lunn, „NATO"; Michel, „NATO's Nuclear Debate: The Broader Strategic Context"; Roberts, „Role of Nuclear Weapons in NATO's Deterrence and Defense Posture Review: Prospects for Change".

wollte. In diesem Kontext wird der Aufbau einer territorialen Raketenabwehr der NATO als mögliches neues transatlantisches Bindeglied gesehen, das eine angemessene Lasten- und Gefahrenteilung gewährleisten und die nukleare Teilhabe in dieser Funktion sogar ersetzen könnte.[399] Kritiker dieser Position, zu denen maßgeblich Frankreich gehört, vertreten die Auffassung, dass nukleare Abschreckung *(Deterrence by Punishment)* nicht durch defensive, konventionelle Fähigkeiten, also eine ballistische Raketenabwehr, zu ersetzen sei *(Deterrence by Denial)*.[400] Außerdem würden durch den Abzug der ca. 200 in Europa verbliebenen substrategischen Kernwaffen der USA die Bündnissolidarität und die transatlantische Bindung geschwächt werden.[401] Darüber hinaus wurde die Meinung vertreten, dass ein einseitiger Abzug nicht wünschenswert sei, sondern nur unter Berücksichtigung der russischen Kernwaffen und der Stationierung der konventionellen Streitkräfte Russlands in Europa diskutiert werden sollte.[402]

Auf die einzelnen Themenfelder soll nun im Folgenden näher eingegangen werden.

5.4.1 Rüstungskontrolle und Abrüstung

In der jüngeren Geschichte der Allianz hat das Themenfeld Rüstungskontrolle und Abrüstung durch die NATO-Gipfel-Erklärungen

---

[399] Foradori, „Introduction: Debating the Last Remaining Case of the Forward Deployment of Nuclear Weapons", 1–20; Lunn, „NATO"; Michel, „NATO's Nuclear Debate: The Broader Strategic Context"; Roberts, „Role of Nuclear Weapons in NATO's Deterrence and Defense Posture Review: Prospects for Change".

[400] Tartrais, „In Defense of Deterrence: The Relevance, Morality and Cost-Effectiveness of Nuclear Weapons".

[401] Hintergrundgespräche in der NATO, Geschäftsbereich des BMVg und Auswärtiges Amt.

[402] Foradori, „Introduction: Debating the Last Remaining Case of the Forward Deployment of Nuclear Weapons", 1–20; Lunn, „NATO"; Michel, „NATO's Nuclear Debate: The Broader Strategic Context"; Roberts, „Role of Nuclear Weapons in NATO's Deterrence and Defense Posture Review: Prospects for Change".

der Staats- und Regierungschefs aus den Jahren 1999, 2004, 2006, 2008, 2009, 2010 und 2012 an Bedeutung gewonnen.[403]

Ermutigt durch die Prager Rede des US-Präsidenten Barack Obama und die Vision einer nuklearwaffenfreien Welt sahen einige NATO-Staaten die Erarbeitung eines neuen Strategischen Konzeptes für den Gipfel 2010 und die anschließende Überprüfung der *Deterrence and Defence Posture* als Gelegenheit, die Rolle der NATO im Themenfeld Rüstungskontrolle und Abrüstung zu stärken.[404] Dabei ging es im Kern um die Zukunft der in Europa stationierten US-Kernwaffen. Die Nuklearwaffen vom Typ B-61 werden im Rahmen der nuklearen Teilhabe über die nationalen Bereitstellungen aus den USA in die NATO-Planungen eingebunden. Aufgrund des militärischen Bei-standsversprechens der USA gegenüber ihren Alliierten in Europa und der Ausgestaltung der nuklearen Teilhabe in der NATO müssen die USA die Sorgen und Wünsche ihrer Verbündeten zur Kenntnis nehmen und gegebenenfalls in ihren Planungen berücksichtigen.[405]

Vor dem Hintergrund des zähen politischen Ringens um Fortschritte im Bereich der nuklearen Nichtverbreitung mithilfe des nuklearen Nichtverbreitungsvertrages hätte der Abzug der in Europa stationierten US-Kernwaffen ein Signal der NATO-Staaten für eine Stärkung des nuklearen Nichtverbreitungsvertrages darstellen können. Indem die nicht nuklearen Mitgliedsstaaten des nuklearen Nicht-verbreitungsvertrages und NATO-Mitglieder geschlossen auf eine

---

403 NATO, „The Evolution of NATO's Contribution to Arms Control, Disarma-ment and Non-Proliferation".

404 Foradori, „Introduction: Debating the Last Remaining Case of the Forward Deployment of Nuclear Weapons", 1–20.

405 Watman und Wilkening, „U.S. Regional Deterrence Strategies", 15; Yost, „US Extended Deterrence in NATO and North-East Asia", 15; Murdock und Yeats, „Exploring the Nuclear Posture Implications of Extended Deterrence and Assur-ance: Workshop Proceeding and Key Takeaways"; Schmidt, „Keine Abrüstungse-uphorie: Pragmatismus wird die US-Nuklearwaffenpolitik in Obamas zweiter Am-tszeit prägen"; Pifer u. a., „U.S. Nuclear and Extended Deterrence: Considerations and Challenges"; Fey u. a., „Auf dem Weg zu Global Zero? Die neue amerikanische Nuklearpolitik zwischen Anspruch und Wirklichkeit"; Woolf, „Nuclear Weapons in U.S. National Security Policy: Past, Present, and Prospects".

Stationierung der US-Kernwaffen in Europa verzichten, hätte das Bündnis insgesamt die politische Botschaft der *U.S. Nuclear Posture Review* unter Barack Obama unterstützen und zum Ausdruck bringen können, dass es auch der Auffassung ist, dass Nuklearwaffen eine geringere Rolle in der Verteidigungsplanung der Allianz spielen sollten. Gleichzeitig hätten die nicht nuklearen Mitgliedsstaaten des nuklearen Nichtverbreitungsvertrages und der NATO zu positiven Voraussetzungen für weitere nukleare Abrüstungsverhandlungen zwischen den USA und Russland beigetragen. Wie bereits im Jahr 2010 hätten die USA einen solchen Schritt im Rahmen der Überprüfungskonferenzen des nuklearen Nichtverbreitungsvertrages für ihre Position nutzen können, um den Nachweis zu erbringen, sich für nukleare Abrüstung gemäß Artikel 6 des nuklearen Nichtverbreitungsvertrages einzusetzen. Dieses politische Kapital hätte dann wiederum genutzt werden können, um die nukleare Nichtverbreitung als elementaren Bestandteil des Vertrages zu stärken.

Ein möglicher Abzug der in Europa stationierten US-Kernwaffen schien vor allem auch deshalb möglich und sinnvoll, da die US-Waffen aus Sicht der Abzugsbefürworter keinen militärischen Nutzen mehr hätten. Ihre bündnispolitische Funktion als Ausdruck gelebter Solidarität sowie Lasten- und Gefahrenteilung hätte man nach Meinung der Abzugsbefürworter auch mit anderen Mitteln erfüllen können, zum Beispiel durch den auf dem NATO-Gipfel 2010 gefassten Entschluss zum Aufbau einer gemeinsamen Raketenabwehr.[406]

Allerdings wurde auch Kritik gegen mögliche Abzugspläne geäußert. Wesentlicher Kritikpunkt war, dass ein einseitiger Abzug der US-Kernwaffen aus Europa und eine geringere Rolle der Nuklearwaffen in der NATO-Verteidigungsplanung eine Verkennung der weltpolitischen Realität sei, in der die Fähigkeit zur nuklearen Abschreckung weiterhin geboten und notwendig sei, da sich mehrere

---

[406] Thränert, „Nuclear Arms and Missile Defense in Transatlantic Security"; Thränert, „Nato and Missile Defence: Opportunities and Open Questions", 1–3; Thränert, „NATO, Missile Defence and Extended Deterrence".

114

Staaten und ebenso nicht staatliche Akteure für ihren Besitz interessieren.[407]

Gleichzeitig wurde das Argument vertreten, das militärische Gleichgewicht gegenüber Russland sei durch einen Abzug nicht mehr ausreichend gewährleistet. Grund für diese Aussage ist zumeist der numerische Vergleich der russischen Arsenale an taktischen Kernwaffen in Europa (ca. 3.000) mit den ca. 200 Waffen der USA in Europa. [408] Die USA haben in Reaktion auf die Sorgen der Bündnispartner bereits bei dem Außenministertreffen in Tallinn deutlich gemacht, dass sie im Gegenzug für den Abzug der US-Kernwaffen auch eine Reduktion der russischen substrategischen Kernwaffen erwarten.[409]

Hinzu kam der Hinweis aus einigen europäischen NATO-Staaten auf eine russische Äußerung, man würde ballistische Kurzstreckenraketen vom Typ Iskander in der Region um Kaliningrad stationieren, die mit nuklearen Gefechtsköpfen bestückt werden können, sollte die NATO den Aufbau der geplanten Raketenabwehr weiter vorantreiben.[410] Dem Argument, die gemeinsame Raketenabwehr der NATO könnte als neues Symbol für Solidarität, Lasten- und Gefahrenteilung herhalten, wurde begegnet mit dem Verweis auf den geringen Beitrag der Europäer, der nicht ausreichend sei, um von Lasten- und Gefahrenteilung zu sprechen.[411] Zusätzlich würde der Abzug der US-Kernwaffen aus Europa zu einer „Entkoppelung" der amerikanischen und europäischen Sicherheit führen.[412]

---

[407] Rühle, „The Broader Context of NATO's Nuclear Policy and Posture"; Rühle, *Gute und schlechte Atombomben: Berlin muss die nukleare Realität mitgestalten*; Miller, Robertson, und Schake, „Germany Opens Pandora's Box".

[408] Sutyagin, „Atomic Accounting: A New Estimate of Russia's Non-Strategic Nuclear Forces"; Blank, *Russian Nuclear Weapons: Past, Present, and Future*; Koblentz, „Strategic Stability in the Second Nuclear Age".

[409] Clinton, „Secretary Clinton's Press Availability in Tallinn, Estonia: Clinton discusses Afghanistan, Russia and NATO's nuclear posture"; Dembinski und Müller, „Das neue strategische Konzept der NATO und die Zukunft der nuklearen Abrüstung in Europa".

[410] Giles und Monaghan, „European Missile Defense and Russia", 47.

[411] Miller, Robertson, und Schake, „Germany Opens Pandora's Box".

[412] Ebd.

Die NATO-interne Debatte wurde geführt, um künftige nukleare Abrüstungsschritte zu ermöglichen, die dann auch die russische Seite miteinbezogen hätten.[413] Deswegen ist es an dieser Stelle notwendig, kurz auf die antizipierte Position Russlands bei künftigen nuklearen Abrüstungsgesprächen einzugehen.

Russland kritisiert die Stationierung der US-Kernwaffen in Europa und die Einbeziehung von Nichtnuklearwaffenstaaten in die nukleare Teilhabe des Bündnisses als Verstoß gegen die Auflagen des nuklearen Nichtverbreitungsvertrages.[414] Außerdem verweist Russland auf seine konventionelle militärische Schwäche im Verhältnis zu der erweiterten NATO, unter den Bedingungen eines nicht intakten Systems zur konventionellen Rüstungskontrolle in Europa, um die Notwendigkeit für die russischen, substrategischen Kernwaffen zu verdeutlichen.[415] Gleichzeitig werden die substrategischen Kernwaffen der USA in Europa auf einen modernisierten Stand gebracht, der nach Ansicht einiger Experten ihr Einsatzspektrum und ihre offensiven Optionen erweitert.[416] Außerdem haben die USA mit Rücksicht auf die neuen NATO-Mitgliedsstaaten klargestellt, dass sie in zukünf-

---

[413] Nassauer, „Die NATO und der nukleare ‚Schirm': Gibt es gute Gründe für Atomwaffen in Deutschland und Europa?"

[414] Zum Hintergrund des Streits über die Vereinbarkeit der nuklearen Teilhabe mit dem nuklearen Nichtverbreitungsvertrag siehe zum Beispiel: Nassauer, „Atomwaffensperrvertrag und Nukleare Teilhabe: Das Nukleare Outsourcing beenden? Eine Expertise für Greenpeace e. V."

[415] McArdle Kelleher, „Interlinked: Assurance, Russia, and Further Reductions of Non-Strategic Nuclear Weapons"; Arbatov, „A Russian Perspective on the Challenge of U.S., NATO, and Russian Non-Strategic Nuclear Weapons"; Arbatov und Dvorkin, *Nuclear Proliferation: New Technologies, Weapons, Treaties*; Hartmann und Schmidt, „Konventionelle Rüstungskontrolle in Europa: Wege in die Zukunft"; Richter, „Scheitert die konventionelle Rüstungskontrolle in Europa?"; Schmidt, „Ende oder Neuordnung der konventionellen Rüstungskontrolle?"; Hudson, „Russian Perspectives on Tactical Nuclear Weapons"; Kipp, „Russian Doctrine on Tactical Nuclear Weapons: Contexts, Prisms, and Connections"; Polyakov, „Aspects of the Current Russian Perspective on Tactical Nuclear Weapons".

[416] Kristensen, „Capabilities of B61-12 Nuclear Bomb Increase Further"; Kristensen, „The B61 Life-Extension Program: Increasing NATO Nuclear Capability and Precision Low-Yield Strikes".

tige Abrüstungsgespräche mit Russland die substrategischen Kernwaffen einbeziehen wollen, um die Arsenale numerisch anzunähern. [417]

Für Russland sind auch die US-Pläne zur Entwicklung konventioneller Waffensysteme großer Reichweite *(Conventional Prompt Global Strike)* und die US- und NATO-Planungen zum Aufbau einer Raketenabwehr potenzielle Streitthemen für zukünftige russisch-amerikanische Abrüstungsverhandlungen. [418] Die russische Position sieht im *European Phased Adaptive Approach* (EPAA) der USA in Fragen der Raketenabwehr und in der Entwicklung von *Conventional Prompt Global Strike* ein Risiko für die strategische Stabilität zwischen sich und den USA. [419]

---

[417] Clinton, „Secretary Clinton's Press Availability in Tallinn, Estonia: Clinton discusses Afghanistan, Russia and NATO's nuclear posture".

[418] Hudson, „Russian Perspectives on Tactical Nuclear Weapons"; Hudson und Buzhinski, „Influences on Russian Policy and Possibilities for Reduction in Non-Strategic Nuclear Weapons"; Arbatov, „A Russian Perspective on the Challenge of U.S., NATO, and Russian Non-Strategic Nuclear Weapons"; Acton, „Silver Bullet? Asking the Right Questions about Conventional Prompt Global Strike"; Sokov, „Russia"; Arbatov und Dvorkin, *Nuclear Proliferation: New Technologies, Weapons, Treaties*; Sokov, „Russian Perspectives on Non-Strategic Nuclear Weapons"; Kipp, „Russian Doctrine on Tactical Nuclear Weapons: Contexts, Prisms, and Connections"; Acton, „On Not Throwing the Nuclear Strategy Baby Out with the Cold War Bath Water: The Enduring Relevance of the Cold War"; Sutyagin, „Atomic Accounting: A New Estimate of Russia's Non-Strategic Nuclear Forces"; Polyakov, „Aspects of the Current Russian Perspective on Tactical Nuclear Weapons".

[419] Hudson, „Russian Perspectives on Tactical Nuclear Weapons"; Arbatov, „A Russian Perspective on the Challenge of U.S., NATO, and Russian Non-Strategic Nuclear Weapons"; Arbatov und Dvorkin, *Nuclear Proliferation: New Technologies, Weapons, Treaties*; Giles und Monaghan, „European Missile Defense and Russia"; Acton, „Silver Bullet? Asking the Right Questions about Conventional Prompt Global Strike"; Thränert, „Das Raketenabwehrprojekt der Nato: Europäische Interessen und die Umsetzung eines ambitionierten Vorhabens"; Rojansky, „Russia and Strategic Stability"; Acton, „On Not Throwing the Nuclear Strategy Baby Out with the Cold War Bath Water: The Enduring Relevance of the Cold War"; Wilkening, „Strategic Stability Between the United States and Russia"; Colby, „The Need for Limited Nuclear Options"; Twomey, „Nuclear Stability at Low Numbers"; Acton, *Low Numbers: A Practical Path to Deep Nuclear Reductions*; Clay Moltz, „Assessing the Impact of Low Nuclear Numbers on Strategic Stability: A Regional Analysis";

Das Konzept der strategischen Stabilität ist ein spieltheoretisches Modell, das sich mit der Frage befasst, unter welchen Bedingungen nukleare Abschreckung zwischen staatlichen Akteuren nicht zu einer Situation führt, in der einer der Akteure den Anreiz hat, entweder nuklear Nachzurüsten *(Arms Race Stability)* oder zuerst nuklear zu eskalieren *(First-strike Stability)*.[420] Zwei nuklear bewaffnete, konkurrierende Staaten können sich nur dann darauf verlassen, dass ihre nukleare Abschreckung funktioniert, wenn sie ihrem potenziellen Gegner glaubhaft machen können, dass sie selbst im Falle eines gegnerischen nuklearen Erstschlags noch über genügend Fähigkeiten verfügen, um in einem nuklearen Gegen- oder Zweitschlag dem Gegner inakzeptablen Schaden zuzufügen.[421] Erstschlagstabilität kann erreicht werden, wenn zwei Akteure etwa gleich große und gleich überlebensfähige Arsenale haben. Eine Asymmetrie in diesen Punkten führt automatisch in eine Situation, in der sich ein Akteur genötigt sieht, nachzurüsten bzw. im Krisenfall zuerst zu eskalieren.[422]

Anhand der Darstellungen wird deutlich, dass weitere Schritte in den bilateralen Abrüstungs- und Rüstungskontrollverhandlungen zwischen Russland und den USA durch die russische Skepsis gegenüber den Plänen für eine NATO-Raketenabwehr sowie die US-Pläne für *Prompt Global Strike* – verbunden mit den unterschiedlichen Erwar-

---

Koblentz, „Strategic Stability in the Second Nuclear Age"; Sokov, „Russia"; Kipp, „Russian Doctrine on Tactical Nuclear Weapons: Contexts, Prisms, and Connections"; Polyakov, „Aspects of the Current Russian Perspective on Tactical Nuclear Weapons"; Sokov, „Russian Perspectives on Non-Strategic Nuclear Weapons"; Sutyagin, „Atomic Accounting: A New Estimate of Russia's Non-Strategic Nuclear Forces".

[420] Acton, „Reclaiming Strategic Stability", 117–18; Yost, „Strategic Stability in the Cold War: Lessons for Continuing Challenges"; Koblentz, „Strategic Stability in the Second Nuclear Age"; Schelling, *Arms and Influence*, 246; Kent und Thaler, „First-Strike Stability: A Methodology for Evaluating Strategic Forces".

[421] Yost, „Strategic Stability in the Cold War: Lessons for Continuing Challenges"; Koblentz, „Strategic Stability in the Second Nuclear Age"; Schelling, *Arms and Influence*; Kent und Thaler, „First-Strike Stability: A Methodology for Evaluating Strategic Forces"; Schelling, *The Strategy of Conflict*, 232.

[422] Acton, „Reclaiming Strategic Stability", 117–18.

tungen der Bündnispartner an die USA – erschwert werden.[423] Welchen Beitrag die NATO in Fragen der Rüstungskontrolle und Abrüstung liefern kann, bleibt folglich offen und wird situativ durch die unterschiedlichen nationalen Positionen zu den Themen konventioneller Rüstungskontrolle, taktischer Kernwaffen in Europa und territorialer Raketenabwehr mitbestimmt. Denn solange mittel- und osteuropäische Mitgliedsstaaten mit Verweis auf den Vertrag zur konventionellen Rüstungskontrolle in Europa russische Truppenstationierungen kritisieren und die südlichen NATO-Staaten mit Besorgnis auf die Proliferation von Massenvernichtungswaffen und Trägersystemen in Nahost blicken, ist innerhalb des Bündnisses nur schwer ein progressiver Konsens über die genannten Themen (konventionelle Rüstungskontrolle, taktische Kernwaffen in Europa und territoriale Raketenabwehr) zu erzielen. Die daraus resultierenden Anforderungen an die USA, die unterschiedlichen Interessen ihrer Bündnispartner zu berücksichtigen, erschweren Fortschritte in den bilateralen Abrüstungs- und Rüstungskontrollverhandlungen zwischen Russland und den USA.

5.4.2 Deterrence/Reassurance

Der Begriff der nuklearen Abschreckung beschreibt die Absicht, das Verhalten eines möglichen staatlichen Gegners zu beeinflussen, indem glaubhaft damit gedroht wird, einen Angriff durch den Einsatz von Nuklearwaffen zu vergelten. Damit soll dem potenziellen Gegner signalisiert werden, dass die Kosten eines Angriffs immer den Nutzen

---

[423] McArdle Kelleher, „Interlinked: Assurance, Russia, and Further Reductions of Non-Strategic Nuclear Weapons"; Binnendijk und McArdle Kelleher, „NATO Reassurance and Nuclear Reductions: Creating the Conditions"; Legvold, „Reconciling Limitations on Non-Strategic Nuclear Weapons, Conventional Arms Control, and Missile Defense Cooperation"; Paul, „Neustart 2.0 zur Abrüstung substrategischer Nuklearwaffen? Verhandlungsansätze und -modelle"; Giles und Monaghan, „European Missile Defense and Russia"; Arbatov, „A Russian Perspective on the Challenge of U.S., NATO, and Russian Non-Strategic Nuclear Weapons"; Ford, „Anything But Simple: Arms Control and Strategic Stability"; McCausland, „Conventional Weapons, Arms Control, and Strategic Stability in Europe"; Rojansky, „Russia and Strategic Stability".

übersteigen werden.[424] Wenn diese Drohung ausgeweitet wird und sich nicht mehr nur auf Angriffe auf das Land und dessen vitale Interessen richtet, das die Drohung ausspricht, sondern auch andere Staaten miteinbezieht, dann gilt es sowohl den potenziellen Gegnern als auch den Verbündeten den militärischen Beistand glaubhaft zu kommunizieren.[425] Im Zusammenhang mit der Rückversicherung *(Reassurance)* der Verbündeten wird dem ehemaligen britischen Verteidigungsminister Denis Healey folgendes Zitat zugeschrieben:

„*[I]t takes only five percent credibility of American retaliation to deter the Russians, but ninety-five percent credibility to reassure the Europeans.*"[426]

Die Präsenz der US-Nuklearwaffen in Europa während des Kalten Krieges und die Einbindung einiger nicht nuklearer Bündnispartner in die nukleare Planung im NATO-Rahmen sollte eine glaubhafte Abschreckung der Sowjetunion und eine Rückversicherung der Alliierten sein. Durch Transparenz und Mitsprache der europäischen Partner, auch im nuklearen Planungsprozess, konnte der *Abandonment*-Sorge vorgebeugt werden, also der Befürchtung, die USA würden im Konfliktfall mit der Sowjetunion den europäischen Partnern keinen militärischen Beistand leisten.[427]

---

[424] Woolf, „Nuclear Weapons in U.S. National Security Policy: Past, Present, and Prospects", 5; Long, *Deterrence: From Cold War to Long War*, 7.

[425] Kahn, *On Thermonuclear War*, 287; Yost, „US Extended Deterrence in NATO and North-East Asia", 15; Wheeler, „The Changing Requirements of Assurance and Extended Deterrence"; Murdock und Yeats, „Exploring the Nuclear Posture Implications of Extended Deterrence and Assurance: Workshop Proceeding and Key Takeaways".

[426] Zitat von Denis Healey, britischer Verteidigungsminister in den Jahren 1964 bis 1970. In: Healey, *The Time of my Life*, 243; Yost, „US Extended Deterrence in NATO and North-East Asia", 16.

[427] Schulte, „Tactical Nuclear Weapons in NATO and Beyond: A Historical and Thematic Examination", 13–64; Giegerich, *Die NATO*, 14–37; Wheeler, „The Changing Requirements of Assurance and Extended Deterrence", 13–24; Böckenförde, „Grundzüge der Sicherheitspolitik der Bundesrepublik Deutschland"; Overhaus, *Die deutsche NATO-Politik: Vom Ende des Kalten Krieges bis zum Kampf gegen den Terrorismus*, 41–60; Pifer, „NATO, Nuclear Weapons and Arms Control"; Kaim und Niedermeier, „Das Ende des ‚multilateralismus Reflexes'? Deutsche NATO-Politik unter neuen nationalen und internationalen Rahmenbedingungen"; Suchy

Diese Sorge schien zum Beispiel besonders plausibel nach dem „Sputnik-Schock", das heißt vor dem Hintergrund der russischen Entwicklung von Interkontinentalraketen. Denn bei der damals gültigen Nukleardoktrin der massiven Vergeltung hätten die USA mit massiven Nuklearschlägen auf jede sowjetische Aggression reagieren müssen. Dies wurde zunehmend unglaubwürdig, nachdem auch die Sowjetunion über die Fähigkeiten verfügte, den USA mit direkten Nuklearschlägen drohen zu können. In Deutschland wurde deswegen diskutiert, wie wahrscheinlich es wäre, dass die USA einen Nuklearschlag gegen New York und Washington D.C. riskieren, um die Einnahme von zum Beispiel Lübeck durch konventionelle sowjetische Verbände nuklear zu vergelten. Für die Europäer war es an dieser Stelle entscheidend, dass die Sicherheit der USA und Europas glaubwürdig aneinandergekoppelt war. Die Stationierung von US-Truppen in der Bundesrepublik Deutschland sollte einer Entkopplung entgegenwirken, indem US-Personal zu einem frühen Zeitpunkt in Kampfhandlungen an der deutsch-deutschen Grenze involviert ist und die USA damit in den Konflikt hineingezogen werden *(Entrapment)*. Die Einführung der US-Nuklearwaffen in Europa sollte gemäß den Überlegungen zur US- und späteren NATO-Strategie *Flexible Response* die Möglichkeit zu einer nuklearen Eskalation unterhalb des Schlagabtausches mit strategischen Waffen bieten und ebenso zur Kopplung der europäischen und amerikanischen Sicherheit und der Glaubwürdigkeit der Abschreckungsdrohung beitragen.[428]

---

und Thayer, „Weapons as Political Symbolism: The Role of US Tactical Nuclear Weapons in Europe"; Wheeler, „NATO Nuclear Strategy, 1949–90"; Haftendorn, *Kernwaffen und die Glaubwürdigkeit der Allianz: Die NATO-Krise von 1966/67.*
[428] Schulte, „Tactical Nuclear Weapons in NATO and Beyond: A Historical and Thematic Examination", 13–64; Giegerich, *Die NATO*, 14–37; Böckenförde, „Grundzüge der Sicherheitspolitik der Bundesrepublik Deutschland"; Wheeler, „The Changing Requirements of Assurance and Extended Deterrence", 13–24; Overhaus, *Die deutsche NATO-Politik: Vom Ende des Kalten Krieges bis zum Kampf gegen den Terrorismus*, 41–60; Pifer, „NATO, Nuclear Weapons and Arms Control"; Kaim und Niedermeier, „Das Ende des ‚multilateralismus Reflexes'? Deutsche NATO-Politik unter neuen nationalen und internationalen Rahmenbedingungen"; Suchy und Thayer, „Weapons as Political Symbolism: The Role of US Tactical Nuclear

Seit dem Ende des Kalten Krieges weist die NATO darauf hin, dass die Gefahr und die Wahrscheinlichkeit eines nuklearen Schlagabtausches deutlich gesunken ist.[429] Die USA betonen in ihrer jüngsten *Nuclear Posture Review*, dass die glaubhafte Beistandsbekundung gegenüber ihren Alliierten eine wichtige Aufgabe bleibt.[430] Während *Reassurance* im Kalten Krieg vornehmlich in der Stationierung von Nuklearwaffen und der nuklearen Teilhabe der NATO Ausdruck fand, wird spätestens seit der *Nuclear Posture Review* der USA der Beitrag konventioneller Waffensysteme für diese Aufgabe herausgestellt.[431]

„Contributions by non-nuclear systems to U.S. regional deterrence and reassurance goals will be preserved by avoiding limitations on missile defenses and preserving options for using heavy bombers and long-range missile systems in conventional roles."[432]

In der Allianz wurde der Vorstoß der USA, die Einführung der gemeinsamen NATO-Raketenabwehr auch als *Reassurance*-Beitrag zu verstehen, unterschiedlich aufgenommen. Begrüßt wurde die Idee von all jenen, die darin einen materiellen Ausdruck der gemeinsamen Lasten- und Gefahrenteilung im Bündnis sehen und gleichzeitig damit die Möglichkeit verbinden, die Rolle von Nuklearwaffen in der Verteidigungsplanung der NATO zu reduzieren. Diese Interpretation wurde jedoch nicht von allen geteilt. Besonders betrifft dies die Ein-

---

Weapons in Europe"; Wheeler, „NATO Nuclear Strategy, 1949–90", 121–40; Haftendorn, *Kernwaffen und die Glaubwürdigkeit der Allianz: Die NATO-Krise von 1966/67*.

[429] Vgl. zum Beispiel: NATO, „The Alliance's New Strategic Concept: Agreed by the Heads of State and Government participating in the Meeting of the North Atlantic Council"; NATO, „Active Engagement, Modern Defence: Strategic Concept for the Defence and Security of the Members of the North Atlantic Treaty Organization"; NATO, „Deterrence and Defence Posture Review. [Press Release (2012) 063]".

[430] U.S. Department of Defense, „Nuclear Posture Review Report (April 2010)"; Kallmyer, „Assessing Implementation of the 2010 Nuclear Posture Review", 1–2.

[431] U.S. Department of Defense, „Nuclear Posture Review Report (April 2010)"; Kallmyer, „Assessing Implementation of the 2010 Nuclear Posture Review", 1–2; Wheeler, „The Changing Requirements of Assurance and Extended Deterrence", 13–24.

[432] U.S. Department of Defense, „Nuclear Posture Review Report (April 2010)", 16.

schätzung, eine gemeinsame Raketenabwehr könnte als Substitut für die bündnispolitische Rolle der taktischen Nuklearwaffen der USA in Europa dienen. Dies gilt insbesondere vor dem Hintergrund der deutlich höheren Anzahl an taktischen Nuklearwaffen Russlands in Europa und einer potenziellen Entkopplung der europäischen und amerikanischen Sicherheit analog zu den Befürchtungen während des Kalten Krieges. Hinzu gekommen ist die Sorge vor neuen nuklear bewaffneten Akteuren in der Region Nah- und Mittelost, wie zum Beispiel der Islamischen Republik Iran.[433]

5.4.3 NATO-Raketenabwehr

Die NATO-Mitgliedsstaaten haben auf dem Gipfel in Lissabon den Aufbau einer territorialen, ballistischen Raketenabwehr beschlossen und deren vorläufige Einsatzbereitschaft auf dem Gipfel in Chicago verkündet.[434] Das System stützt sich dabei technisch bisher beinahe ausschließlich auf US-Fähigkeiten, die im Rahmen des *European Phased Adaptive Approach* der USA bereitgestellt werden und im Zeitraum 2018 bis 2020 voll einsatzbereit sein sollen.[435] Mithilfe der Raketenabwehr soll der Schaden im Falle eines Angriffs auf das Bündnisge-

---

[433] Schulte, „Tactical Nuclear Weapons in NATO and Beyond: A Historical and Thematic Examination", 13–64; Wheeler, „The Changing Requirements of Assurance and Extended Deterrence", 13–24; Pifer, „NATO, Nuclear Weapons and Arms Control"; Foradori, „Introduction: Debating the Last Remaining Case of the Forward Deployment of Nuclear Weapons", 1–20; Yost, „US Extended Deterrence in NATO and North-East Asia", 15; Murdock und Yeats, „Exploring the Nuclear Posture Implications of Extended Deterrence and Assurance: Workshop Proceeding and Key Takeaways"; Schmidt, „Keine Abrüstungseuphorie: Pragmatismus wird die US-Nuklearwaffenpolitik in Obamas zweiter Amtszeit prägen"; Pifer u. a., „U.S. Nuclear and Extended Deterrence: Considerations and Challenges"; Fey u. a., „Auf dem Weg zu Global Zero? Die neue amerikanische Nuklearpolitik zwischen Anspruch und Wirklichkeit"; Thränert, „Nato and Missile Defence: Opportunities and Open Questions"; Thränert, „NATO, Missile Defence and Extended Deterrence".
[433] Rühle, „The Broader Context of NATO's Nuclear Policy and Posture".
[434] NATO, „Chicago Summit Declaration: Issued by the Heads of State and Government Participating in the Peeting of the North Atlantic Council in Chicago on 20 May 2012 [Press Release (2012) 062]".
[435] Giles und Monaghan, „European Missile Defense and Russia", 1–34.

biet begrenzt und möglichen Proliferateuren signalisiert werden, dass ein Angriff auf das Bündnisgebiet voraussichtlich nicht die gewünschte Wirkung erzielen wird.

Im Verlauf der Diskussionen im Bündnis wurde deutlich, dass Frankreich Bedenken gegen den Vorstoß der USA hat, der von Deutschland mitgetragen wurde, die nukleare Teilhabe durch eine gemeinsame, territoriale Raketenabwehr zu ersetzen.[436] Vielmehr konnten sich die Verbündeten nur darauf einigen, dass die gemeinsame Raketenabwehr die Bündnisfähigkeiten ergänzt und gleichzeitig eine solidarische, Lasten- und Gefahrenteilung im Bündnis stärkt.[437]

Da es auf dem Gipfel von Chicago nicht gelungen ist, die gemeinsame Raketenabwehr als alleiniges transatlantisches Bindeglied zu etablieren, wird es zunächst auch keine Alternativen zur nuklearen Teilhabe in der NATO geben, die in gleicher Weise als Sinnbild für transatlantische Lasten- und Gefahrenteilung fungiert. Bisher bleiben auch die europäischen Beiträge zur NATO-Raketenabwehr gering. Die Türkei stellt den USA ein Gebiet bereit, um dort ein Radarsystem vom Typ AN/TPY-2 zu stationieren. Spanien bietet einen Hafen zur Stationierung von US-Aegis-Schiffen und Rumänien und Polen sind bereit, bodengebundene Effektoren der USA aufzunehmen. Deutschland bringt Fähigkeiten, z. B. durch das Luftabwehrsystem Patriot, in die territoriale Raketenabwehr ein. Außerdem beteiligt sich Deutschland durch das bestehende *NATO Allied Air Command Ramstein* an der Führung der Raketenabwehr.

5.5 Positionen auf Ebene-I

Grundsätzlich lassen sich in Bezug auf die Abzugsdebatte innerhalb der NATO drei Positionen identifizieren, die der Befürworter eines Abzugs, die der Gegner und die der Neutralen.[438] Die Überprüfung der *Deterrence and Defence Posture* wurde auch im Kreise der verschiede-

---

[436] Hintergrundgespräche im NATO HQ.

[437] NATO, „Deterrence and Defence Posture Review. [Press Release (2012) 063]".

[438] Seay, „NATO's Nuclear Guardians: Why NATO's Bureaucracy is Unable to Initiate Change to, or Support Reform of, Alliance Nuclear Policy".

nen informellen Staatengruppen diskutiert und Positionen koordiniert.[439] In Bezug auf die Themenfelder Nuklearwaffenpolitik und Abrüstung sind vor allem die Gruppe der vier „großen" NATO-Staaten, USA, Großbritannien, Frankreich und Deutschland, zu nennen (auch bekannt als *The Quad*).[440] Eine besondere Rolle in der Debatte über den Abzug der taktischen Kernwaffen der USA kam auch jenen Staaten in Europa zu, die ihr Territorium als Lagerstätte für US-Nuklearwaffen bzw. Trägersysteme für deren Einsatz anbieten. Bemerkenswert ist, dass diese Staaten mit Ausnahme der Türkei sich bereits im Vorfeld der Formulierung des neuen Strategischen Konzeptes der NATO positiv zu einem Abzug bekannt haben.[441] Bei der Frage über die Zukunft der nuklearen Teilhabe wurden in der akademischen Debatte auch die NATO-Staaten Mittel- und Osteuropas in einer Gruppe Gleichgesinnter zusammengefasst.[442]

5.5.1 Die Positionen einzelner Staaten innerhalb des Bündnisses

➢ Die USA haben klassischerweise eine Vorreiterrolle in Fragen der Nuklearpolitik in der NATO.[443] Schließlich stellen sie auch den bei Weitem größten Beitrag zur nuklearen Abschreckung der Allianz bereit.[444] Allerdings war die Position der USA im Verlauf der Debatte über die Zukunft der nuklearen Teilhabe, und konkret den Verbleib

---

[439] Stuart, „Introduction of European Policies and Opinions Relating to Tactical Nuclear Weapons".

[440] Ebd.

[441] Ebd.; Lamond und Ingram, „Politics Around US Tactical Nuclear Weapons in European Host States"; Foradori, „Introduction: Debating the Last Remaining Case of the Forward Deployment of Nuclear Weapons", 1–20.

[442] Stuart, „Introduction of European Policies and Opinions Relating to Tactical Nuclear Weapons".

[443] Lunn, „The Role and Place of Tactical Nuclear Weapons: A NATO Perspective", 245; Foradori, „Introduction: Debating the Last Remaining Case of the Forward Deployment of Nuclear Weapons", 1–20; Lunn, „NATO"; Pomper, „The United States".

[444] Blackwell, „American Perspectives on Tactical Nuclear Weapons"; Larsen, „The Role of Non-Strategic Nuclear Weapons: An American Perspective".

der taktischen Kernwaffen in Europa, nicht ganz einheitlich.[445] Schließlich mussten die USA dafür Sorge tragen, dass die Kohäsion im Bündnis bestehen bleibt, und deswegen auf Sorgen und Bedenken der Bündnispartner Rücksicht nehmen.[446] Gleichzeitig hat Barack Obama mit seiner Prager Rede und der Vision einer nuklearwaffenfreien Welt ein Signal für mehr Abrüstung und Rüstungskontrolle gesetzt, das ebenso unter den Bündnispartnern aufgegriffen worden ist.[447]

➢ Großbritannien musste sich bereits im Vorfeld der Verhandlungen zum neuen Strategischen Konzept der NATO mit der Zukunft seines eigenen nuklearen Arsenals befassen.[448] Dabei sprach sich Großbritannien für die Weiterführung eines eigenen nuklearen Dispositives aus, verband dies aber traditionell mit seinem Engagement in der NATO.[449] Somit wurde Großbritannien erwartungsgemäß im Prozess, der zum neuen Strategischen Konzept der NATO und

---

[445] Lunn, „The Role and Place of Tactical Nuclear Weapons: A NATO Perspective", 245.

[446] Lunn, „The Role and Place of Tactical Nuclear Weapons: A NATO Perspective"; Foradori, „Introduction: Debating the Last Remaining Case of the Forward Deployment of Nuclear Weapons", 1–20; Lunn, „NATO"; Pomper, „The United States".

[447] Vercamer, „Contrasting Perspectives on Tactical Nuclear Weapons in Europe: Understanding the Current Debates", 24–26; Foradori, „Introduction: Debating the Last Remaining Case of the Forward Deployment of Nuclear Weapons", 1–20; Zeijden, Snyder, und Ekker, „Exit strategies: The case for redefining NATO consensus on U.S. TNW", 12; Lunn, „The Role and Place of Tactical Nuclear Weapons: A NATO Perspective"; Blackwell, „American Perspectives on Tactical Nuclear Weapons"; Larsen, „The Role of Non-Strategic Nuclear Weapons: An American Perspective".

[448] Lunn, „The Role and Place of Tactical Nuclear Weapons: A NATO Perspective", 246; Vercamer, „Contrasting Perspectives on Tactical Nuclear Weapons in Europe: Understanding the Current Debates", 27–28.

[449] Lunn, „The Role and Place of Tactical Nuclear Weapons: A NATO Perspective", 246; Vercamer, „Contrasting Perspectives on Tactical Nuclear Weapons in Europe: Understanding the Current Debates", 27–28.

der *Deterrence and Defence Posture Review* führte, ein Vertreter der Fortsetzung der nuklearen Teilhabe in der NATO.[450]

> Frankreich als dritter nuklear bewaffneter Staat innerhalb des Bündnisses hat 1966 die militärischen Strukturen der NATO verlassen.[451] Auch nach der Rückkehr Frankreichs in diese Strukturen bleibt das nationale Nuklearwaffendispositiv davon unberührt. Gleichwohl kann Frankreich im NATO-Rahmen (jedoch außerhalb der Nuklearen Planungsgruppe und der *High Level Group*) an der Formulierung von NATO-Strategien mitwirken.[452] Auch wenn Frankreichs Nuklearwaffenarsenal in den Angaben des *New Strategic Concept* von 2010 explizit ausgenommen wird, ist Frankreich einer der vehementesten Verfechter der Beibehaltung nuklearer Teilhabe in der NATO und des Verbleibs der taktischen Kernwaffen der USA in Europa.[453]

> *Allied States concerned* – Die europäischen NATO-Staaten mit unmittelbarer Beteiligung an der nuklearen Teilhabe: Belgien, Deutschland, Italien, die Niederlande und die Türkei vertreten keine einheitliche Position während des Prozesses.[454] Belgien, Deutschland

---

[450] Lunn, „The Role and Place of Tactical Nuclear Weapons: A NATO Perspective", 246; Vercamer, „Contrasting Perspectives on Tactical Nuclear Weapons in Europe: Understanding the Current Debates", 27–28.

[451] Nassauer, „50 Jahre Nuklearwaffen in Deutschland".

[452] Dembinski und Müller, „Das neue strategische Konzept der NATO und die Zukunft der nuklearen Abrüstung in Europa", 7–10; Lunn, „The Role and Place of Tactical Nuclear Weapons: A NATO Perspective", 246–47.

[453] Lunn, „The Role and Place of Tactical Nuclear Weapons: A NATO Perspective", 246–47; Vercamer, „Contrasting Perspectives on Tactical Nuclear Weapons in Europe: Understanding the Current Debates", 26–27; Dembinski und Müller, „Das neue strategische Konzept der NATO und die Zukunft der nuklearen Abrüstung in Europa", 7–10; Stuart, „Introduction of European Policies and Opinions Relating to Tactical Nuclear Weapons", 230; Neuneck, „European and German Perspectives", 257–75.

[454] Foradori, „Introduction: Debating the Last Remaining Case of the Forward Deployment of Nuclear Weapons", 1–20; Neuneck, „European and German Perspectives"; Lunn, „The Role and Place of Tactical Nuclear Weapons: A NATO Perspective"; Vercamer, „Contrasting Perspectives on Tactical Nuclear Weapons in Europe: Understanding the Current Debates"; Dembinski und Müller, „Das neue strategische Konzept der NATO und die Zukunft der nuklearen Abrüstung in

und die Niederlande haben sich in dem gemeinsamen Brief der Außenminister an den NATO-Generalsekretär im Jahr 2010 für die Diskussion des Abzugs eingesetzt.[455] Italien und die Türkei haben den Brief nicht unterschrieben.

Laut einer Umfrage von 2007 befürworten in Belgien 70 Prozent der Bevölkerung den Abzug der US-Waffen aus Europa.[456] Gleichzeitig ist das Thema innenpolitisch eher ein Randthema.[457] So finden sich im Parteienspektrum Befürworter und Gegner der nuklearen Teilhabe, gleichzeitig sind die Befürworter nicht erpicht darauf, ihre Position öffentlich zu vertreten.[458] Belgien wurde somit ein zögerlicher Vertreter in der Abzugsdiskussion, der zwar den grundsätzlichen Kurs unterstützt, aber den Abzug nicht auf Kosten der Allianzkohäsion durchsetzen möchte und Reziprozität von Russland erwartet.[459] Die innenpolitische Frage nach der Beschaffung eines Nachfolgeflugzeugs für die bis ca. 2020 in die nukleare Teilhabe eingebundenen belgischen Flugzeuge vom Typ F-16 als DCA stellt sich gegenwärtig noch nicht.[460]

In den Niederlanden war das Abzugsthema ebenfalls seit den 1980er-Jahren kein Gegenstand heftiger innenpolitischer Kontroversen mehr.[461] Nichtsdestotrotz findet es sich seitdem in Parteiprogrammen grüner, sozialdemokratischer und linker Parteien wieder und wird regelmäßig von niederländischen Nichtregierungsorganisationen in

---

Europa"; Stuart, „Introduction of European Policies and Opinions Relating to Tactical Nuclear Weapons"; Ingram und Meier, „Reducing the Role of Tactical Nuclear Weapons in Europe: Perspectives and Proposals on the NATO Policy Debate"; Kearns, „Turkey, NATO and Nuclear Weapons"; Ülgen, „Turkey and the Bomb"; Kibaroglu, „Turkey"; Foradori, „European Perspectives".

[455] Auch Luxemburg und Norwegen als Staaten, in denen keine US-Nuklearwaffen lagern, zählten zu den Unterzeichnern des Briefes. Vanackere u. a., „Brief der Außenminister Belgiens, Deutschlands Niederlande, Luxemburgs und Norwegen an den NATO Generalsekretär Andres Fogh Rasmussen vom 26. Februar 2010."

[456] Sauer, „Belgium".

[457] Ebd.

[458] Ebd.

[459] Ebd.

[460] Ebd.

[461] Koster, „The Netherlands".

den politischen Diskurs eingebracht.[462] Innenpolitische Aufmerksamkeit erhält der niederländische Beitrag zur nuklearen Teilhabe vor allem im Zusammenhang mit den regelmäßigen Überprüfungskonferenzen des nuklearen Nichtverbreitungsvertrages.[463] Durch die Anmerkungen des US-Präsidentschaftskandidaten und späteren US-Präsidenten Barack Obama zur nuklearen Abrüstung sowie die deutliche Positionierung Deutschlands in der Frage des Abzugs erhielt das Thema zusätzlich zum Überprüfungskonferenzen-Zyklus Einzug in die innenpolitische Diskussion.[464] Dabei unterstützten die Niederlande im Jahr 2009, wie bereits erwähnt, die Initiative, in der NATO eine Diskussion über die Zukunft der nuklearen Teilhabe zu führen.[465] Nachdem deutlich wurde, dass ein Abzug der US-Nuklearwaffen aus Europa im Bündnis noch nicht konsensfähig war und die Überprüfung der *Deterrence and Defense Posture* begann, bekannten sich die Niederlande zu dem neuen Strategischen Konzept und machten deutlich, dass die Überprüfung zwar die Stationierung von US-Kernwaffen in Europa thematisieren kann, aber nicht das grundsätzliche Bekenntnis zur nuklearen Abschreckung wie in Lissabon beschlossen.[466] Grundsätzlich befürworten die Niederlande den Abzug, der im Bündnis noch nicht konsensfähig ist, ebenso wie die Einbeziehung substrategischer Nuklearwaffen in Abrüstungsverhandlungen zwischen den USA und Russland.[467] In der Zwischenzeit werden die Niederlande zu ihren Bündnisverpflichtungen stehen und auch voraussichtlich ihr *Dual-Capable Aircraft* vom Typ F-16 durch die Beschaffung des F-35 (JSF) ersetzen und damit weiterhin die Fähigkeit zum Einsatz der Nuklearwaffe B-61 behalten.[468]

Seit 1957 ist Italien Stationierungsgebiet für Nuklearwaffen im Rahmen der nuklearen Teilhabe.[469] In den Jahren 2009 bis 2012 war Ita-

---

[462] Ebd.

[463] Ebd.

[464] Ebd.

[465] Ebd.

[466] Ebd.

[467] Ebd.

[468] Ebd.

[469] Ebd.

lien kein Vertreter der Abzugsforderung. Grundsätzlich begrüßte das Land zwar nukleare Abrüstungsschritte, die auch taktische Nuklearwaffen beinhalten könnten, jedoch galt es, die Allianzkohäsion und die Bündnissolidarität unter allen Umständen zu bewahren, da diese essenzielle Voraussetzungen für das Funktionieren des Bündnisses seien.[470] Dies bedeutete für Italien, auf die Sicherheitsinteressen der Abzugsskeptiker Rücksicht zu nehmen.[471] Italien nutzt wie Deutschland das Flugzeugmuster Tornado als *Dual-Capable Aircraft* und erwägt die Anschaffung des F-35 (JSF) als Nachfolgemodell.

Ebenso wie Italien war die Türkei unter den Staaten, die unmittelbar in die nukleare Teilhabe eingebunden sind, kein Befürworter eines Abzugs der taktischen Nuklearwaffen aus Europa.[472] Die Motivation für diese Position ist auf das neue Sicherheitsumfeld der Türkei nach dem Ende des Ost-West-Konfliktes mit diversen Risiken, wie zum Beispiel der Proliferation von Massenvernichtungswaffen und Trägersystemen, zurückzuführen.[473] Gleichzeitig ist die Stationierung der US-Waffen für die Regierung in Ankara ein starker politischer Ausdruck der Bündnissolidarität sowie der Lasten- und Gefahrenteilung.[474] Zusätzlich verhindert aus türkischer Sicht die Stationierung die Entkopplung der europäischen und amerikanischen Sicherheit.[475] Innenpolitisch wollte die türkische Regierung nach den diplomatischen Spannungen im Vorfeld der Invasion des Iraks 2003 nicht eine weitere Konfliktlinie mit Washington riskieren und war wohl auch aus diesem Grund zurückhaltend in Bezug auf die Abzugsdebatte.[476] In der Allianz hoffe man auf zahlreiche Unterstützer für die eigene Posi-

---

[470] Foradori, „Italy".

[471] Ebd.

[472] Kibaroglu, „Turkey"; Kearns, „Turkey, NATO and Nuclear Weapons"; Ülgen, „Turkey and the Bomb"; Neuneck, „European and German Perspectives"; Foradori, „European Perspectives".

[473] Kibaroglu, „Turkey"; Ingram und Meier, „Reducing the Role of Tactical Nuclear Weapons in Europe: Perspectives and Proposals on the NATO Policy Debate".

[474] Kibaroglu, „Turkey".

[475] Ebd.

[476] Ebd.

tion, um nicht politisch isoliert zu sein.[477] Neben Italien fand die Türkei sich nicht allein auf der Seite der Abzugsskeptiker. Auch in den Reihen der neuen NATO-Mitglieder wurden Bedenken über einen möglichen Abzug der US-Waffen aus Europa geäußert.

➢ Neue NATO-Bündnismitglieder

In der öffentlichen Debatte um den möglichen Abzug der amerikanischen Waffen aus Europa wurden „die neuen Bündnismitglieder" häufig als relativ homogene Gruppe beschrieben, die sich gegen einen Abzug positioniert hat.[478] Gleichwohl ist dies eine etwas zu vereinfachte Darstellung der Lage. Tatsächlich finden sich unter den neuen NATO-Mitgliedern Staaten, die keine Präferenzen in der Debatte über den Abzug der verbliebenen Nuklearwaffen geäußert haben. Hierzu zählen zum Beispiel Kroatien, Albanien und Slowenien.[479] Allerdings haben auch die Abrüstungsskeptiker bzw. -gegner ihre Positionen nicht lauthals vertreten, vielmehr wurden ihre Sorgen vor allem hinter verschlossenen Türen in Brüssel und ausgewählten Hauptstädten anderer NATO-Staaten gehört.[480] Im Mittelpunkt der Diskussion über die Positionen der neuen NATO-Staaten standen die baltischen Länder Estland, Lettland, Litauen sowie Polen.[481]

Grundsätzlich sind die Staaten, die nach dem Ende des Ost-West-Konfliktes in die NATO eingetreten sind, insofern an den nuklearen Planungen in der Allianz beteiligt, als dass sie Mitglieder in der Nuklearen Planungsgruppe sowie der *High Level Group* sind.[482] Jedoch sind

---

[477] Ebd.

[478] Kulesa, „The New NATO Member States"; Neuneck, „European and German Perspectives"; Shetty, Kearns, und Lunn, „The Baltic States, NATO and Non-Strategic Nuclear Weapons in Europe"; Somerville, Kearns, und Chalmers, „Poland, NATO and Non-Strategic Nuclear Weapons in Europe"; Foradori, „European Perspectives"; Kulesa, „Polish and Central European Priorities on NATO's Future Nuclear Policy"; Kulesa, „Polish and Central European Priorities for NATO's Future Nuclear Policy".

[479] Kulesa, „The New NATO Member States".

[480] Dies wurde in diversen Hintergrundgesprächen bestätigt. Siehe auch: Ebd.

[481] Ebd.; Kulesa, „Polish and Central European Priorities for NATO's Future Nuclear Policy".

[482] Kulesa, „The New NATO Member States".

die neuen NATO-Mitglieder nicht unmittelbar in die nukleare Teilhabe der Allianz eingebunden. Dies ergibt sich aus den Absprachen der NATO-Russland-Grundakte von 1997, in der durch die *Three Nos* deutlich wird, dass die NATO weder die Absicht noch den Plan oder einen Grund hat, Nuklearwaffen auf dem neuen Bündnisgebiet zu stationieren.[483] Aus diesem Grund wurde die Debatte über den Abzug der substrategischen Kernwaffen der USA aus Europa auch nicht von den neuen NATO-Staaten aktiv angestoßen.[484] Vielmehr haben sie sich im Verlauf der Debatte dazu positioniert.[485]

„The major security concern for Poland today, and one which it shares with many of the other states that joined NATO after the end of the Cold War, is Russia."[486]

Vor dem Hintergrund der historischen Erfahrungen der Staaten wird deutlich, dass Russland als eine der grundlegenden Risikoquellen für die territoriale Integrität und Souveränität der Staaten wahrgenommen wird.[487]

„This prism, through which most security challenges are viewed in the region, is rooted in history but also in real concerns over more recent events."[488]

---

[483] Ebd.

[484] Ebd.

[485] Ebd.

[486] Somerville, Kearns, und Chalmers, „Poland, NATO and Non-Strategic Nuclear Weapons in Europe", 3.

[487] Neuneck, „European and German Perspectives"; Shetty, Kearns, und Lunn, „The Baltic States, NATO and Non-Strategic Nuclear Weapons in Europe"; Somerville, Kearns, und Chalmers, „Poland, NATO and Non-Strategic Nuclear Weapons in Europe"; Kulesa, „The New NATO Member States"; Foradori, „European Perspectives"; Kulesa, „Polish and Central European Priorities on NATO's Future Nuclear Policy"; Murdock und Yeats, „Exploring the Nuclear Posture Implications of Extended Deterrence and Assurance: Workshop Proceeding and Key Takeaways"; Pifer u. a., „U.S. Nuclear and Extended Deterrence: Considerations and Challenges"; Rühle, „The Broader Context of NATO's Nuclear Policy and Posture"; Kulesa, „Polish and Central European Priorities for NATO's Future Nuclear Policy".

[488] Shetty, Kearns, und Lunn, „The Baltic States, NATO and Non-Strategic Nuclear Weapons in Europe", 5.

132

Daher lässt sich auch die Präferenz für eine deutliche Präsenz der USA in Europa erklären.[489] Dabei stellt sich die Frage, in welcher Form US-Beistand für diese Staatengruppe am glaubwürdigsten ausgedrückt werden kann. Die Pläne zum Aufbau einer NATO-Raketenabwehr sind hier zum Beispiel von Bedeutung, sehen doch die aktuellen Planungen vor, dass die USA Truppen und Gerät in einigen der neuen NATO-Staaten dauerhaft stationieren.[490] Die Präsenz der amerikanischen Nuklearwaffen ist aus historischer Perspektive ein starkes politisches Symbol für Bündnissolidarität sowie die Lasten- und Gefahrenteilung.[491] Auch wenn ihr militärischer Nutzen in den Jahren 2009 bis 2012 offen zur Diskussion stand.[492]

Wie anhand der Ausführungen zu den unterschiedlichen Positionen zum Thema Zukunft der nuklearen Teilhabe im NATO-Bündnis deutlich wird, ist die Schnittmenge der Win-Sets der zentralen Akteure nicht im Punkt Abzug der verbliebenen taktischen Kernwaffen der USA aus Europa zu finden. Auch der Versuch, die mit dem Thema verbundenen Bedenken einiger Staaten durch *Issue Linkage* auszuräu-

---

[489] Neuneck, „European and German Perspectives"; Shetty, Kearns, und Lunn, „The Baltic States, NATO and Non-Strategic Nuclear Weapons in Europe"; Somerville, Kearns, und Chalmers, „Poland, NATO and Non-Strategic Nuclear Weapons in Europe"; Kulesa, „The New NATO Member States"; Foradori, „European Perspectives"; Murdock und Yeats, „Exploring the Nuclear Posture Implications of Extended Deterrence and Assurance: Workshop Proceeding and Key Takeaways"; Pifer u. a., „U.S. Nuclear and Extended Deterrence: Considerations and Challenges"; Rühle, „The Broader Context of NATO's Nuclear Policy and Posture"; Kulesa, „Polish and Central European Priorities for NATO's Future Nuclear Policy".

[490] Kulesa, „The New NATO Member States"; Murdock und Yeats, „Exploring the Nuclear Posture Implications of Extended Deterrence and Assurance: Workshop Proceeding and Key Takeaways"; Pifer u. a., „U.S. Nuclear and Extended Deterrence: Considerations and Challenges"; Rühle, „The Broader Context of NATO's Nuclear Policy and Posture"; Thränert, „Nato and Missile Defence: Opportunities and Open Questions"; Thränert, „NATO, Missile Defence and Extended Deterrence".

[491] Foradori, „Introduction: Debating the Last Remaining Case of the Forward Deployment of Nuclear Weapons", 1–20.

[492] Ebd.; Foradori, „European Perspectives".

men und durch den Aufbau der NATO-Raketenabwehr *Deterrence* und *Reassurance* zu gewährleisten, ist nicht erfolgreich verlaufen.

Ein Konsens in der Frage der nuklearen Teilhabe zeichnete sich vielmehr in einer bündnisinternen Debatte ab. Im Folgenden werden kurz wesentliche Passagen der Dokumente vorgestellt, die das Ergebnis des politischen Prozesses abbilden.

5.6 Das Ergebnis

Das Ergebnis dieses politischen Prozesses in der NATO waren offizielle Dokumente, die im Rahmen von NATO-Gipfeln durch die anwesenden Staats- und Regierungschefs verabschiedet wurden. Deswegen werden im Folgenden die entscheidenden Passagen des neuen Strategischen Konzeptes von 2010 und der Text der *Deterrence and Defence Posture Review* von 2012 dargestellt und, wo erforderlich, kommentiert.

5.6.1 Das neue Strategische Konzept von 2010

Im folgenden Unterkapitel werden konkrete Passagen des Strategischen Konzeptes vorgestellt und besprochen, die von Bedeutung für den Verlauf der gesamten Debatte sind.

➢ *„Deterrence, based on an appropriate mix of nuclear and conventional capabilities, remains a core element of our overall strategy. The circumstances in which any use of nuclear weapons might have to be contemplated are extremely remote. As long as nuclear weapons exist, NATO will remain a nuclear alliance."*[493]

Dieser Absatz, in dem deutlich gemacht wird, dass die NATO bis auf Weiteres auf nukleare Abschreckung setzt, spiegelt die Ergebnisse des Außenministertreffens von Tallinn wider. Gleichzeitig kommt der Beitrag konventioneller Waffensysteme zur allgemeinen Abschreckungsfähigkeit des Bündnisses zum Ausdruck, was die grundsätzlichen Überlegungen zur Zukunft der Abschreckung der USA seit US-

---

[493] NATO, „Active Engagement, Modern Defence: Strategic Concept for the Defence and Security of the Members of the North Atlantic Treaty Organization".

134

Präsident George W. Bush und seinem Nachfolger Barack Obama berücksichtigt.

>   *„The supreme guarantee of the security of the Allies is provided by the strategic nuclear forces of the Alliance, particularly those of the United States; the independent strategic nuclear forces of the United Kingdom and France, which have a deterrent role of their own, contribute to the overall deterrence and security of the Allies."*[494]

Der vorstehende Absatz hat zwei Aufgaben. Zum einen ermöglicht er einen Interpretationsspielraum für die Frage über die Zukunft der in Europa gelagerten Nuklearwaffen der USA. Denn die strategischen Nuklearwaffen der USA werden als vornehmliche Säule zur nuklearen Abschreckung hervorgehoben. Der zweite Teil des Absatzes ist eine Würdigung des französischen und britischen Beitrags zur nuklearen Abschreckung, vor allem ist er aber ein Hinweis darauf, dass diese Arsenale unter nationalen Gesichtspunkten verwaltet werden.

>   *„We will ensure that NATO has the full range of capabilities necessary to deter and defend against any threat to the safety and security of our populations. Therefore, we will:*

• maintain an appropriate mix of nuclear and conventional forces; [...]

• ensure the broadest possible participation of Allies in collective defence planning on nuclear roles, in peacetime basing of nuclear forces, and in command, control and consultation arrangements; [...]"[495]

Diese Formulierung betont, dass sowohl konventionelle als auch nukleare Waffen für die Abschreckungs- und Verteidigungsfähigkeit des Bündnisses notwendig sind. Gleichzeitig legt die Wortwahl aber keine Waffentypen oder Stationierungsorte fest. Zusätzlich wird betont, dass politische Beteiligung und Mitsprache bei Fragen zur nuklearen Teilhabe weiterhin von großer Bedeutung sind und nicht zwangsläufig mit der unmittelbaren Einbindung in die nukleare Teilhabe durch Trägersysteme oder Lagerstätten zusammenhängen.

---

[494] Ebd.
[495] Ebd.

> *„• develop the capability to defend our populations and territories against ballistic missile attack as a core element of our collective defence, which contributes to the indivisible security of the Alliance. [...]"*[496]

Bei dem Thema ballistische Raketenabwehr in der NATO hatten sich einige Bündnispartner, darunter Deutschland, eine stärkere Formulierung in Bezug auf die bündnisinterne Funktion erhofft. Im Konzept enthalten ist nun lediglich die Aussage, dass die NATO sich zum Aufbau dieser Fähigkeit entschieden hat und damit ein Beitrag zur Unteilbarkeit der Sicherheit zwischen den Allianzpartnern geleistet wird.

> *„[...] continue to review NATO's overall posture in deterring and defending against the full range of threats to the Alliance, taking into account changes to the evolving international security environment."*[497]

Dieser Absatz ist der Auftrag zur Durchführung der *Deterrence and Defence Posture Review*. Diese Einigung zur Überprüfung wurde vor dem Hintergrund der divergierenden Positionen im Bündnis getroffen und sollte allen Beteiligten die Möglichkeit bieten, sich erneut mit diesem Thema zu befassen. Zusätzlich besagt bereits dieser Absatz, dass auch konventionelle Fähigkeiten für *Deterrence and Defense* berücksichtigt werden sollten, nicht nur nukleare.

> *„• We are resolved to seek a safer world for all and to create the conditions for a world without nuclear weapons in accordance with the goals of the Nuclear Non-Proliferation Treaty, in a way that promotes international stability, and is based on the principle of undiminished security for all."*[498]

Mit dieser Passage tragen die Bündnispartner den rüstungskontrollpolitischen Ereignissen der Jahre 2009 bis 2010 Rechnung, in denen US-Präsident Obama in Prag die Vision einer atomwaffenfreien Welt präsentiert hatte, im Folgejahr den New-START-Abrüstungsvertrag mit Russland schloss, und außerdem eine Überprüfungskonferenz des nuklearen Nichtverbreitungsvertrages stattfand.

---

[496] Ebd.

[497] Ebd.

[498] Ebd.

➤ *„• With the changes in the security environment since the end of the Cold War, we have dramatically reduced the number of nuclear weapons stationed in Europe and our reliance on nuclear weapons in NATO strategy. We will seek to create the conditions for further reductions in the future."*[499]

Dieser Absatz beschreibt die Erfolge der NATO in Abrüstungsfragen und den weiteren Weg. Dabei wird das Argument der Abzugsbefürworter aufgenommen, wonach die Rolle der nuklearen Abschreckung in der Verteidigungsplanung weiter reduziert werden sollte.

➤ *„• In any future reductions, our aim should be to seek Russian agreement to increase transparency on its nuclear weapons in Europe and relocate these weapons away from the territory of NATO members. Any further steps must take into account the disparity with the greater Russian stockpiles of short-range nuclear weapons."*[500]

Während der vorangehende Absatz die grundsätzliche Möglichkeit zu weiteren Abrüstungsschritten beschreibt, formuliert der vorstehende die Bedingungen, unter denen Abrüstung möglich wäre, und zeichnet gleichzeitig ein konkretes Vereinbarungsziel mit Russland. Der Absatz bildet die Position vieler Mitgliedsstaaten ab, Abzugsschritte sollten nicht einseitig, sondern nur wechselseitig mit Russland erfolgen, um die große Disparität im Bereich substrategischer Nuklearwaffen in Europa zu verringern. Dabei könnte die Vereinbarung von Transparenzmaßnahmen ein nächstes konkretes Verhandlungsziel sein.

➤ *„• National decisions regarding arms control and disarmament may have an impact on the security of all Alliance members. We are committed to maintain, and develop as necessary, appropriate consultations among Allies on these issues."*[501]

Dieser Absatz betont die Bedeutung von Konsultationen unter den Verbündeten besonders im Zusammenhang mit möglichen nationalen Abrüstungsschritten der offiziellen Nuklearwaffenstaaten. Denn zum Beispiel eine Veränderung des Nuklearwaffenarsenals der USA hat

---

[499] Ebd.

[500] Ebd.

[501] Ebd.

maßgebliche Auswirkungen auf die Abschreckungs- und Verteidigungsfähigkeit der NATO insgesamt.

5.6.2 Die Deterrence and Defence Posture Review der NATO

Im Folgenden werden Kernaussagen der NATO *Deterrence and Defence Posture Review* dargestellt und kommentiert.

➢ *„Nuclear weapons are a core component of NATO's overall capabilities for deterrence and defence alongside conventional and missile defence forces. The review has shown that the Alliance's nuclear force posture currently meets the criteria for an effective deterrence and defence posture."*[502]

Mit dieser Passage wird allen Abrüstungsoptimisten zunächst eine deutliche Absage erteilt. Denn noch stellen Nuklearwaffen, neben den Fähigkeiten zur Raketenabwehr und konventionellen Kräften, einen wesentlichen Bestandteil zur gesamten Abschreckungs- und Verteidigungsbereitschaft der NATO dar. Außerdem stellen die NATO-Mitglieder fest, dass die zum Zeitpunkt der Formulierung assignierten Nuklearwaffen, inklusive der substrategischen Kernwaffen der USA in Europa, zur effektiven Abschreckung und Verteidigung des Bündnisses angemessen sind.

➢ *„The circumstances in which any use of nuclear weapons might have to be contemplated are extremely remote. As long as nuclear weapons exist, NATO will remain a nuclear alliance. The supreme guarantee of the security of the Allies is provided by the strategic nuclear forces of the Alliance, particularly those of the United States; the independent strategic nuclear forces of the United Kingdom and France, which have a deterrent role of their own, contribute to the overall deterrence and security of the Allies."*[503]

Der vorangehende Absatz wiederholt noch einmal die Sprachregelung, die im Bündnis seit dem Außenministertreffen der NATO-Staaten in Tallinn gilt: Die NATO wird nicht als Erstes auf Nuklearwaffen verzichten. Die Nuklearwaffen der Bündnispartner bilden den Kern der Sicherheitsgarantien der NATO, wobei die strategischen Arsenale und ganz besonders die strategischen Nuklearwaffenarsenale

---

[502] NATO, „Deterrence and Defence Posture Review. [Press Release (2012) 063]".
[503] Ebd.

der USA betont werden. Dies erlaubt mehr Flexibilität in Bezug auf die Zukunft der substrategischen Nuklearwaffen der USA in Europa und hebt auch die besondere nationale Verfügungsgewalt Frankreichs und in abgeschwächter Form Großbritanniens über ihre nuklearen Arsenale hervor.

> ➤ *„Allies acknowledge the importance of the independent and unilateral negative security assurances offered by the United States, the United Kingdom and France. Those assurances guarantee, without prejudice to the separate conditions each State has attached to those assurances, including the inherent right to self-defence as recognised under Article 51 of the United Nations Charter, that nuclear weapons will not be used or threatened to be used against Non-Nuclear Weapon States that are party to the Non-Proliferation Treaty and in compliance with their nuclear non-proliferation obligations. Allies further recognise the value that these statements can have in seeking to discourage nuclear proliferation. Allies note that the states that have assigned nuclear weapons to NATO apply to these weapons the assurances they have each offered on a national basis, including the separate conditions each state has attached to these assurances.*"[504]

Die DDPR der NATO befasst sich in dem oben stehenden Absatz mit negativen Sicherheitsgarantien. Dem Begriff liegt die Idee zugrunde, dass ein Staat womöglich den Anreiz verliert, sich Atomwaffen zu beschaffen, wenn er erst durch ihren Besitz als Adressat nuklearer Abschreckung wahrgenommen wird. Die USA, Großbritannien und Frankreich haben hier nationale Richtlinien, die zwar im NATO-Dokument erwähnt werden, die aber nicht durch einen Formulierungsvorschlag im NATO-Rahmen inhaltlich verändert werden. Dies wird durch den letzten Satz des Absatzes noch mal hervorgehoben, in dem gesagt wird, dass die nationalen Vorbehalte auch für jene Nuklearwaffen gelten, die im Rahmen der nuklearen Teilhabe der NATO für NATO-Planungen assigniert sind.

> ➤ *„While seeking to create the conditions and considering options for further reductions of non-strategic nuclear weapons assigned to NATO, Allies concerned will ensure that all components of NATO's nuclear deterrent remain safe, secure, and effective for as long as NATO remains a nuclear alliance. That requires*

---

[504] Ebd.

sustained leadership focus and institutional excellence for the nuclear deterrence mission and planning guidance aligned with 21st century requirements."[505]

Sprachlich hat dieser Absatz große Ähnlichkeit mit Formulierungen aus der *Nuclear Posture Review* der USA.[506] Inhaltlich wird deutlich gemacht, dass alle Staaten, die direkt an der nuklearen Teilhabe im NATO-Rahmen mitwirken, auch dafür Sorge zu tragen haben, dass sie ihre Aufgaben wahrnehmen können.

➢ *"Consistent with our commitment to remain a nuclear alliance for as long as nuclear weapons exist, Allies agree that the NAC will task the appropriate committees to develop concepts for how to ensure the broadest possible participation of Allies concerned in their nuclear sharing arrangements, including in case NATO were to decide to reduce its reliance on non-strategic nuclear weapons based in Europe."*[507]

Wie bereits im neuen Strategischen Konzept der NATO angelegt, wird mit diesem Absatz der Sorge begegnet, dass europäische Bündnispartner Einsicht in die und Mitgestaltungsmöglichkeiten bei der nukleare(n) Planung einbüßen, sollte eines Tages die nukleare Teilhabe in der NATO ohne die Stationierung von substrategischen Nuklearwaffen der USA in Europa auskommen.

➢ *"In Lisbon, Allies agreed on a missile defence capability that provides full coverage and protection for all NATO European populations, territory and forces, against the threat posed by the proliferation of ballistic missiles, based on the principles of the indivisibility of Allied security and NATO solidarity, equitable sharing of risks and burdens, as well as reasonable challenge, taking into account the level of threat, affordability, and technical feasibility, and in accordance with the latest common threat assessments agreed by the Alliance. Missile defence will become an integral part of the Alliance's overall defence posture, further strengthen the transatlantic link, and contribute to the indivisible security of the Alliance."*[508]

---

[505] Ebd.

[506] „The United States is committed to ensuring that the nuclear weapons stockpile remains safe, secure, and effective." In: U.S. Department of Defense, „Nuclear Posture Review Report (April 2010)", 37.

[507] NATO, „Deterrence and Defence Posture Review. [Press Release (2012) 063]".

[508] Ebd.

140

Nachdem das US-Vorhaben zum Aufbau einer nationalen Raketenabwehr durch einen Phasenplan für Europa ergänzt wurde und die NATO sich daran beteiligt, wird die NATO-Raketenabwehr als wichtiges Projekt zur Stärkung der transatlantischen Verbundenheit benannt, das ebenso das Solidaritätsprinzip im Bündnis wie die Unteilbarkeit von Sicherheit stärkt.

> *„Missile defence can complement the role of nuclear weapons in deterrence; it cannot substitute for them. This capability is purely defensive and is being established in the light of threats from outside the Euro-Atlantic area. [...] NATO missile defence capability, along with effective nuclear and conventional forces, will signal our determination to deter and defend against any threat from outside the Euro-Atlantic area to the safety and security of our populations."*[509]

Dieser Passus spiegelt die Position wider, die Frankreich vertreten hat. Sie erteilt allen Hoffnungen eine Absage, man könne die politische Funktion substrategischer Kernwaffen in Europa durch den Aufbau einer ballistischen Raketenabwehr ersetzen. Vielmehr wird im Abschlussdokument der DDPR deutlich, dass die Raketenabwehr ein ergänzendes Element zur Abschreckungs- und Verteidigungsfähigkeit der Allianz darstellt.

> *„The Alliance is resolved to seek a safer world for all and to create the conditions for a world without nuclear weapons in accordance with the goals of the Nuclear Non-Proliferation Treaty, in a way that promotes international stability, and is based on the principle of undiminished security for all."*[510]

Auch in der NATO-DDPR wird die Bedeutung von Rüstungskontrolle, Nichtverbreitung und Abrüstung als wichtiger Beitrag zur internationalen Sicherheit und Stabilität hervorgehoben.

> *„Allies look forward to continuing to develop and exchange transparency and confidence-building ideas with the Russian Federation in the NATO-Russia Council, with the goal of developing detailed proposals on and increasing mutual understanding of NATO's and Russia's non-strategic nuclear force postures in Europe."*[511]

---

[509] Ebd.

[510] Ebd.

[511] Ebd.

Um weitere Abrüstungsschritte zwischen den USA und Russland zu ermöglichen, die womöglich auch substrategische Kernwaffen beinhalten, gilt es nach dem gemeinsamen Verständnis der Bündnispartner, transparenz- und vertrauensbildende Maßnahmen mit Russland zu ergreifen. In dem Dokument wird das konkrete Ziel genannt, im Rahmen des NATO-Russland-Rats Vorschläge dazu zu erarbeiten.

➢ *„Since the end of the Cold War, NATO has dramatically reduced the number, types, and readiness of nuclear weapons stationed in Europe and its reliance on nuclear weapons in NATO strategy. Against this background and considering the broader security environment, NATO is prepared to consider further reducing its requirement for non-strategic nuclear weapons assigned to the Alliance in the context of reciprocal steps by Russia, taking into account the greater Russian stockpiles of non-strategic nuclear weapons stationed in the Euro-Atlantic area."*[512]

Dieser Absatz trägt allen grundsätzlichen Abzugsbefürwortern Rechnung und betont, dass ein Abzug der substrategischen Kernwaffen denkbar ist. Wie bereits im Strategischen Konzept jedoch mit der Einschränkung, dass er im Rahmen reziproker Schritte Russlands erfolgt.

➢ *„In addition, Allies support and encourage the United States and the Russian Federation to continue their mutual efforts to promote strategic stability, enhance transparency, and further reduce their nuclear weapons."*[513]

Die NATO-Verbündeten unterstützen und ermutigen die USA und Russland, die strategische Stabilität und Transparenz zu verbessern sowie ihre nuklearen Arsenale weiter abzurüsten.

➢ *„Allies believe that the Weapons of Mass Destruction Control and Disarmament Committee has played a useful role in the review and agree to establish a committee as a consultative and advisory forum, with its mandate to be agreed by the NAC following the Summit."*[514]

Die NATO möchte die Themen Abrüstung, Rüstungskontrolle und Nichtverbreitung auch dadurch stärken, dass sie die Arbeit des *Wea-*

---

[512] Ebd.

[513] Ebd.

[514] Ebd.

pons of Mass Destruction Control and Disarmament Committee unbefristet
fortführt.

6 Auswertung

Im folgenden Abschnitt werden in zwei Schritten die Ergebnisse der vorausgegangenen Betrachtung in Bezug auf die Frage dargestellt: Warum konnte Deutschland innerhalb der NATO nicht seine Position für den Abzug der taktischen Kernwaffen aus Europa durchsetzen?

Dabei befasst sich der erste Abschnitt mit dem konkreten politischen Kontext der Untersuchung, wohingegen der zweite Abschnitt sich mit dem Zwei-Ebenen-Ansatz nach Robert D. Putnam zur Bearbeitung der hier aufgeworfenen Forschungsfrage befasst.

6.1 Die nukleare Teilhabe in der NATO

Vieles sprach dafür, dass die NATO in den Jahren 2009 bis 2012 ihre nukleare Planungs- und Stationierungspolitik hätte ändern können:

Nach dem Amtsantritt von US-Präsident Barack Obama präsentierte er in seiner viel beachteten Rede am 5. April 2009 in Prag die Vision einer atomwaffenfreien Welt.[515] Im folgenden Jahr stellte der US-Präsident die Ergebnisse einer Überprüfung der US-Abschreckungspolitik vor und schloss einen Abrüstungsvertrag für strategische Nuklearwaffen mit Russland.[516] Parallel dazu wurde das Thema nukleare Abrüstung auch in der NATO aufgegriffen. Während des NATO-Gipfeltreffens der Staats- und Regierungschefs in Straßburg/Kehl am 3. und 4. April 2009 wurde der Auftrag für ein

---

[515] Obama, „Remarks by President Barack Obama in Prague as Delivered [Rede von US-Präsident Barack Obama am 5. April 2009 in Prag]".

[516] U.S. Department of Defense, „Nuclear Posture Review Report (April 2010)"; Kallmyer, „Assessing Implementation of the 2010 Nuclear Posture Review", 1–2; „Treaty Between the United States of America and the Russian Federation on Measures for the Further Reduction and Limitation of Strategic Offensive Arms"; „Protocol to the Treaty Between the United States of America and the Russian Federation on Measures for the Further Reduction and Limitation of Strategic Offensive Arms". Zum Verlauf der Verhandlungen siehe: Paul und Thränert, „Neustart mit Hindernissen: Probleme und Perspektiven des START-I Nachfolgeabkommens"; Paul, *Atomare Abrüstung: Probleme, Prozesse, Perspektiven*, 100–175.

neues Strategisches Konzept der NATO bis zum Gipfeltreffen in Lissabon am 19. und 20. November 2010 erteilt.[517] Das Abschlussdokument selbst enthält zusätzlich den Auftrag, die Abschreckungs- und Verteidigungsplanung der NATO in einem gesonderten Prozess zu überprüfen (NATO Deterrence and Defence Posture Review).[518] Deutschland hat sich im Rahmen der politischen Diskussion klar positioniert und trat für einen baldigen Abzug der in Europa verbliebenen substrategischen Nuklearwaffen der USA vom Typ B-61 ein. Wie jedoch durch die vorausgegangene Betrachtung des *Deterrence-and-Defence-Posture-Review*-Prozesses gezeigt werden konnte, haben die 28 Mitgliedsländer der NATO sich nicht auf einen Abzug verständigen und insgesamt nur wenig neue Impulse setzen können. Zu unterschiedlich sind die Positionen im Bündnis.

Bereits im Vorfeld zur *Strategic Concept Review* und der *Deterrence and Defence Posture Review* haben sich die NATO-Mitgliedsstaaten darauf verständigt, dass solange Kernwaffen existieren, auch die Allianz auf nukleare Abschreckung setzen wird. Gleichzeitig will das Bündnis aber einen Beitrag leisten, die Voraussetzungen für eine atomwaffenfreie Welt zu schaffen.[519]

Das Abschlussdokument des Überprüfungsprozesses der *Deterrence and Defence Posture* verweist auf das sicherheitspolitische Umfeld der NATO. Auch wenn neue Sicherheitsrisiken für die Mitgliedsländer durch Gefahren aus dem Cyberraum, fragile Staatlichkeit und nicht staatliche Akteure dazugekommen sind, darf eine potenzielle Gefahr durch konventionelle Streitkräfte und die Proliferation von Massenvernichtungswaffen und deren Trägersystemen nicht vernachlässigt werden.[520] Auch wenn das Papier betont, dass die NATO sich

---

[517] NATO, „Declaration on Alliance Security: Issued by the Heads of State and Government Participating in the Meeting of the North Atlantic Council in Strasbourg / Kehl on 4 April 2009. [Press Release (2009) 043]".

[518] NATO, „Active Engagement, Modern Defence: Strategic Concept for the Defence and Security of the Members of the North Atlantic Treaty Organization".

[519] Ebd.; NATO, „Deterrence and Defence Posture Review. [Press Release (2012) 063]".

[520] NATO, „Deterrence and Defence Posture Review. [Press Release (2012) 063]".

gegenwärtig von keinem Land bedroht sieht, gelten vor allem das iranische Atomprogramm und eine mögliche Krise in den Beziehungen zu Russland als Risikoquellen für das Bündnis.[521]

Um diesen Anforderungen zu entsprechen, haben sich die NATO-Mitgliedsstaaten darauf verständigt, dass die gegenwärtigen nuklearen Fähigkeiten der Allianz den aktuellen Risiken angemessen sind.[522] Allerdings behalten sich die Bündnispartner weitere Anpassungen vor, auch im Bereich der in Europa gelagerten substrategischen Kernwaffen, und betonen, dass die Fähigkeit zur nuklearen Abschreckung vor allem durch das strategische Kernwaffendispositiv der USA garantiert wird.[523]

Mit einem Verweis auf die deklaratorische Kernwaffenpolitik der nuklearen Mitgliedsstaaten USA, Großbritannien und Frankreich wird der im Rahmen des *Review*-Prozesses geäußerten Forderung nach negativen Sicherheitsgarantien Rechnung getragen. Grundgedanke solcher Garantien ist es, Staaten davon abzuhalten, sich Massenvernichtungswaffen zu beschaffen, da sie sonst potenziell Ziel eines nuklearen Vergeltungsschlags werden könnten.[524]

Die USA stellen weiterhin mit ihren konventionellen und nuklearen Streitkräften die zentralen militärischen Ressourcen in der Allianz. Nach den Vereinbarungen des neuen START-Vertrages wird ab 2018 das strategische US-Kernwaffenarsenal 1.550 Sprengköpfe und 750 Trägersysteme umfassen und damit auch zukünftig ein glaubwürdiges Abschreckungsdispositiv, gemessen an den bestehenden Anforderungen, bilden. Allerdings könnten durch den neuen Fokus der USA in Richtung Asien die Sorgen einiger europäischer Verbündeter um den militärischen Beistand der USA geschürt werden. Vor allem in den neuen NATO-Staaten wird der Wunsch nach einer starken

---

[521] Rühle, „The Broader Context of NATO's Nuclear Policy and Posture"; Kamp, „NATO's Nuclear Posture Review: Nuclear Sharing Instead of Nuclear Stationing"; NATO, „Deterrence and Defence Posture Review. [Press Release (2012) 063]".

[522] NATO, „Deterrence and Defence Posture Review. [Press Release (2012) 063]".

[523] Rühle, „The Broader Context of NATO's Nuclear Policy and Posture"; NATO, „Deterrence and Defence Posture Review. [Press Release (2012) 063]".

[524] NATO, „Deterrence and Defence Posture Review. [Press Release (2012) 063]".

transatlantischen Verbindung und einem Fokus auf Artikel 5 des
Nordatlantikvertrages formuliert. Die nukleare Teilhabe in der NA-
TO, in die keine neuen Bündnismitglieder aktiv eingebunden sind,
stellt symbolisch diese Verbindung her.[525] Auch wenn diese Waffensysteme militärisch nicht notwendig sind, werden sie weiterhin als ein
Sinnbild für Bündnissolidarität sowie Lasten- und Gefahrenteilung
betrachtet. Da es auf dem Gipfel von Chicago nicht gelungen ist, die
gemeinsame Raketenabwehr als alleiniges neues Bindeglied zu etablieren, wird es zunächst auch keine Alternative zur nuklearen Teilhabe
geben.[526]

Die NATO-Staaten haben die Idee einer territorialen Raketenabwehr für Europa auf dem Gipfel in Lissabon 2010 angenommen
und deren vorläufige Einsatzbereitschaft auf dem Gipfel in Chicago
2012 verkündet. Das System stützt sich technisch bisher beinahe ausschließlich auf US-Fähigkeiten, die im Rahmen des *European Phased
Adaptive Approach* stationiert werden und im Zeitraum von 2018 bis
2020 voll einsatzbereit sein sollen.[527] Mithilfe der Raketenabwehr soll
der Schaden im Falle eines Angriffs auf das Bündnisgebiet begrenzt
werden und möglichen Proliferateuren signalisiert werden, dass ein
Angriff auf das Bündnisgebiet voraussichtlich nicht die gewünschte
Wirkung erzielen wird (*Deterrence by Denial*). Paragraph 20 der *Deterrence
and Defence Posture Review* negiert eindeutig den Vorstoß einiger Mitgliedsstaaten, die nukleare Teilhabe durch eine gemeinsame, territoriale Raketenabwehr zu substituieren. Vielmehr hält das Dokument fest,
dass die gemeinsame Raketenabwehr die Bündnisfähigkeiten ergänzt
und zu einer solidarischen Lasten- und Gefahrenteilung im Bündnis
beiträgt, wodurch die transatlantische Verbindung gestärkt wird. Allerdings sind die europäischen Beiträge zur NATO-Raketenabwehr
bisher gering und bieten damit keine gute Möglichkeit, ein zusätzli-

---

[525] Paul, *Atomare Abrüstung: Probleme, Prozesse, Perspektiven*; Suchy und Thayer,
„Weapons as Political Symbolism: The Role of US Tactical Nuclear Weapons in
Europe“.
[526] NATO, „Deterrence and Defence Posture Review. [Press Release (2012) 063]“.
[527] The White House, „Fact Sheet: U.S. Missile Defense Policy: A Phased, Adaptive
Approach for Missile Defense in Europe“.

cher Aspekt transatlantischer Lasten- und Gefahrenteilung im Bündnis zu sein.[528] Ähnlich wie bei den substrategischen Nuklearwaffen sind sich auch hier die europäischen NATO-Mitgliedsstaaten in ihrer Bedrohungsanalyse nicht einig. Dies erschwert die politische Funktion des gemeinsamen Raketenabwehrprogramms als Ausdruck der transatlantischen Verbindung.

Die NATO sucht weiterhin den Dialog mit Russland, um eine neue Stufe der Transparenz im Bereich substrategischer Kernwaffen zu erzielen und infolgedessen reziproke Abrüstungsschritte zu ermöglichen. Russland ist außerdem ein vehementer Gegner der beschlossenen territorialen Raketenabwehr der NATO, fordert eine geeignete Beteiligung an diesem System und droht mit der Stationierung von nuklearen Kurzstreckenraketen an der Grenze zum NATO-Bündnisgebiet, für den Fall, dass seine Interessen nicht ausreichend berücksichtigt werden.[529] Die Raketenabwehr ist gegenwärtig nur eine Hürde auf dem Weg zu weiteren bilateralen Abrüstungsvereinbarungen.[530] Nicht zuletzt bleiben auch die US-Pläne zur Entwicklung konventioneller Waffensysteme großer Reichweite *(Conventional Prompt Global Strike)* und die Berücksichtigung von substrategischen Kernwaffen im Falle weiterer Reduktionen Streitthemen für russisch-amerikanische Abrüstungsverhandlungen.

Als ein Ergebnis der *Deterrence and Defence Posture Review* wird sich die NATO in einem ständigen Ausschuss mit Fragen der Rüs-

---

[528] Sandschneider, „Nur wer liefert, darf mitbestimmen: Die NATO wird 60“; Risse, „The Crisis of the Transatlantic Security Community“; Braml, „NATO's Inward Outlook: Global Burden Shifting“; Braml, Risse, und Sandschneider, *Einsatz für den Frieden: Sicherheit und Entwicklung in Räumen begrenzter Staatlichkeit*; Braml und Beisheim, *Außenpolitik in der Wirtschafts- und Finanzkrise*; Braml, „Der weltweite Westen: Perspektiven amerikanischer NATO-Politik unter Präsident Obama“; Anderson, Ikenberry, und Risse, *The End of the West? Crisis and Change in the Atlantic Order*; Braml, „Im Westen nichts Neues?“
[529] Arbatov, „A Russian Perspective on the Challenge of U.S., NATO, and Russian Non-Strategic Nuclear Weapons“; Arbatov und Dvorkin, *Nuclear Proliferation: New Technologies, Weapons, Treaties.*
[530] Paul, „Neustart 2.0 zur Abrüstung substrategischer Nuklearwaffen? Verhandlungsansätze und -modelle“.

tungskontrolle und Abrüstung befassen. Ziel ist es, sowohl die konventionelle Rüstungskontrolle in Europa zu stärken als auch dabei zu helfen, die Voraussetzungen für weitere nukleare Abrüstungsschritte zu schaffen.[531] Dafür wurde in der NATO nach der *Deterrence and Defence Posture Review* ein neuer ständiger Ausschuss (*Weapons of Mass Destruction and Disarmament Committee*, WCDC) geschaffen, der sich mit Fragen der Rüstungskontrolle, Abrüstung und Nichtverbreitung befassen soll.[532] Allerdings stellen die nationalen Interessen von 28 Mitgliedsstaaten auch das größte Problem für Fortschritte in diesem Gremium dar. Deswegen wird der Beitrag der NATO in den Feldern Abrüstung und Rüstungskontrolle voraussichtlich begrenzt bleiben.

Im Ergebnis konnte Deutschland seine Position in der *Deterrence and Defence Posture Review* nicht durchsetzen. Die NATO hält an der nuklearen Teilhabe fest und verweist lediglich auf die Möglichkeit, die Kernwaffen in Europa weiter zu reduzieren. Solange aber kein Konsens in der NATO über den Abzug zustande kommt, wird die nukleare Teilhabe fortgeführt. Deswegen wird es auch zunächst keinen Abzug der US-Kernwaffen aus Deutschland geben.[533]

Wie mithilfe der Arbeit dargestellt werden konnte, sind die politischen Gründe für das Ergebnis der *Deterrence and Defence Posture Review* vor allem in den unterschiedlichen nationalen Positionen in Bezug auf die Themenkomplexe Abschreckung und Rückversicherung sowie im Stellenwert der NATO-Raketenabwehr zu suchen.

6.2   Das Zwei-Ebenen-Modell als Analyserahmen

Die Auswertung der politischen Ereignisse mithilfe des Modells von Robert D. Putnam als Analyserahmen zeigt, dass sich die Win-Sets

---

531 Richter, „Scheitert die konventionelle Rüstungskontrolle in Europa?"

532 NATO, „Active Engagement, Modern Defence: Strategic Concept for the Defence and Security of the Members of the North Atlantic Treaty Organization". Vgl. auch: NATO, „Deterrence and Defence Posture Review. [Press Release (2012) 063]".

533 Die Bundesregierung der Bundesrepublik Deutschland, „Mitschrift der Bundespressekonferenz vom 05.09.2012". Vgl. auch: Vestring, „Eine Niederlage für die Nato".

der hier behandelten Nationalstaaten auf zwischenstaatlicher Ebene (Ebene-I) zwar überschnitten haben, ein Abzug der in Europa verbliebenen taktischen Kernwaffen der USA aber nicht im Konsensbereich enthalten war. Dies konnte auch nicht durch die Verbindung mit anderen Themenfeldern, hier die NATO-Raketenabwehr, verändert werden. Zu gegensätzlich waren die Win-Sets der einzelnen NATO-Staaten in Bezug auf den Themenkomplex Abschreckung und Verteidigung.

Der Umstand, dass Deutschland sich mit der Position des Abzugs der taktischen Kernwaffen der USA aus Europa nicht durchsetzen konnte, zeigt, dass die Vorteile eines kleinen Win-Sets auf Ebene-I nur dann für eine starke Verhandlungsposition genutzt werden können, wenn sich die Position in der Schnittmenge der Win-Sets auf Ebene-I befindet. Die Darstellung dieses Einzelfalls zeigt also, dass für diesen konkreten Fall die These nicht zutraf. Vielmehr zeichnete sich ab, dass die deutsche Maximalforderung unweigerlich eine Einigung auf Ebene-I verhindern würde.

Bemerkenswert an diesem Einzelfall ist, dass es kein formales Ratifikationsverfahren für die NATO-Beschlüsse in der deutschen Innenpolitik gibt. Dadurch war der Erfolgsdruck für die Bundesregierung gegebenenfalls abgeschwächt. Hinzu kommt, wie oben bereits erwähnt, dass innerhalb der schwarz-gelben Koalition selbst Uneinigkeit in Bezug auf das Abzugsthema bestand. Wichtig ist an dieser Stelle auch nochmals hervorzuheben, dass der selbst auferlegte Anspruch der Bundesregierung nicht der unmittelbare Abzug der US-Nuklearwaffen aus Deutschland und Europa war. Dem Wortlaut nach beschließen CDU/CSU und FDP im Koalitionsvertrag, sich für einen Abzug einzusetzen.

„In diesem Zusammenhang sowie im Zuge der Ausarbeitung eines strategischen Konzeptes der NATO werden wir uns im Bündnis sowie gegenüber den amerikanischen Verbündeten dafür einsetzen, dass die in Deutschland verbliebenen Atomwaffen abgezogen werden."[534]

---

[534] Bundesministerium des Innern (BMI), „Wachstum. Bildung. Zusammenhalt. Koalitionsvertrag zwischen CDU, CSU und FDP".

In Bezug auf das Modell von Putnam ist für den hier betrachteten Einzelfall festzuhalten, dass die geringen formalen Anforderungen an eine nationale Ratifikation es der Bundesregierung erleichtert haben, das im NATO-Rahmen erzielte Ergebnis national zu vertreten.[535]

[535] Rühle, „NATO Nuclear Deterrence and Public Diplomacy: Factors Shaping a New Strategic Concept".

7   Fazit und Ausblick

Der Umgang mit Nuklearwaffen nach dem Ende des Kalten Krieges war und ist geprägt von der Idee, die Gefahr, die von ihnen ausgeht, durch Nichtverbreitung, Rüstungskontrolle und Abrüstung zu begrenzen. Gleichzeitig musste die internationale Staatengemeinschaft erfahren, dass Abrüstung kein Selbstzweck ist. Nuklearwaffen sind weiterhin, auch in der NATO, ein Instrument zur Abschreckung und Verteidigung. Rüstungskontrolle und Abrüstung können dann ein wichtiges Instrument sein, wenn sie zu einer Verbesserung von Stabilität und Sicherheit führen. Die Bewertung, was eine Verbesserung von Stabilität und Sicherheit darstellt, obliegt weiterhin den handelnden Staaten.

Die Debatte, die in der NATO und in ihren Mitgliedsstaaten in den Jahren 2009 bis 2012 geführt wurde, hat aber gezeigt, dass es Spielräume für Veränderung gibt. Womöglich können die politischen Funktionen von Nuklearwaffen – glaubwürdige Abschreckung und Rückversicherung der Verbündeten – auch mit konventionellen Mitteln erbracht werden. Die Folge wäre, dass Stück für Stück die nukleare Teilhabe in Form der Stationierung von US-Waffen in Europa als Zeichen von Bündnissolidarität und Lastenteilung in den Hintergrund treten kann. Allerdings ist es an dieser Stelle wichtig, auch auf die damit verbundenen Risiken hinzuweisen. Während des Kalten Krieges war es üblich, der strategischen Stabilität zwischen den beiden nuklearen Kontrahenten eine große Bedeutung beizumessen. Durch die Entwicklung und Einführung von konventionellen Systemen, wie der Raketenabwehr oder *Conventional Prompt Global Strike*, und der Zunahme an nuklearen Rivalen sollte diesem Thema wieder mehr Aufmerksamkeit sowohl in der wissenschaftlichen Betrachtung als auch im politischen Handeln gewidmet werden.

Sowohl zur Wahrung der strategischen Stabilität als auch zur Förderung von Nichtverbreitung, Rüstungskontrolle und Abrüstung kann eine informierte, kritische Öffentlichkeit hilfreich sein. Wie anhand des gewählten Fallbeispiels deutlich wurde, ist es in Deutschland gelungen, die Position der parlamentarischen Akteure weitgehend auf einen gemeinsamen Nenner zu bringen. Für Deutschland, das sich weiterhin aktiv an der nuklearen Teilhabe durch die Bereitstellung von Gerät und Personal beteiligt, stellt sich mittelfristig die Frage der Beschaffung eines Nachfolgesystems für den *Dual-Capable-Aircraft-*Tornado. Die Entscheidung über ein Nachfolgesystem für den Tornado wird in Deutschland noch nicht intensiv diskutiert. Schwierig und unpopulär könnte die Entscheidung im Deutschen Bundestag werden, ob die Bundeswehr das Geld erhalten soll, eine Fähigkeit aufrechtzuerhalten, die militärisch nicht notwendig, aber bündnispolitisch interessant wäre, oder sich auf diesem Wege aus der aktiven Rolle bei der nuklearen Teilhabe zu verabschieden.

Es bleibt abzuwarten, wie sich regionale Rivalitäten, die anhaltende Gefahr der Proliferation und der Aufbau einer Raketenabwehr oder *Conventional Prompt Global Strike* durch die USA, aber auch durch Russland und China auf die nukleare Ordnung auswirken werden. Gegenwärtig ist nicht zu erkennen, dass Nuklearwaffen ihren politischen und militärischen Stellenwert verlieren.[536]

---

[536] Thränert, „The Nuclear Weapons Comeback“; Rühle, „The Nuclear Reality: The West Needs a New Approach to Nuclear Arms Control“; Meier, „Die Ukraine-Krise und die Kontrolle von Massenvernichtungswaffen: Auswirkungen auf deutsche Ziele in der Rüstungskontrolle“; Meier, „Die nukleare Dimension der Ukraine-Krise“; Sagan u. a., *Shared Responsibilities for Nuclear Disarmament: A Global Debate*; Meier und Lunn, „Trapped: NATO, Russia, and the Problem of Tactical Nuclear Weapons“.

Brief der NATO-Außenminister
Belgiens, Deutschlands, Luxemburgs, der Niederlande und Norwegens an den NATO-Generalsekretär[537]

---

[537] Vanackere u. a., „Brief der Außenminister Belgiens, Deutschlands Niederlande, Luxemburgs und Norwegen an den NATO Generalsekretär Andres Fogh Rasmussen vom 26. Februar 2010.“

His Excellency
Mr Anders Fogh Rasmussen
Secretary General to the
North Atlantic Treaty Organisation
NATO Headquarters
Brussels

26 February 2010

Excellency,

In the Strasbourg Declaration on Alliance Security, Heads of State and Government have stated that while deterrence remains a core element of our overall strategy, NATO will continue to play its part in reinforcing arms control and promoting nuclear and conventional disarmament in accordance with the Nuclear Non-Proliferation Treaty, as well as non-proliferation efforts.

The international agenda in the field of arms control, disarmament and non-proliferation will converge in the spring of 2010. START follow on negotiations are ongoing and the US Nuclear Posture Review is expected to be published soon. We welcome the US initiative for a nuclear security summit in April 2010. The NPT review conference in May is a crucial milestone for strengthening the international regime for nuclear disarmament and non-proliferation.

We hope we will see further achievements in the area of disarmament and arms control, i.a. the ratification of the CTBT, a fissile material cut-off treaty (FMCT) and the inclusion of sub-strategic nuclear weapons in subsequent steps towards nuclear disarmament.

Credible deterrence on the one hand and arms control, disarmament, and non-proliferation on the other, must be seen as integral elements of a comprehensive policy. NATO will have to continue to pursue that policy in a balanced and mutually reinforcing way, as has been proven successful in the past.

Arms control, disarmament, and non-proliferation are higher on the international agenda than they have been in many years. We welcome the initiatives taken by President Obama to strive towards substantial reductions in strategic armaments, and to move towards reducing the role of nuclear weapons and seek peace and security in a world without nuclear weapons. We believe that also in NATO we should discuss what we can do to move closer to this overall political objective.

Our meeting in Tallinn, which takes place on the eve of the NPT Review Conference, provides us with an opportunity to open a comprehensive discussion on these issues and to produce guidance for the process on the new Strategic Concept. Belgium, Germany, Luxembourg, the Netherlands and Norway therefore propose that you include the topic of NATO's nuclear policy in our evolving security environment in the agenda for that meeting.

We approach this discussion from a realistic point of view. Our future policy requires the full support of all Allies. NATO is in the process of defining its direction in an evolving security environment. We consider our initiative as a contribution to this discussion. This is an opportunity we should not miss.

Steven Vanackere
Minister of Foreign Affairs
of the Kingdom of Belgium

Guido Westerwelle
Minister of Foreign Affairs of
the Federal Republic of Germany

Jean Asselborn
Minister of Foreign Affairs
of the Grand Duchy of Luxembourg

Maxime Verhagen
Minister of Foreign Affairs
of the Kingdom of the Netherlands

Jonas Gahr Støre
Minister of Foreign Affairs
of the Kingdom of Norway

Deterrence and Defence Posture Review[538]

I. Introduction/Context

1.   At the Lisbon Summit, the Heads of State and Government mandated *a review of NATO's overall posture* in deterring and defending against the full range of threats to the Alliance, taking into account the changes in the evolving international security environment. Over the past year, NATO has undertaken a rigorous analysis of its deterrence and defence posture. The results of this review are set out below.

2.   The greatest responsibility of the Alliance is to protect and defend our territory and our populations against attack, as set out in Article 5 of the Washington Treaty. The Alliance does not consider any country to be its adversary. However, no one should doubt NATO's resolve if the security of any of its members were to be threatened. NATO will ensure that it maintains the full range of capabilities necessary to deter and defend against any threat to the safety and security of our populations, wherever it should arise. Allies' goal is to bolster deterrence as a core element of our collective defence and contribute to the indivisible security of the Alliance.

3.   The review has reinforced Alliance cohesion and the continuing credibility of its posture. The review has also demonstrated anew the value of the Alliance's efforts to influence the international security environment in positive ways through cooperative security and the contribution that arms control, disarmament and non-proliferation can play in achieving its security objectives, objectives that are fully in accord with the purposes and principles of the UN Charter and the North Atlantic Treaty. NATO will continue to seek security at the lowest possible level of forces.

4.   NATO's Strategic Concept describes a *security environment* that contains a broad and evolving set of opportunities and challenges to the security of NATO territory and populations. While the threat of

---

[538] NATO, „Deterrence and Defence Posture Review. [Press Release (2012) 063]".

conventional attack against NATO is low, the conventional threat cannot be ignored. The persistence of regional conflicts continues to be a matter of great concern for the Alliance as are increasing defence spending in other parts of the world and the acquisition of increasingly advanced capabilities by some emerging powers. Globalisation, emerging security challenges, such as cyber threats, key environmental and resource constraints, including the risk of disruption to energy supplies, and the emergence of new technologies will continue shaping the future security environment in areas of interest to NATO. A number of vulnerable, weak and failed or failing states, together with the growing capabilities of non-state actors, will continue to be a source of instability and potential conflict. These factors, alongside existing threats and challenges such as the proliferation of ballistic missiles and weapons of mass destruction, piracy, and terrorism, will continue to contribute to an unpredictable security environment.

5.   The current *economic environment* is a challenging one, as evidenced by recent reductions in many Allies' defence budgets and the probability of further cuts. In particular, Allies recognise that the challenge of maintaining modern, effective conventional forces is especially acute in an era of limited budgets. Allies are committed to the maintenance of the full range of capabilities necessary to meet the Alliance's level of ambition despite these financial difficulties, and are developing innovative approaches to cooperating in the development of our capabilities to help achieve this goal.

6.   Developments in the strategic environment since the Lisbon Summit and the review itself have confirmed the validity of the three essential core tasks identified in the Strategic Concept. We reaffirm our commitment to *collective defence*, which remains the cornerstone of our Alliance, to *crisis management*, and to *cooperative security*.

7.   A robust deterrence and defence posture strengthens Alliance cohesion, including the transatlantic link, through an equitable and sustainable distribution of roles, responsibilities, and burdens.

II. The Contribution of Nuclear Forces

8.   Nuclear weapons are a core component of NATO's overall capabilities for deterrence and defence alongside conventional and missile defence forces. The review has shown that the Alliance's nu-

clear force posture currently meets the criteria for an effective deterrence and defence posture.

9.   The circumstances in which any use of nuclear weapons might have to be contemplated are extremely remote. As long as nuclear weapons exist, NATO will remain a nuclear alliance. The supreme guarantee of the security of the Allies is provided by the strategic nuclear forces of the Alliance, particularly those of the United States; the independent strategic nuclear forces of the United Kingdom and France, which have a deterrent role of their own, contribute to the overall deterrence and security of the Allies.

10.   Allies acknowledge the importance of the independent and unilateral negative security assurances offered by the United States, the United Kingdom and France. Those assurances guarantee, without prejudice to the separate conditions each State has attached to those assurances, including the inherent right to self-defence as recognised under Article 51 of the United Nations Charter, that nuclear weapons will not be used or threatened to be used against Non-Nuclear Weapon States that are party to the Non-Proliferation Treaty and in compliance with their nuclear non-proliferation obligations. Allies further recognise the value that these statements can have in seeking to discourage nuclear proliferation. Allies note that the states that have assigned nuclear weapons to NATO apply to these weapons the assurances they have each offered on a national basis, including the separate conditions each state has attached to these assurances.

11.   While seeking to create the conditions and considering options for further reductions of non-strategic nuclear weapons assigned to NATO, Allies concerned[1] will ensure that all components of NATO's nuclear deterrent remain safe, secure, and effective for as long as NATO remains a nuclear alliance. That requires sustained leadership focus and institutional excellence for the nuclear deterrence mission and planning guidance aligned with 21st century requirements.

12.   Consistent with our commitment to remain a nuclear alliance for as long as nuclear weapons exist, Allies agree that the NAC will task the appropriate committees to develop concepts for how to ensure the broadest possible participation of Allies concerned[1] in their

nuclear sharing arrangements, including in case NATO were to decide to reduce its reliance on non-strategic nuclear weapons based in Europe.

III. The Contribution of Conventional Forces

13.   The Allies' conventional forces, their effectiveness amplified by the Alliance structures and procedures that unite them, make indispensable contributions to deterrence of a broad range of threats and to defence. By their nature, they can be employed in a flexible fashion and can provide the Alliance with a range of options with which to respond to unforeseen contingencies. They also contribute to providing visible assurance of NATO's cohesion as well as the Alliance's ability and commitment to respond to the security concerns of each and every Ally.

14.   Among their key characteristics, the Allies' forces must be modern, flexible, and interoperable, capable of meeting a wide range of circumstances, including if necessary high-intensity combat operations. Such forces must be able to successfully conduct and sustain a range of operations for *collective defence* and *crisis response*, including at strategic distance. They must be rapidly deployable and sustainable; able to operate alongside other nations and organisations; and be adaptable enough to respond to unforeseen developments. They must also contribute to meeting future security challenges such as cyber attacks, terrorism, the disruption of critical supply lines, and the proliferation of weapons of mass destruction. Allies are committed to increasing the opportunities for their conventional forces, especially those in the NATO Response Force, to train and exercise together and in that way, among others, to strengthen their ability to operate in concert anywhere on Alliance territory and beyond.

15.   The bulk of the conventional capabilities that are available now and will be available in the future for Alliance operations are provided by the Allies individually; they must therefore provide *adequate resources* for their military forces so that they will have the required characteristics, notwithstanding current and probably continuing financial difficulties.

16.   Nevertheless, fielding and maintaining the capabilities needed for the full range of Alliance missions in a period of severe *budgetary*

restrictions requires a new conceptual approach, one that places a premium on the identification and pursuit of priorities, multinational cooperation, and specialisation as appropriate, and on increased efforts to ensure that the Allies' and, as appropriate, our partners forces are interoperable. The work underway to outline how the Alliance intends to meet its future capability requirements, referred to as NATO Forces 2020, will be key in this context. This package will continue the important work on *transformation and reform* of Alliance structures and procedures that are already underway, as part of an effective and financially responsible approach to the development of capabilities. This should include further developing cyber defence capacities and integrating them into Allied structures and procedures. As also stated in the Strategic Concept, it will be important for NATO and the European Union to cooperate more fully in capability development as agreed, to avoid unnecessary duplication and maximise cost-effectiveness.

17.   Allies' conventional forces have important roles to play in fostering *cooperative security*, including through cooperation and contacts with the armed forces of partner countries. Such activities can have broader stabilising effects by helping to shape and improve the Alliance's security environment, project stability, and prevent conflicts.

IV. The Contribution of Missile Defence

18.   The proliferation of ballistic missiles is a growing concern for the Alliance and constitutes an increasing threat to Alliance security. NATO's ballistic missile defence capacity will be an important addition to the Alliance's capabilities for deterrence and defence. It will strengthen our collective defence commitment against 21st century threats. In Lisbon, Allies agreed on a missile defence capability that provides full coverage and protection for all NATO European populations, territory and forces, against the threat posed by the proliferation of ballistic missiles, based on the principles of the indivisibility of Allied security and NATO solidarity, equitable sharing of risks and burdens, as well as reasonable challenge, taking into account the level of threat, affordability, and technical feasibility, and in accordance with the latest common threat assessments agreed by the Alliance.

Missile defence will become an integral part of the Alliance's overall defence posture, further strengthen the transatlantic link, and contribute to the indivisible security of the Alliance.

19.   In Chicago, Heads of State and Government announced that NATO has achieved an Interim Capability for its missile defence. The United States will contribute the European Phased Adaptive Approach to NATO missile defence. Alliance leaders also welcome decisions by individual Allies to contribute to the NATO missile defence mission, encourage calls for possible additional voluntary contributions by Allies, including through multinational cooperation, to provide relevant capabilities. The Alliance will continue to implement the commitment made in the Lisbon package of the Alliance's most pressing capability needs to build a truly interoperable NATO missile defence capability based on the Active Layered Theatre Ballistic Missile Defence command and control network as the enabling backbone.

20.   Missile defence can complement the role of nuclear weapons in deterrence; it cannot substitute for them. This capability is purely defensive and is being established in the light of threats from outside the Euro-Atlantic area. It is expected that NATO's missile defence capabilities would complicate an adversary's planning, and provide damage mitigation. Effective missile defence could also provide valuable decision space in times of crisis. Like other weapons systems, missile defence capabilities cannot promise complete and enduring effectiveness. NATO missile defence capability, along with effective nuclear and conventional forces, will signal our determination to deter and defend against any threat from outside the Euro-Atlantic area to the safety and security of our populations.

21.   NATO missile defence is not oriented against Russia nor does it have the capability to undermine Russia's strategic deterrent. The Alliance, in a spirit of reciprocity, maximum transparency and mutual confidence, will actively seek cooperation on missile defence with Russia and, in accordance with NATO's policy of engagement with third states on ballistic missile defence, engage with other relevant states, to be decided on a case-by-case basis.

V. The Contribution of Arms Control, Disarmament and Non-proliferation

22.   Arms control, disarmament and non-proliferation play *an important role* in the achievement of the Alliance's security objectives. Both the success and failure of these efforts can have a direct impact on the threat environment of NATO and therefore affect NATO's deterrence and defence posture. When successful, they have contributed to more secure, stable and predictable international relations at lower levels of military forces and armaments, through effective and verifiable arms control agreements, and in the case of disarmament, through the elimination or prohibition of whole categories of armaments. Existing agreements cut across almost all aspects of the Alliance's work. However, they have not yet fully achieved their objectives and the world continues to face proliferation crises, force concentration problems, and lack of transparency.

23.   NATO has been *involved in a variety of ways*, such as the coordination of positions on some conventional arms control issues, and serving as a forum for consultations and exchange of information, including with partners, on disarmament and non-proliferation. In conventional arms control the Alliance has taken a direct coordinating role in both negotiations and implementation. In other instances regarding disarmament and non-proliferation, NATO has contributed to raising international awareness.

24.   The Alliance is resolved to seek a safer world for all and to create the *conditions for a world without nuclear weapons* in accordance with the goals of the Nuclear Non-Proliferation Treaty, in a way that promotes international stability, and is based on the principle of undiminished security for all.

25.   Allies look forward to continuing to develop and exchange transparency and confidence-building ideas with the Russian Federation in the NATO-Russia Council, with the goal of developing detailed proposals on and increasing mutual understanding of NATO's and Russia's non-strategic nuclear force postures in Europe.

26.   Since the end of the Cold War, NATO has dramatically reduced the number, types, and readiness of nuclear weapons stationed in Europe and its reliance on nuclear weapons in NATO strategy.

Against this background and considering the broader security environment, NATO is prepared to consider further reducing its requirement for non-strategic nuclear weapons assigned to the Alliance in the context of reciprocal steps by Russia, taking into account the greater Russian stockpiles of non-strategic nuclear weapons stationed in the Euro-Atlantic area.

27.   Allies agree that the NAC will task the appropriate committees to further consider, in the context of the broader security environment, what NATO would expect to see in the way of reciprocal Russian actions to allow for significant reductions in forward-based non-strategic nuclear weapons assigned to NATO.

28.   In addition, Allies support and encourage the United States and the Russian Federation to continue their mutual efforts to promote strategic stability, enhance transparency, and further reduce their nuclear weapons.

29.   Reaffirming the importance of the Conventional Forces in Europe Treaty, Allies remain committed to *conventional arms control* and to preserving, strengthening and modernizing the conventional arms control regime in Europe, based on key principles and commitments.

30.   Allies believe that the Weapons of Mass Destruction Control and Disarmament Committee has played a useful role in the review and agree to establish a committee as a consultative and advisory forum, with its mandate to be agreed by the NAC following the Summit.

VI. Conclusions – Maintaining the „Appropriate Mix" of Capabilities

31.   The review of NATO's deterrence and defence posture has confirmed that NATO must have the full range of capabilities necessary to deter and defend against threats to the safety of its populations and the security of its territory, which is the Alliance's greatest responsibility. As outlined above, NATO has determined that, in the current circumstances, the existing mix of capabilities and the plans for their development are sound.

32.   NATO is committed to maintaining an appropriate mix of nuclear, conventional, and missile defence capabilities for deterrence and defence to fulfil its commitments as set out in the Strategic Concept. These capabilities, underpinned by NATO's integrated Com-

mand Structure, offer the strongest guarantee of the Alliance's security and will ensure that it is able to respond to a variety of challenges and unpredictable contingencies in a highly complex and evolving international security environment. Allies are resolved to developing ways to make their forces more effective by working creatively and adaptively together and with partners as appropriate to maximise value and strengthen interoperability, so that their forces are better able to respond to the full range of 21st century security threats, achieving greater security than any one Ally could attain acting alone.

33.   Allies are committed to providing the resources needed to ensure that NATO's overall deterrence and defence posture remains credible, flexible, resilient, and adaptable, and to implementing the forward-looking package of defence capabilities, which will also be agreed in Chicago. In the course of normal Alliance processes, we will revise relevant Alliance policies and strategies to take into account the principles and judgements in this posture review.

34.   NATO will continue to adjust its strategy, including with respect to the capabilities and other measures required for deterrence and defence, in line with trends in the security environment. In this context, Allies will keep under review the consequences for international stability and Euro-Atlantic security of the acquisition of modern military capabilities in the regions and countries beyond NATO's borders. This posture review confirms that the Alliance is committed to maintaining the deterrence and defence capabilities necessary to ensure its security in an unpredictable world.

i.e. all members of the Nuclear Planning Group

Active Engagement, Modern Defence Strategic Concept for the Defence and Security of the Members of the North Atlantic Treaty Organisation[539]

Preface

We, the Heads of State and Government of the NATO nations, are determined that NATO will continue to play its unique and essential role in ensuring our common defence and security. This Strategic Concept will guide the next phase in NATO's evolution, so that it continues to be effective in a changing world, against new threats, with new capabilities and new partners:

• It reconfirms the bond between our nations to defend one another against attack, including against new threats to the safety of our citizens.

• It commits the Alliance to prevent crises, manage conflicts and stabilize post-conflict situations, including by working more closely with our international partners, most importantly the United Nations and the European Union.

• It offers our partners around the globe more political engagement with the Alliance, and a substantial role in shaping the NATO-led operations to which they contribute.

• It commits NATO to the goal of creating the conditions for a world without nuclear weapons – but reconfirms that, as long as there are nuclear weapons in the world, NATO will remain a nuclear Alliance.

• It restates our firm commitment to keep the door to NATO open to all European democracies that meet the standards of membership, because enlargement contributes to our goal of a Europe whole, free and at peace.

• It commits NATO to continuous reform towards a more effective, efficient and flexible Alliance, so that our taxpayers get the most security for the money they invest in defence.

---

[539] NATO, „Active Engagement, Modern Defence: Strategic Concept for the Defence and Security of the Members of the North Atlantic Treaty Organization".

The citizens of our countries rely on NATO to defend Allied nations, to deploy robust military forces where and when required for our security, and to help promote common security with our partners around the globe. While the world is changing, NATO's essential mission will remain the same: to ensure that the Alliance remains an unparalleled community of freedom, peace, security and shared values.

Core Tasks and Principles

1.   NATO's fundamental and enduring purpose is to safeguard the freedom and security of all its members by political and military means. Today, the Alliance remains an essential source of stability in an unpredictable world.

2.   NATO member states form a unique community of values, committed to the principles of individual liberty, democracy, human rights and the rule of law. The Alliance is firmly committed to the purposes and principles of the Charter of the United Nations, and to the Washington Treaty, which affirms the primary responsibility of the Security Council for the maintenance of international peace and security.

3.   The political and military bonds between Europe and North America have been forged in NATO since the Alliance was founded in 1949; the transatlantic link remains as strong, and as important to the preservation of Euro-Atlantic peace and security, as ever. The security of NATO members on both sides of the Atlantic is indivisible. We will continue to defend it together, on the basis of solidarity, shared purpose and fair burden-sharing.

4.   The modern security environment contains a broad and evolving set of challenges to the security of NATO's territory and populations. In order to assure their security, the Alliance must and will continue fulfilling effectively three essential core tasks, all of which contribute to safeguarding Alliance members, and always in accordance with international law:

1.   ***Collective defence.*** NATO members will always assist each other against attack, in accordance with Article 5 of the Washington Treaty. That commitment remains firm and binding.

NATO will deter and defend against any threat of aggression, and against emerging security challenges where they threaten the fundamental security of individual Allies or the Alliance as a whole.

2.   ***Crisis management.*** NATO has a unique and robust set of political and military capabilities to address the full spectrum of crises – before, during and after conflicts. NATO will actively employ an appropriate mix of those political and military tools to help manage developing crises that have the potential to affect Alliance security, before they escalate into conflicts; to stop ongoing conflicts where they affect Alliance security; and to help consolidate stability in post-conflict situations where that contributes to Euro-Atlantic security.

3.   ***Cooperative security.*** The Alliance is affected by, and can affect, political and security developments beyond its borders. The Alliance will engage actively to enhance international security, through partnership with relevant countries and other international organisations; by contributing actively to arms control, non-proliferation and disarmament; and by keeping the door to membership in the Alliance open to all European democracies that meet NATO's standards.

5.   NATO remains the unique and essential transatlantic forum for consultations on all matters that affect the territorial integrity, political independence and security of its members, as set out in Article 4 of the Washington Treaty. Any security issue of interest to any Ally can be brought to the NATO table, to share information, exchange views and, where appropriate, forge common approaches.

6.   In order to carry out the full range of NATO missions as effectively and efficiently as possible, Allies will engage in a continuous process of reform, modernisation and transformation.

The Security Environment

7.   Today, the Euro-Atlantic area is at peace and the threat of a conventional attack against NATO territory is low. That is an historic success for the policies of robust defence, Euro-Atlantic integration and active partnership that have guided NATO for more than half a century.

8.   However, the conventional threat cannot be ignored. Many regions and countries around the world are witnessing the acquisition

168

of substantial, modern military capabilities with consequences for international stability and Euro-Atlantic security that are difficult to predict. This includes the proliferation of ballistic missiles, which poses a real and growing threat to the Euro-Atlantic area.

9. 	The proliferation of nuclear weapons and other weapons of mass destruction, and their means of delivery, threatens incalculable consequences for global stability and prosperity. During the next decade, proliferation will be most acute in some of the world's most volatile regions.

10. 	Terrorism poses a direct threat to the security of the citizens of NATO countries, and to international stability and prosperity more broadly. Extremist groups continue to spread to, and in, areas of strategic importance to the Alliance, and modern technology increases the threat and potential impact of terrorist attacks, in particular if terrorists were to acquire nuclear, chemical, biological or radiological capabilities.

11. 	Instability or conflict beyond NATO borders can directly threaten Alliance security, including by fostering extremism, terrorism, and trans-national illegal activities such as trafficking in arms, narcotics and people.

12. 	Cyber attacks are becoming more frequent, more organised and more costly in the damage that they inflict on government administrations, businesses, economies and potentially also transportation and supply networks and other critical infrastructure; they can reach a threshold that threatens national and Euro-Atlantic prosperity, security and stability. Foreign militaries and intelligence services, organised criminals, terrorist and/or extremist groups can each be the source of such attacks.

13. 	All countries are increasingly reliant on the vital communication, transport and transit routes on which international trade, energy security and prosperity depend. They require greater international efforts to ensure their resilience against attack or disruption. Some NATO countries will become more dependent on foreign energy suppliers and in some cases, on foreign energy supply and distribution networks for their energy needs. As a larger share of world consump-

tion is transported across the globe, energy supplies are increasingly exposed to disruption.

14.   A number of significant technology-related trends – including the development of laser weapons, electronic warfare and technologies that impede access to space – appear poised to have major global effects that will impact on NATO military planning and operations.

15.   Key environmental and resource constraints, including health risks, climate change, water scarcity and increasing energy needs will further shape the future security environment in areas of concern to NATO and have the potential to significantly affect NATO planning and operations.

Defence and Deterrence

16.   The greatest responsibility of the Alliance is to protect and defend our territory and our populations against attack, as set out in Article 5 of the Washington Treaty. The Alliance does not consider any country to be its adversary. However, no one should doubt NATO's resolve if the security of any of its members were to be threatened.

17.   Deterrence, based on an appropriate mix of nuclear and conventional capabilities, remains a core element of our overall strategy. The circumstances in which any use of nuclear weapons might have to be contemplated are extremely remote. As long as nuclear weapons exist, NATO will remain a nuclear alliance.

18.   The supreme guarantee of the security of the Allies is provided by the strategic nuclear forces of the Alliance, particularly those of the United States; the independent strategic nuclear forces of the United Kingdom and France, which have a deterrent role of their own, contribute to the overall deterrence and security of the Allies.

19.   We will ensure that NATO has the full range of capabilities necessary to deter and defend against any threat to the safety and security of our populations. Therefore, we will:

o   maintain an appropriate mix of nuclear and conventional forces;

o   maintain the ability to sustain concurrent major joint operations and several smaller operations for collective defence and crisis response, including at strategic distance;

170

o   develop and maintain robust, mobile and deployable conventional forces to carry out both our Article 5 responsibilities and the Alliance's expeditionary operations, including with the NATO Response Force;

o   carry out the necessary training, exercises, contingency planning and information exchange for assuring our defence against the full range of conventional and emerging security challenges, and provide appropriate visible assurance and reinforcement for all Allies;

o   ensure the broadest possible participation of Allies in collective defence planning on nuclear roles, in peacetime basing of nuclear forces, and in command, control and consultation arrangements;

o   develop the capability to defend our populations and territories against ballistic missile attack as a core element of our collective defence, which contributes to the indivisible security of the Alliance. We will actively seek cooperation on missile defence with Russia and other Euro-Atlantic partners;

o   further develop NATO's capacity to defend against the threat of chemical, biological, radiological and nuclear weapons of mass destruction;

o   develop further our ability to prevent, detect, defend against and recover from cyber-attacks, including by using the NATO planning process to enhance and coordinate national cyber-defence capabilities, bringing all NATO bodies under centralized cyber protection, and better integrating NATO cyber awareness, warning and response with member nations;

o   enhance the capacity to detect and defend against international terrorism, including through enhanced analysis of the threat, more consultations with our partners, and the development of appropriate military capabilities, including to help train local forces to fight terrorism themselves;

o   develop the capacity to contribute to energy security, including protection of critical energy infrastructure and transit areas and lines, cooperation with partners, and consultations among Allies on the basis of strategic assessments and contingency planning;

o   ensure that the Alliance is at the front edge in assessing the security impact of emerging technologies, and that military planning takes the potential threats into account;

o   sustain the necessary levels of defence spending, so that our armed forces are sufficiently resourced;

o   continue to review NATO's overall posture in deterring and defending against the full range of threats to the Alliance, taking into account changes to the evolving international security environment.

Security through Crisis Management

20.   Crises and conflicts beyond NATO's borders can pose a direct threat to the security of Alliance territory and populations. NATO will therefore engage, where possible and when necessary, to prevent crises, manage crises, stabilize post-conflict situations and support reconstruction.

21.   The lessons learned from NATO operations, in particular in Afghanistan and the Western Balkans, make it clear that a comprehensive political, civilian and military approach is necessary for effective crisis management. The Alliance will engage actively with other international actors before, during and after crises to encourage collaborative analysis, planning and conduct of activities on the ground, in order to maximise coherence and effectiveness of the overall international effort.

22.   The best way to manage conflicts is to prevent them from happening. NATO will continually monitor and analyse the international environment to anticipate crises and, where appropriate, take active steps to prevent them from becoming larger conflicts.

23.   Where conflict prevention proves unsuccessful, NATO will be prepared and capable to manage ongoing hostilities. NATO has unique conflict management capacities, including the unparalleled capability to deploy and sustain robust military forces in the field. NATO-led operations have demonstrated the indispensable contribution the Alliance can make to international conflict management efforts.

24.   Even when conflict comes to an end, the international community must often provide continued support, to create the condi-

tions for lasting stability. NATO will be prepared and capable to contribute to stabilisation and reconstruction, in close cooperation and consultation wherever possible with other relevant international actors.

25.   To be effective across the crisis management spectrum, we will:

o   enhance intelligence sharing within NATO, to better predict when crises might occur, and how they can best be prevented;

o   further develop doctrine and military capabilities for expeditionary operations, including counterinsurgency, stabilization and reconstruction operations;

o   form an appropriate but modest civilian crisis management capability to interface more effectively with civilian partners, building on the lessons learned from NATO-led operations. This capability may also be used to plan, employ and coordinate civilian activities until conditions allow for the transfer of those responsibilities and tasks to other actors;

o   enhance integrated civilian-military planning throughout the crisis spectrum,

o   develop the capability to train and develop local forces in crisis zones, so that local authorities are able, as quickly as possible, to maintain security without international assistance;

o   identify and train civilian specialists from member states, made available for rapid deployment by Allies for selected missions, able to work alongside our military personnel and civilian specialists from partner countries and institutions;

o   broaden and intensify the political consultations among Allies, and with partners, both on a regular basis and in dealing with all stages of a crisis – before, during and after.

Promoting International Security through Cooperation

Arms Control, Disarmament, and Non-Proliferation

26.   NATO seeks its security at the lowest possible level of forces. Arms control, disarmament and non-proliferation contribute to peace, security and stability, and should ensure undiminished security for all Alliance members. We will continue to play our part in rein-

forcing arms control and in promoting disarmament of both conventional weapons and weapons of mass destruction, as well as non-proliferation efforts:

o   We are resolved to seek a safer world for all and to create the conditions for a world without nuclear weapons in accordance with the goals of the Nuclear Non-Proliferation Treaty, in a way that promotes international stability, and is based on the principle of undiminished security for all.

o   With the changes in the security environment since the end of the Cold War, we have dramatically reduced the number of nuclear weapons stationed in Europe and our reliance on nuclear weapons in NATO strategy. We will seek to create the conditions for further reductions in the future.

o   In any future reductions, our aim should be to seek Russian agreement to increase transparency on its nuclear weapons in Europe and relocate these weapons away from the territory of NATO members. Any further steps must take into account the disparity with the greater Russian stockpiles of short-range nuclear weapons.

o   We are committed to conventional arms control, which provides predictability, transparency and a means to keep armaments at the lowest possible level for stability. We will work to strengthen the conventional arms control regime in Europe on the basis of reciprocity, transparency and host-nation consent.

o   We will explore ways for our political means and military capabilities to contribute to international efforts to fight proliferation.

o   National decisions regarding arms control and disarmament may have an impact on the security of all Alliance members. We are committed to maintain, and develop as necessary, appropriate consultations among Allies on these issues.

Open Door

27.   NATO's enlargement has contributed substantially to the security of Allies; the prospect of further enlargement and the spirit of cooperative security have advanced stability in Europe more broadly. Our goal of a Europe whole and free, and sharing common

values, would be best served by the eventual integration of all European countries that so desire into Euro-Atlantic structures.

o   The door to NATO membership remains fully open to all European democracies which share the values of our Alliance, which are willing and able to assume the responsibilities and obligations of membership, and whose inclusion can contribute to common security and stability.

Partnerships

28.   The promotion of Euro-Atlantic security is best assured through a wide network of partner relationships with countries and organisations around the globe. These partnerships make a concrete and valued contribution to the success of NATO's fundamental tasks.

29.   Dialogue and cooperation with partners can make a concrete contribution to enhancing international security, to defending the values on which our Alliance is based, to NATO's operations, and to preparing interested nations for membership of NATO. These relationships will be based on reciprocity, mutual benefit and mutual respect.

30.   We will enhance our partnerships through flexible formats that bring NATO and partners together – across and beyond existing frameworks:

o   We are prepared to develop political dialogue and practical cooperation with any nations and relevant organisations across the globe that share our interest in peaceful international relations.

o   We will be open to consultation with any partner country on security issues of common concern.

o   We will give our operational partners a structural role in shaping strategy and decisions on NATO-led missions to which they contribute.

o   We will further develop our existing partnerships while preserving their specificity.

31.   Cooperation between NATO and the United Nations continues to make a substantial contribution to security in operations around the world. The Alliance aims to deepen political dialogue and

practical cooperation with the UN, as set out in the UN-NATO Declaration signed in 2008, including through:

o   enhanced liaison between the two Headquarters;

o   more regular political consultation; and

o   enhanced practical cooperation in managing crises where both organisations are engaged.

32.   An active and effective European Union contributes to the overall security of the Euro-Atlantic area. Therefore the EU is a unique and essential partner for NATO. The two organisations share a majority of members, and all members of both organisations share common values. NATO recognizes the importance of a stronger and more capable European defence. We welcome the entry into force of the Lisbon Treaty, which provides a framework for strengthening the EU's capacities to address common security challenges. Non-EU Allies make a significant contribution to these efforts. For the strategic partnership between NATO and the EU, their fullest involvement in these efforts is essential. NATO and the EU can and should play complementary and mutually reinforcing roles in supporting international peace and security. We are determined to make our contribution to create more favourable circumstances through which we will:

o   fully strengthen the strategic partnership with the EU, in the spirit of full mutual openness, transparency, complementarity and respect for the autonomy and institutional integrity of both organisations;

o   enhance our practical cooperation in operations throughout the crisis spectrum, from coordinated planning to mutual support in the field;

o   broaden our political consultations to include all issues of common concern, in order to share assessments and perspectives;

o   cooperate more fully in capability development, to minimise duplication and maximise cost-effectiveness.

33.   NATO-Russia cooperation is of strategic importance as it contributes to creating a common space of peace, stability and security. NATO poses no threat to Russia. On the contrary: we want to see a true strategic partnership between NATO and Russia, and we will act accordingly, with the expectation of reciprocity from Russia.

34.   The NATO-Russia relationship is based upon the goals, principles and commitments of the NATO-Russia Founding Act and the Rome Declaration, especially regarding the respect of democratic principles and the sovereignty, independence and territorial integrity of all states in the Euro-Atlantic area. Notwithstanding differences on particular issues, we remain convinced that the security of NATO and Russia is intertwined and that a strong and constructive partnership based on mutual confidence, transparency and predictability can best serve our security. We are determined to:

o   enhance the political consultations and practical cooperation with Russia in areas of shared interests, including missile defence, counter-terrorism, counter-narcotics, counter-piracy and the promotion of wider international security;

o   use the full potential of the NATO-Russia Council for dialogue and joint action with Russia.

35.   The Euro-Atlantic Partnership Council and Partnership for Peace are central to our vision of Europe whole, free and in peace. We are firmly committed to the development of friendly and cooperative relations with all countries of the Mediterranean, and we intend to further develop the Mediterranean Dialogue in the coming years. We attach great importance to peace and stability in the Gulf region, and we intend to strengthen our cooperation in the Istanbul Cooperation Initiative. We will aim to:

o   enhance consultations and practical military cooperation with our partners in the Euro-Atlantic Partnership Council;

o   continue and develop the partnerships with Ukraine and Georgia within the NATO-Ukraine and NATO-Georgia Commissions, based on the NATO decision at the Bucharest summit 2008, and taking into account the Euro-Atlantic orientation or aspiration of each of the countries;

o   facilitate the Euro-Atlantic integration of the Western Balkans, with the aim to ensure lasting peace and stability based on democratic values, regional cooperation and good neighbourly relations;

o   deepen the cooperation with current members of the Mediterranean Dialogue and be open to the inclusion in the Mediterranean Dialogue of other countries of the region;

o   develop a deeper security partnership with our Gulf partners and remain ready to welcome new partners in the Istanbul Cooperation Initiative.

Reform and Transformation

36.   Unique in history, NATO is a security Alliance that fields military forces able to operate together in any environment; that can control operations anywhere through its integrated military command structure; and that has at its disposal core capabilities that few Allies could afford individually.

37.   NATO must have sufficient resources – financial, military and human – to carry out its missions, which are essential to the security of Alliance populations and territory. Those resources must, however, be used in the most efficient and effective way possible. We will:

o   maximise the deployability of our forces, and their capacity to sustain operations in the field, including by undertaking focused efforts to meet NATO's usability targets;

o   ensure the maximum coherence in defence planning, to reduce unnecessary duplication, and to focus our capability development on modern requirements;

o   develop and operate capabilities jointly, for reasons of cost-effectiveness and as a manifestation of solidarity;

o   preserve and strengthen the common capabilities, standards, structures and funding that bind us together;

o   engage in a process of continual reform, to streamline structures, improve working methods and maximise efficiency.

An Alliance for the 21st Century

38.   We, the political leaders of NATO, are determined to continue renewal of our Alliance so that it is fit for purpose in addressing the 21st Century security challenges. We are firmly committed to preserve its effectiveness as the globe's most successful political-military Alliance. Our Alliance thrives as a source of hope because it is based on common values of individual liberty, democracy, human rights and the rule of law, and because our common essential and enduring purpose is to safeguard the freedom and security of its members. These

values and objectives are universal and perpetual, and we are determined to defend them through unity, solidarity, strength and resolve.

Abbildung: Weltweite Rüstungsvorhaben im Zusammenhang mit nuklearen Missionen[540]

---

[540] Kristensen, „Nuclear Weapons Modernization: A Threat to the NPT?"

Figure 2: Worldwide Nuclear Weapons Modernization

All nine nuclear-armed states are modernizing their nuclear arsenals, with missiles, bombers, warships, and warheads being produced in what appears to be a technological nuclear arms race.

	Weapon Category	New or Modernized Weapon[1]
RUSSIA		
	Strategic Land	Sarmat ICBM (silo)
		SS-27 Mod 2 (RS-24) ICBM (silo)
		SS-27 Mod 2 (RS-24) ICBM (mobile)
		New ICBM (RS-26) (mobile)
		Probably new (including maneuverable) warhead
	Strategic Sea	Borei SSBN
		SS-N-32 (Bulava) SLBM
		Probably new warhead
	Strategic Air	PAK-DA bomber
		Kh-102 ALCM
	Tactical	Su-34 fighter-bomber
		Severodvinsk (Yasen) SSN
		SS-N-30 (Kalibr) SLCM
		SS-26 Iskander-M SRBM
		S-400/SA-21 SAM (?)
		Interceptor for A-135 ABM system
UNITED STATES		
	Strategic Land	ICBM
		IW-1 interoperable warhead
	Strategic Sea	SSBNX
		Trident IID5LE SLBM
		W76-1/Mk4A warhead
		W88-1/Mk5A warhead
	Strategic Air	Long-range strike bomber
		Long-range standoff ALCM
		B61-12 bomb
	Tactical	F-35A fighter-bomber
		B61-12 bomb
NATO		
Belgium	*Tactical*	(F-35A fighter-bomber)[2]
Germany	*Tactical*	
Italy	*Tactical*	F-35A fighter-bomber
Netherlands	*Tactical*	F-35A fighter-bomber
Turkey	*Tactical*	F-35A fighter-bomber
FRANCE		
	Strategic Sea	M51.2 SLBM
		M51.3 SLBM
		TNO warhead
	Tactical[3]	Rafale-3 fighter-bomber
CHINA		
	Strategic Land	DF-31 ICBM
		DF-31A ICBM
		(DF-41 ICBM)[4]
		Potentially MIRVed warhead
	Strategic Sea	Jin SSBN
		JL-2 SLBM
		New warhead
	Strategic Air	H-6K bomber
		CJ-20 ALCM[5]
	Tactical	DH-10 GLCM[6]
UNITED KINGDOM		
	Strategic Sea	New SSBN
		Trident II D-5LE SLBM
		Modified W76-1/Mk4A warhead
PAKISTAN		
	Strategic Land[7]	Hatf-2 Abdali SRBM
		Hatf-4 Shaheen IA MRBM
		Hatf-6 Shaheen II MRBM
		Hatf-7 Babur GLCM
		Smaller plutonium warheads
	Strategic Air	Ra'ad ALCM
	Tactical	Hatf-9 NASR SRBM
		Smaller warhead
INDIA		
	Strategic Land	Agni III IRBM
		Agni IV IRBM
		Agni V IRBM
		(Agni VI ICBM)
		Potentially MIRVed warhead
	Strategic Sea	Arihant SSBN
		K-15 Sagarika SLBM
		K-4 SLBM
		Existing or modified warhead
	Strategic Air	(Rafale fighter bomber)
ISRAEL		
	Strategic Land	Jericho III MRBM
	Strategic Air	(F-35A fighter-bomber)
NORTH KOREA		
	Strategic Land	Musudan IRBM
		Hwasong-13 (KN-08) ICBM
		Taepo Dong ICBM
		(One or more warheads)[8]

Key: ABM = anti-ballistic missile; ALCM = air-launched cruise missile; GLCM = ground-launched cruise missile; ICBM = intercontinental ballistic missile; IRBM = intermediate-range ballistic missile; MRBM = medium-range ballistic missile; MIRV = multiple independently targetable re-entry vehicle; SAM = surface-to-air missile; SLCM = sea-launched cruise missile; SLBM = sea-launched ballistic missile; SRBM = short-range ballistic missile; SSBN = nuclear-powered ballistic missile submarine; SSN = nuclear-powered attack submarine.

Source: Hans M. Kristensen and Robert S. Norris.

ENDNOTES

1. The fielding of some of these weapons already has started, but is scheduled to continue for several years.

2. Belgium has not yet selected its next-generation fighter-bomber, but is likely to follow the Netherlands.

3. France considers its 500-kilometer cruise missile delivered by short-range fighter bombers a strategic weapon, but it has capability similar to that of Russian tactical nuclear aircraft.

4. China may be developing a new mobile ICBM, possibly to supplement or replace the current ICBMs.

5. The CJ-20 is listed by a U.S. Air Force Global Strike Command briefing as nuclear-capable. See Lt. Gen. James M. Kowalski, Commander, *Air Force Global Strike Commmand*, May 7, 2013, page 5, available at Hans M. Kristensen, "Air Force Briefing Shows Nuclear Modernizations But Ignores US and UK Programs," *FAS Strategic Security Blog*, May 29, 2013, http://blogs.fas.org/security/2013/05/afgsc-brief2013/.

6. The DH-10 is listed by the U.S. Air Force as "conventional or nuclear," the same designation used for Russian and Pakistani nuclear-capable cruise missiles. See U.S. Air Force National Air and Space Intelligence Center, Ballistic and Cruise Missile Treat, NA-SIC-1031-0985-13, May 2013, p. 29, available at Hans M. Kristensen, "Air Force Intelligence Report Provides Snapshot of Nuclear Missiles," *FAS Strategic Security Blog*, July 10, 2013, http://blogs.fas.org/security/2013/07/nasic2013/.

7. None of Pakistan's land-based ballistic missiles have intercontinental range, but they are considered strategic weapons in the deterrence relationship with India.

8. Despite three nuclear tests, there is no public confirmation that North Korea has developed and test-flown an operational nuclear warhead for its ballistic missiles.

Abbildung: Stationierungsorte von US-Kernwaffen in Europa
(Stand 2005)[541]

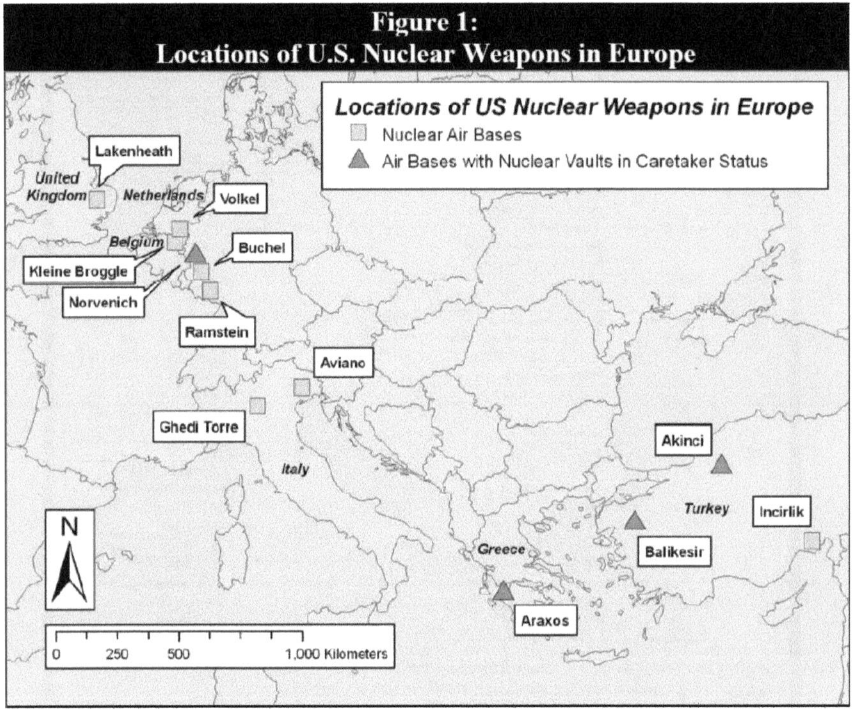

---

[541] Kristensen, „U.S. Nuclear Weapons in Europe: A Review of Post-Cold War Policy, Force Levels, and War Planning", 8.

Abbildung: Angaben zu den US-Nuklearwaffen in Europa[542]

Country	Air base	Custodian/unit	Platform	Deployment (WS3 WSVs)	(Weapons)	Remarks
Belgium	Kleine Brogel	701st MUNSS	Belgian F-16s (10th Wing Tactical)	11	10–20	Nuclear inspections in 2004, 2006, and 2008.
Germany[a]	Büchel	702nd MUNSS	German Tornados (33rd Fighter Bomber Squadron)	11	10–20	Nuclear inspections in 2005, 2007, and 2009.
	Nörvenich			11	0	Vaults possibly in caretaker status.
	Ramstein			55	0	Vaults possibly in caretaker status.
	Spangdahlem	52nd Fighter Wing	US F-16s	0	0	Possible secondary strike role for weapons stored at Incirlik AB.
		38th Munitions Maintenance Group	Not applicable	0	0	Provides support to MUNSSes and Belgian, Dutch, German, and Italian air forces for the NATO nuclear strike mission.
Greece[b]	Araxos			11	0	Vaults possibly in caretaker status.
Italy	Aviano	31st Fighter Wing	US F-16s	18	50	Nuclear inspections in 2004, 2007, and 2009.
	Ghedi Torre	704th MUNSS	Italian Tornados (6th Fighter Wing)	11	10–20	Nuclear inspections in 2004, 2007, and 2010; weapons might have been reduced.
Netherlands	Volkel	703rd MUNSS	Dutch F-16s (1st Fighter Wing)	11	10–20	Nuclear inspections in 2005, 2006, 2008, and 2009.
Turkey	Akinci		Turkish F-16s (4th Wing)[c]	6	0	Vaults possibly in caretaker status; weapons stored at Incirlik AB.
	Balikesir		Turkish F-16s (9th Wing)[c]	6	0	Vaults possibly in caretaker status; weapons stored at Incirlik AB.
	Incirlik	39th Air Base Wing	Rotating US aircraft from other wings as needed	25	60–70[c]	Nuclear inspections in 2006 and 2008; no permanent Fighter Wing and no aircraft "generation" at the base.

---

[542] Kristensen und Norris, „US Nuclear Forces, 2014", 85.

Literatur

Acton, James M. *Low Numbers: A Practical Path to Deep Nuclear Reductions.* Washington, DC: Carnegie Endowment for International Peace, 2011.

————. „On Not Throwing the Nuclear Strategy Baby Out with the Cold War Bath Water: The Enduring Relevance of the Cold War". In *Challenges in U.S. National Security Policy. A Festschrift Honoring Edward L. (Ted) Warner*, herausgegeben von David A. Ochmanek, Michael Sulmeyer, und Edward L. Warner, 107–22. Santa Monica, CA: RAND Corporation, 2014.

————. „Reclaiming Strategic Stability". In *Strategic Stability. Contending Interpretations*, herausgegeben von Elbridge A. Colby und Michael S. Gerson, 117–46. Carlisle, PA: U.S. Army War College, 2013.

————. „Silver Bullet? Asking the Right Questions about Conventional Prompt Global Strike". Washington, DC, 2013. http://carnegieendowment.org/files/cpgs.pdf.

Alden, Chris, und Amnon Aran. *Foreign Policy Analysis: New Approaches.* New York, NY: Routledge, 2012.

Anderson, Jeffrey J., G. John Ikenberry, und Thomas Risse, Hrsg. *The End of the West? Crisis and Change in the Atlantic Order.* Ithaca, NY: Cornell University Press, 2008.

Arbatov, Alexey. „A Russian Perspective on the Challenge of U.S., NATO, and Russian Non-Strategic Nuclear Weapons". In *Reducing Nuclear Risks in Europe. A Framework for Action*, herausgegeben von Steve Andreasen und Isabelle Williams, 152–71. Washington, DC, 2011.

————. „The 'P5' Process: Prospects for Enhancement", 2015. http://deepcuts.org/images/PDF/DeepCuts_WP3_Arbatov_UK.pdf.

Arbatov, Alexey, und Vladimir Dvorkin, Hrsg. *Nuclear Proliferation: New Technologies, Weapons, Treaties.* Moskau: Carnegie Moscow Center, 2009.

Auswärtiges Amt. „Frieden und Sicherheit", o. J. http://www.auswaertiges-

amt.de/sid_049E4B33DF2F2064B866EC02DAFF8F4D/DE/Ausse
npolitik/Friedenspolitik/Friedenspolitik_node.html.

Bald, Detlef. *Die Atombewaffnung der Bundeswehr: Militär, Öffentlichkeit und Politik in der Ära Adenauer*. Bremen: Temmen, 1994.

Ball, Desmond. „The Development of the SIOP, 1960–1983". herausgegeben von Desmond Ball und Jeffrey Richelson, 57–83. Ithaca, NY: Cornell University Press, 1986.

Barrass, Gordon S. *The Great Cold War: A Journey Through the Hall of Mirrors*. Stanford Security Studies. Stanford, CA: Stanford University Press, 2009.

Baylis, John, James J. Wirtz, Eliot A. Cohen, und Colin S. Gray, Hrsg. *Strategy in the Contemporary World: An Introduction to Strategic Studies*. 2. Aufl. New York, NY: Oxford University Press, 2007.

Beach, Derek. *Analyzing Foreign Policy*. Basingstoke, Hampshire: Palgrave Macmillan, 2012.

Beaufre, André. „A Strategy of Deterrence". In *War*, herausgegeben von Lawrence Freedman, 238–40. Oxford: Oxford University Press, 1994.

Binnendijk, Hans, und Catherine McArdle Kelleher. „NATO Reassurance and Nuclear Reductions: Creating the Conditions". In *Reducing Nuclear Risks in Europe. A Framework for Action*, herausgegeben von Steve Andreasen und Isabelle Williams, 96–117. Washington, DC, 2011.

Blackwell, James A. „American Perspectives on Tactical Nuclear Weapons". In *Tactical Nuclear Weapons and NATO*, herausgegeben von Tom Nichols, Douglas Stuart, und Jeffrey D. McCausland, 323–26. Carlisle, PA: U.S. Army War College, 2012.

Blank, Stephen J., Hrsg. *Russian Nuclear Weapons: Past, Present, and Future*. Carlisle, PA: U.S. Army War College, 2011.

Böckenförde, Stephan. „Grundzüge der Sicherheitspolitik der Bundesrepublik Deutschland". In *Deutsche Verteidigungspolitik*, herausgegeben von Ina Wiesner, 25–54. Baden-Baden: Nomos, 2013.

Braml, Josef. „Der weltweite Westen: Perspektiven amerikanischer NATO-Politik unter Präsident Obama". *Zeitschrift für Außen- und Sicherheitspolitik* 2, Nr. 3 (2009): 364–78.

―――――. „Im Westen nichts Neues?" *Aus Politik und Zeitgeschichte* 2009, Nr. 15/16 (2009): 15–21.

―――――. „NATO's Inward Outlook: Global Burden Shifting". In *Smart Defense and the Future of NATO. Can the Alliance Meet the. Challenges of the Twenty-First Century?*, herausgegeben von Lisa Aronsson und Molly O'Donnell, 18–24. Chicago, IL: Chicago Council on Global Affairs, 2012.

Braml, Josef, und Marianne Beisheim, Hrsg. *Außenpolitik in der Wirtschafts- und Finanzkrise.* Bd. 29. Jahrbuch internationale Politik. München: Oldenbourg, 2012.

Braml, Josef, Thomas Risse, und Eberhard Sandschneider, Hrsg. *Einsatz für den Frieden: Sicherheit und Entwicklung in Räumen begrenzter Staatlichkeit.* Bd. 28. Jahrbuch internationale Politik. München: Oldenbourg, 2010.

Breuning, Marijke. *Foreign Policy Analysis: A Comparative Introduction.* New York, NY: Palgrave Macmillan, 2007.

Brodie, Bernard. *Strategy in the Missile Age.* Santa Monica, CA: Princeton University Press, 1959. http://www.rand.org/content/dam/rand/pubs/commercial_books/2007/RAND_CB137-1.pdf.

―――――. „The Absolute Weapon: Atomic Power and Word Order". New Haven, CT, 1946. https://www.osti.gov/opennet/servlets/purl/16380564-wvLB09/16380564.pdf.

Brummer, Klaus, und Kai Oppermann. *Außenpolitikanalyse.* München: De Gruyter Oldenbourg, 2014.

Brustlein, Corentin. „Conventionalizing Deterrence? U.S. Prompt Strike Programs and Their Limits". Proliferation Papers. Brüssel; Paris: Institut français des relations internationales (ifri), Januar 2015. http://www.ifri.org/sites/default/files/atoms/files/pp52brustlein.pdf.

Buchan, Glenn C., David Matonick, Calvin Shipbaugh, und Richard Mesic. *Future Roles of U.S. Nuclear Forces: Implications for U.S. Strategy.* Project Air Force. Santa Monica, CA: Defense Technical Information Center, 2003.

Buckley, Edgar, und Kurt Volker. „NATO Reform and Decision-Making". Atlantic Council Reports. Washington, DC, 2010. http://mercury.ethz.ch/serviceengine/Files/ISN/113086/ipublicatio ndocument_singledocument/5f5192af-8870-4087-9435-dc1656fc8c91/en/2010_NATOReform_SAGIssueBrief.pdf.

Budde, Dieter. „Nukleare Rüstungskontrolle von der Konfrontation zur Kooperation (1955–2005): Pläne – Verhandlungen – Abkommen – Verträge". In *Die Zukunft der nuklearen Ordnung,* herausgegeben von Michael Staack, 36–93. Schriftenreihe des Wissenschaftlichen Forums für Internationale Sicherheit e. V. (WIFIS). Bremen: Temmen, 2009.

Bundesministerium der Verteidigung (BMVG). „Verteidigungspoliti-sche Richtlinien: Nationale Interessen wahren – Internationale Ver-antwortung übernehmen – Sicherheit gemeinsam gestalten". Berlin, Mai 2011. http://www.bmvg.de/resource/resource/MzEzNTM4MmUzMzMy MmUzMTM1MzMyZTM2MzIzMDMwMzAzMDMwMzAzMDY5N jQzNzM5MzQzODMyNmEyMDIwMjAyMDIw/BMVg_180%20V PR_Internetversion_barrierefrei.pdf.

———. „Weißbuch 2006 zur Sicherheitspolitik Deutschlands und zur Zukunft der Bundeswehr". Berlin: Bundesministerium der Vertei-digung (BMVG), Oktober 2006. http://www.bmvg.de/resource/resource/MzEzNTM4MmUzMzMy MmUzMTM1MzMyZTM2MzIzMDMwMzAzMDMwMzAzMDY5M zk2NTMxMzM2OTdhNjEyMDIwMjAyMDIw/Wei%C3%9Fbuch% 202006.pdf.

Bundesministerium des Innern (BMI). „Wachstum. Bildung. Zusam-menhalt. Koalitionsvertrag zwischen CDU, CSU und FDP". Bun-desministerium des Innern (BMI), 26. Oktober 2009. http://www.bmi.bund.de/SharedDocs/Downloads/DE/Ministeriu m/koalitionsvertrag.pdf?__blob=publicationFile.

Bunn, M. Elaine. „Can Deterrence be Tailored?" Strategic Forum. Washington, DC: National Defense University, Januar 2007. http://ndupress.ndu.edu/Portals/68/Documents/stratforum/SF-225.pdf.

Bunn, M. Elaine, und Vincent A. Manzo. „Conventional Prompt Global Strike: Strategic Asset or Unusable Liability?" 263. Strategic

Forum. Washington, DC, Februar 2011.
http://ndupress.ndu.edu/Portals/68/Documents/stratforum/SF-263.pdf.

Bush, Richard C. „The U.S. Policy of Extended Deterrence in East Asia: History, Current Views, and Implications". Arms Control Series. Washington, DC: The Brookings Institution, Februar 2011.
http://www.brookings.edu/~/media/research/files/papers/2011/2/arms-control-bush/02_arms_control_bush.pdf.

Carlsnaes, Walter, und Stefano Guzzini, Hrsg. *Foreign Policy Analysis*. 5 Bde. Los Angeles, CA: Sage, 2011.

Carlsnaes, Walter, Thomas Risse, und Beth A. Simmons, Hrsg. *Handbook of International Relations*. 2. Aufl. Los Angeles, CA: Sage, 2013.

Chalmers, Malcolm, und Simon Lunn. „NATO's Tactical Nuclear Dilemma". RUSI Occasional Paper. London, März 2010.
https://rusi.org/sites/default/files/201003_op_natos_tactical_nuclear_dilemma.pdf.

Cirincione, Joseph. *Bomb Scare: The History and Future of Nuclear Weapons*. New York, NY: Cornell University Press, 2007.

Cirincione, Joseph, Jon B. Wolfsthal, und Miriam Rajkumar. *Deadly Arsenals: Tracking Weapons of Mass Destruction*. Washington, DC: Carnegie Endowment for International Peace, 2002.

Clay Moltz, James. „Assessing the Impact of Low Nuclear Numbers on Strategic Stability: A Regional Analysis". PASCC Report. Monterey: Naval Postgraduate School, März 2013.
https://www.hsdl.org/?view&did=740979.

Clinton, Hillary R. „Secretary Clinton's Press Availability in Tallinn, Estonia: Clinton discusses Afghanistan, Russia and NATO's nuclear posture". *U.S. Department of State*, 23. April 2010.
www.america.gov/st/texttrans-english/2010/April/201004231m.

Colby, Elbridge A. „The Need for Limited Nuclear Options". In *Challenges in U.S. National Security Policy. A Festschrift Honoring Edward L. (Ted) Warner*, herausgegeben von David A. Ochmanek, Michael Sulmeyer, und Edward L. Warner, 141–68. Santa Monica, CA: RAND Corporation, 2014.

Collina, Tom Z. „The Unaffordable Arsenal: Reducing the Costs of the Bloated U.S. Nuclear Stockpile". Washington, DC: Arms Control Association (ACA), Oktober 2014.
http://www.armscontrol.org/files/The-Unaffordable-Arsenal-2014.pdf.

———. „U.S. Alters Non-Nuclear Prompt-Strike Plan". *Arms Control Association*, 4. April 2011.
http://www.armscontrol.org/act/2011_04/PromptStrike.

———. „U.S. Nuclear Modernization Programs". *Arms Control Association*, August 2012.
http://www.armscontrol.org/factsheets/USNuclearModernization.

Collins, Alan, Hrsg. *Contemporary Security Studies.* Oxford: Oxford University Press, 2007.

Corera, Gordon. *Shopping for Bombs: Nuclear Proliferation, Global Insecurity, and the Rise and Fall of the A.Q. Khan Network.* London: C. Hurst & Co, 2006.

Croddy, Eric, und James J. Wirtz, Hrsg. *Weapons of Mass Destruction: An Encyclopedia of Worldwide Policy, Technology, and History.* 2 Bde. Santa Barbara, CA: ABC-CLIO, 2004.

Davis, Ian, und Oliver Meier. „Don't Mention the Cold War: Lord Robertson's Basil Fawlty Moment". *NATO Watch*, 12. Februar 2010.
http://www.natowatch.org/node/294.

Defense Science Board (DSB). „Time Critical Conventional Strike from Strategic Standoff". Study. Washington, DC: U.S. Department of Defense, März 2009.
http://www.acq.osd.mil/dsb/reports/ADA498403.pdf.

Delpech, Thérèse. *Nuclear Deterrence in the 21st Century: Lessons from the Cold War for a New Era of Strategic Piracy.* Santa Monica, CA: RAND Corporation, 2012.

Dembinski, Matthias, und Harald Müller. „Das neue strategische Konzept der NATO und die Zukunft der nuklearen Abrüstung in Europa". HSFK-Report. Frankfurt am Main: Hessische Stiftung Friedens- und Konfliktforschung (HSFK), 2010.
http://www.hsfk.de/index.php?id=187.

Deutsch, John J. „The New Nuclear Threat". *Foreign Affairs* 71, Nr. 41 (1992): 124–25.

Deutscher Bundestag. „Drucksache 16/6664". Berlin, 10. November 2007. http://dip21.bundestag.de/dip21/btd/16/066/1606664.pdf.

———. „Drucksache 17/242". Berlin, 15. Dezember 2009. http://dip21.bundestag.de/dip21/btd/17/002/1700242.pdf.

———. „Drucksache 17/1159". Drucksache. Berlin, 24. März 2010. http://dip21.bundestag.de/dip21/btd/17/011/1701159.pdf.

———. „Drucksache 17/3677". Berlin, 11. Oktober 2010. http://dipbt.bundestag.de/dip21/btd/17/036/1703677.pdf.

———. „Drucksache 17/3680". Berlin, 11. Oktober 2010. http://dipbt.bundestag.de/dip21/btd/17/036/1703680.pdf.

———. „Drucksache 17/7226". Berlin, 28. September 2011. http://dip21.bundestag.de/dip21/btd/17/072/1707226.pdf.

———. „Drucksache 17/8843". Berlin, 29. Februar 2012. http://dipbt.bundestag.de/dip21/btd/17/088/1708843.pdf.

———. „Drucksache 17/10875". Berlin, 28. September 2012. http://dip21.bundestag.de/dip21/btd/17/108/1710875.pdf.

———. „Drucksache 17/10968". Berlin, 10. Dezember 2012. http://dipbt.bundestag.de/dip21/btd/17/109/1710968.pdf.

———. „Drucksache 17/11225". Berlin, 25. Oktober 2012. http://dip21.bundestag.de/dip21/btd/17/112/1711225.pdf.

———. „Drucksache 17/11905". Berlin, 12. Dezember 2012. http://dipbt.bundestag.de/dip21/btd/17/119/1711905.pdf.

———. „Drucksache 17/13820". Berlin, 6. Mai 2013. http://dipbt.bundestag.de/dip21/btd/17/138/1713820.pdf.

———. „Plenarprotokoll 03/21". Bonn, März 1958. http://dipbt.bundestag.de/doc/btp/03/03021.pdf.

———. „Plenarprotokoll 17/35". Berlin, März 2010. http://dipbt.bundestag.de/doc/btp/17/17035.pdf.

———. „Tagesordnungspunkt 1". In *Plenarprotokoll 17/3*, 29 D-122 D. Berlin, 2009. http://dip21.bundestag.de/dip21/btp/17/17003.pdf.

————. „Tagesordnungspunkt 3". In *Plenarprotokoll 16/214*, 23120 A–23144 B. Berlin, 2009. http://dip21.bundestag.de/dip21/btp/16/16214.pdf.

————. „Tagesordnungspunkt 3". In *Plenarprotokoll 17/71*, 7599 A–7620 A. Berlin, 2010. http://dipbt.bundestag.de/doc/btp/17/17071.pdf.

————. „Tagesordnungspunkt 6". In *Plenarprotokoll 17/9*, 646 B–653 A. Berlin, 2009. http://dip21.bundestag.de/dip21/btp/17/17009.pdf.

————. „Tagesordnungspunkt 17 in Verbindung mit Zusatztagesordnungspunkt 10 in Verbindung mit Zusatztagesordnungspunkt 11". In *Plenarprotokoll 16/23*, 1799 D-1806 D. Berlin, 2006. http://dip21.bundestag.de/dip21/btp/16/16023.pdf.

————. „Tagesordnungspunkt 19". In *Plenarprotokoll 17/204*, 24826 B-24830 D. Berlin, 2012. http://dipbt.bundestag.de/doc/btp/17/17204.pdf.

————. „Tagesordnungspunkt 22". In *Plenarprotokoll 16/137*, 25216 D–25215 C. Berlin, 2009. http://dipbt.bundestag.de/doc/btp/16/16227.pdf.

————. „Tagesordnungspunkt 22 in Verbindung mit Zusatztagesordnungspunkt 13". In *Plenarprotokoll 6/203*, 21987 C-22006 C. Berlin, 2009. http://dip21.bundestag.de/dip21/btp/16/16203.pdf.

————. „Tagesordnungspunkt 23". In *Plenarprotokoll 17/35*, 3309 A-3327A. Berlin, 2010. http://dipbt.bundestag.de/doc/btp/17/17035.pdf.

————. „Tagesordnungspunkt 31". In *Plenarprotokoll 16/64*, 6350 A-6356 C. Berlin, 2006. http://dip21.bundestag.de/dip21/btp/16/16064.pdf.

Die Bundesregierung der Bundesrepublik Deutschland. „Mitschrift der Bundespressekonferenz vom 05.09.2012", 9. Mai 2012. http://www.bundesregierung.de/Content/DE/Mitschrift/Pressekon ferenzen/2012/09/2012-09-05-regpk.html;jsessionid=C177F0063B5AE69E81D6E440AD96BCB4.s 3t1?nn=391778.

Donnelly, C. H. „Note by the Secretary to the North Atlantic Military Committee on the Strategic Concept for the Defense of the North

Atlantic Area. Reference: M.C. 3, M.C. 3/1", 28. November 1949. http://nuclearfiles.org/menu/key-issues/nuclear-weapons/issues/nato-nuclear-policies/1949-11-28_a491128a_nato_int.pdf.

Doyle, James E. „Why Eliminate Nuclear Weapons?" *Survival: Global Politics and Strategy* 55, Nr. 1 (2013): 7–34.

Encyclopædia Britannica online, Hrsg. „Strategic Weapons System". *Encyclopædia Britannica online*, o. J. http://www.britannica.com/EBchecked/topic/568246/strategic-weapons-system.

Evans, Gareth J., und Yoriko Kawaguchi. „Eliminating Nuclear Threats: A Practical Agenda for Global Policymakers". Canberra: International Commission on Nuclear Non-proliferation and Disarmament, 2009.

Federation of American Scientists (FAS). „Strategic Defense Initiative". *Federation of American Scientists (FAS)*, o. J. http://www.fas.org/nuke/space/c06sdi_1.htm.

Fey, Marco, Giorgio Franceschini, Harald Müller, und Hans-Joachim Schmidt. „Auf dem Weg zu Global Zero? Die neue amerikanische Nuklearpolitik zwischen Anspruch und Wirklichkeit". HSFK-Report. Frankfurt am Main: Hessische Stiftung Friedens- und Konfliktforschung (HSFK), 2010. http://www.hsfk.de/fileadmin/HSFK/hsfk_downloads/report0410.pdf.

Foradori, Paolo. „European Perspectives". In *Tactical Nuclear Weapons and NATO*, herausgegeben von Tom Nichols, Douglas Stuart, und Jeffrey D. McCausland, 279–99. Carlisle, PA: U.S. Army War College, 2012.

———. „Introduction: Debating the Last Remaining Case of the Forward Deployment of Nuclear Weapons". In *Tactical Nuclear Weapons and Euro-Atlantic Security: The Future of NATO*, herausgegeben von Paolo Foradori. London: Routledge, 2013.

———. „Italy". In *Tactical Nuclear Weapons and Euro-Atlantic Security. The Future of NATO*, herausgegeben von Paolo Foradori, 61–73. London: Routledge, 2013.

Ford, Christopher A. „Anything But Simple: Arms Control and Strategic Stability". In *Strategic Stability. Contending Interpretations*, herausgegeben von Elbridge A. Colby und Michael S. Gerson, 201–70. Carlisle, PA: U.S. Army War College, 2013.

Franceschini, Giorgio, und Harald Müller. „Germany". In *Tactical Nuclear Weapons and Euro-Atlantic Security. The Future of NATO*, herausgegeben von Paolo Foradori, 44–60. London: Routledge, 2013.

Freedman, Lawrence. *Deterrence*. Cambridge, UK: Polity, 2004.

―――. *The Evolution of Nuclear Strategy*. 2. Aufl. Bd. 20. Studies in International Security. Basingstoke: Palgrave Macmillan, 1989.

―――. „The Primacy of Alliance: Deterrence and European Security". Proliferation Papers. Paris; Bruxelles: Institut français des relations internationales (ifri), April 2013. https://www.ifri.org/sites/default/files/atoms/files/pp46freedman.pdf.

Frey, Karsten J. „Of Nuclear Myths and Nuclear Taboos". *Peace Review* 18, Nr. 3 (2006): 341–47. doi:10.1080/10402650600848290.

Gabbitas, Andrea. „Non-Strategic Nuclear Weapons: Problems of Definition". In *Controlling Non-Strategic Nuclear Weapons. Obstacles and Opportunities*, herausgegeben von Jeffrey A. Larsen, Kurt J. Klingenberger, und Jeffrey Arthur Larsen, 39–63. Colorado Springs, CO: USAF Institute for National Security Studies, 2001.

Gablik, Axel F. *Strategische Planungen in der Bundesrepublik Deutschland 1955–1967: Politische Kontrolle oder militärische Notwendigkeit?* Baden-Baden: Nomos, 1996.

Gaddis, John Lewis. „Kernwaffen, Stabilität und das international Staatengefüge nach dem Zweiten Weltkrieg". In *Nukleare Abschreckung. Politische und ethische Interpretationen einer neuen Realität*, herausgeben von Uwe Nerlich und Trutz Rendtorff, 299–324. Baden-Baden: Nomos, 1989.

Gebauer, Matthias, und John Goetz. „Atomwaffen in Deutschland: USA haben Nuklear-Arsenal in Ramstein geräumt". *SPIEGEL Online*. 7. September 2007. http://www.spiegel.de/wissenschaft/mensch/0,1518,493451,00.html.

Gerson, Michael S. „Conventional Deterrence in the Second Nuclear Age". *Parameters* 39, Nr. 3 (2009): 32–48.

Giegerich, Bastian. *Die NATO*. Wiesbaden: Springer VS, 2012.

Giles, Keir, und Andrew Monaghan. „European Missile Defense and Russia". Carlisle, PA: Strategic Studies Institute (SSI), Juli 2014. http://www.strategicstudiesinstitute.army.mil/pubs/download.cfm?q=1219.

Gormley, Dennis M. „The Path to Deep Nuclear Reductions: Dealing with American Conventional Superiority". Proliferation Papers. Brüssel; Paris: Institut français des relations internationales (ifri), 2009. https://www.ifri.org/sites/default/files/atoms/files/pp29gormley1.pdf.

Haftendorn, Helga. *Kernwaffen und die Glaubwürdigkeit der Allianz: Die NATO-Krise von 1966/67*. Baden-Baden: Nomos, 1994.

Handelsblatt. „Westerwelle will Abzug aller US-Atomraketen", 24. Oktober 2009. http://www.handelsblatt.com/politik/deutschland/designierter-aussenminister-westerwelle-will-abzug-aller-us-atomraketen/3286802.html.

Harnisch, Sebastian. „Schadensbegrenzung: Die Obama-Administration und der Wiederaufbau der internationalen Nuklearordnung". *Internationales Magazin für Sicherheit* 2, Nr. 2 (2009): 14–16.

———. „Under Construction: Skeptische Agenten und normative Strukturen in der nuklearen Rüstungskontrollpolitik der USA". In *Assertive Multilateralism and Preventive War. Die Außen- und Weltordnungspolitik der USA von Clinton zu Obama aus theoretischer Sicht*, herausgegeben von Jochen Hils, Jürgen Wilzewski, und Reinhard Wolf, 250–60. Aussenpolitik und internationale Ordnung. Baden-Baden: Nomos, 2012.

Hartmann, Rüdiger, und Hans-Joachim Schmidt. „Konventionelle Rüstungskontrolle in Europa: Wege in die Zukunft". HSFK-Report. Frankfurt am Main: Hessische Stiftung Friedens- und Konfliktforschung (HSFK), 2011. http://www.hsfk.de/fileadmin/HSFK/hsfk_downloads/report0611.pdf.

Healey, Denis. *The Time of my Life*. London: Penguin, 1989.

Hearing on National Defense Authorization Act for Fiscal Year 2009 and oversight of previously authorized programs before the Committee on Armed Services, House of Representatives, One Hundred Tenth Congress, second session. Washington, DC, 2008. https://www.gpo.gov/fdsys/pkg/CHRG-110hhrg43250/html/CHRG-110hhrg43250.htm.

Hellmann, Gunther, Klaus Dieter Wolf, und Michael Zürn, Hrsg. *Die neuen internationalen Beziehungen: Forschungsstand und Perspektiven in Deutschland*. Baden-Baden: Nomos, 2003.

Herz, John H. *International Politics in the Atomic Age*. 4. Aufl. New York, NY: Columbia University Press, 1965.

Heuser, Beatrice. „The Development of NATO's Nuclear Strategy". *Contemporary European History* 4, Nr. 1 (1994): 37–66.

Hildreth, Steven A., und Carl Ek. „Missile Defense and NATO's Lisbon Summit". CRS Report for Congress. Washington, DC: Congressional Research Service, 28. Dezember 2010.

Hildreth, Steven A., und Amy F. Woolf. „Ballistic Missile Defense and Offensive Arms. Reductions: A Review of the Historical Record". CRS Report for Congress. CRS Report for Congress. Washington, DC: Congressional Research Service, Mai 2010.

Hill, Christopher. *The Changing Politics of Foreign Policy*. Basingstoke: Palgrave Macmillan, 2003.

Hoffmann, Hellmut. „Nukleare Nichtverbreitung: Die deutsche Position". In *Die Zukunft der nuklearen Ordnung*, herausgegeben von Michael Staack, 26–35. Schriftenreihe des Wissenschaftlichen Forums für Internationale Sicherheit e. V. (WIFIS). Bremen: Temmen, 2009.

Hudson, George E. „Russian Perspectives on Tactical Nuclear Weapons". In *Tactical Nuclear Weapons and NATO*, herausgegeben von Tom Nichols, Douglas Stuart, und Jeffrey D. McCausland, 109–15. Carlisle, PA: U.S. Army War College, 2012.

Hudson, George E., und Evgeny Buzhinski. „Influences on Russian Policy and Possibilities for Reduction in Non-Strategic Nuclear Weapons". In *Tactical Nuclear Weapons and NATO*, herausgegeben von Tom Nichols, Douglas Stuart, und Jeffrey D. McCausland, 175–98. Carlisle, PA: U.S. Army War College, 2012.

Hudson, Valerie M. *Foreign Policy Analysis: Classic and Contemporary Theory.* Lanham: Rowman & Littlefield, 2007.

Ingram, Paul, und Oliver Meier. „Reducing the Role of Tactical Nuclear Weapons in Europe: Perspectives and Proposals on the NATO Policy Debate". Washington, DC, Mai 2011. https://www.armscontrol.org/system/files/Tactical_Nuclear_Report _May_11.pdf.

Ischinger, Wolfgang, und Ulrich Weisser. „NATO and the Nuclear Umbrella". *New York Times.* 15. Februar 2010. http://www.nytimes.com/2010/02/16/opinion/16iht-edischinger.html?_r=0.

Jäger, Thomas. „Grundzüge der Internationalen Beziehungen, Einführung in die Außenpolitik (Power Point Präsentation)", 2009. http://www.jaeger.uni-koeln.de/fileadmin/templates/onlinetutorium/AP/11_2EbenenAnsa tz_Kai.pdf.

Jäger, Thomas, und Daria W. Dylla. „Diplomatischer Erfolg und kommunikatives Desaster: Die Raketenabwehrpläne der USA". *Aus Politik und Zeitgeschichte* 2010, Nr. 50 (2010): 37–43.

Jervis, Robert. *The Meaning of the Nuclear Revolution: Statecraft and the Prospect of Armageddon.* Ithaca, NY: Cornell University Press, 1989.

Joint Chiefs of Staff. „National Military Strategy of the United States". Washington, DC: U.S. Department of Defense, Januar 1992. http://history.defense.gov/Portals/70/Documents/nms/nms1992.p df?ver=2014-06-25-123420-723.

———. „National Military Strategy of the United States of America: A Strategy of Flexible and Selective Engagement". Washington, DC: U.S. Department of Defense, 1995. http://www.au.af.mil/au/awc/awcgate/nms/nms1995.pdf.

„Joint Press Conference with Secretary Panetta and Japanese Minister of Defense Morimoto from Tokyo, Japan: Presenters: Secretary of Defense Leon E. Panetta and Japanese Minister of Defense Satoshi Morimoto, September 17, 2012". *U.S. Department of Defense*, 17. September 2012. http://archive.defense.gov/transcripts/transcript.aspx?transcriptid=5 114.

Kahn, Herman. *On Thermonuclear War*. New Brunswick, NJ: Transaction, 2007.

Kaim, Markus, und Pia Niedermeier. „Das Ende des ‚multilateralismus Reflexes‘? Deutsche NATO-Politik unter neuen nationalen und internationalen Rahmenbedingungen". In *Deutsche Außenpolitik. Sicherheit, Wohlfahrt, Institutionen und Normen*, herausgegeben von Thomas Jäger, Alexander Höse, und Kai Oppermann, 2. Aufl., 105–25. Wiesbaden: VS, 2011.

Kallmyer, Kevin. „Assessing Implementation of the 2010 Nuclear Posture Review". Washington, DC: Center for Strategic & International Studies (CSIS), Juni 2011. http://csis.org/files/publication/110826_NPR_Imp.pdf.

Kamp, Karl-Heinz. „Eine nukleare Allianz: Die NATO beschließt den Verbleib der amerikanischen Atomwaffen in Europa". *Internationale Politik* 2012, Nr. 5 (2012): 98–101.

———. „NATO's Nuclear Posture Review: Nuclear Sharing Instead of Nuclear Stationing". Research Paper. Rom: NATO Defence College, Mai 2011. http://www.ndc.nato.int/download/downloads.php?icode=283.

———. „NATO's Nuclear Weapons in Europe: Beyond ‚Yes‘ or ‚No‘". Research Paper. Rom: NATO Defence College, September 2010. http://www.ndc.nato.int/download/downloads.php?icode=208.

———. „‚Prompt Global Strike‘: Eine neue US-Strategie nimmt Gestalt an". Analysen und Argumente aus der Konrad-Adenauer-Stiftung. Berlin: Konrad-Adenauer-Stiftung (KAS), August 2006. http://www.kas.de/wf/doc/kas_8973-544-1-30.pdf?070807144642.

———. „The Way to NATO's New Strategic Concept". Research Paper. Rom: NATO Defence College, Juni 2009. http://www.ndc.nato.int/download/downloads.php?icode=70.

Kamp, Karl-Heinz, und David S. Yost. *NATO and 21st Century Deterrence*. Bd. 8. NDC Forum Paper 8. Rom: NATO Defense College, 2009.

Kearns, Ian. „Turkey, NATO and Nuclear Weapons". RUSI Occasional Paper. London: Royal United Services Institute (RUSI), Januar 2013.

http://www.europeanleadershipnetwork.org/medialibrary/2013/03/
12/c00f8dc7/Ian%20Kearns_Turkey%20NATO%20and%20Nuclear
%20Weapons_20123.pdf.

Kent, Glenn A., und David E. Thaler. „First-Strike Stability: A Methodology for Evaluating Strategic Forces". Project Air Force. Santa Monica, CA: RAND Corporation, August 1989. https://www.rand.org/content/dam/rand/pubs/reports/2008/R3765.pdf.

Kibaroglu, Mustafa. „Turkey". In *Tactical Nuclear Weapons and Euro-Atlantic Security. The Future of NATO*, herausgegeben von Paolo Foradori, 92–104. London: Routledge, 2013.

Kimball, Daryl. „Brief Chronology of START II". *Arms Control Association*, März 2003. https://www.armscontrol.org/factsheets/start2chron.

———. „START I at a Glance". *Arms Control Association*, 15. Januar 2009. http://www.armscontrol.org/factsheets/start1.

Kipp, Jacob W. „Russian Doctrine on Tactical Nuclear Weapons: Contexts, Prisms, and Connections". In *Tactical Nuclear Weapons and NATO*, herausgegeben von Tom Nichols, Douglas Stuart, und Jeffrey D. McCausland, 116–54. Carlisle, PA: U.S. Army War College, 2012.

Koblentz, Gregory D. „Strategic Stability in the Second Nuclear Age". Council Special Report. New York, NY: Council on Foreign Relations, November 2014. http://i.cfr.org/content/publications/attachments/Second%20Nuclear%20Age_CSR71.pdf.

Koster, Karel. „The Netherlands". In *Tactical Nuclear Weapons and Euro-Atlantic Security.The Future of NATO*, herausgegeben von Paolo Foradori, 74–91. London: Routledge, 2013.

Krause, Joachim. „Emerging Concepts of Deterrence in the 21st Century". In *NATO and 21st Century Deterrence*, herausgegeben von Karl-Heinz Kamp und David S. Yost, 143–52. NDC Forum Paper. Rom: NATO Defense College, 2009.

———. „Nach Hiroshima: Die Entwicklung der Theorie des Nuklearkrieges". In *Handbuch Kriegstheorien*, herausgegeben von Thomas Jäger und Rasmus Beckmann, 413–26. Wiesbaden: VS, 2011.

Krepon, Michael. „Numerology in the Second Nuclear Age". Proliferation Papers. Brüssel; Paris: Institut français des relations internationales (ifri), 2009.
https://www.ifri.org/sites/default/files/atoms/files/pp30krepon.pdf

Kristensen, Hans M. „Capabilities of B61-12 Nuclear Bomb Increase Further". *Federation of American Scientist (FAS)/Strategic Security*, Oktober 2013. http://fas.org/blogs/security/2013/10/b61-12hearing/.

————. „Global Strike: A Chronology of the Pentagon's New Offensive Strike Plan". Washington, DC: Federation of American Scientist (FAS), März 2006. http://fas.org/ssp/docs/GlobalStrikeReport.pdf.

————. „Non-Strategic Nuclear Weapons". Special Report. Washington, DC, Mai 2012.
https://fas.org/_docs/Non_Strategic_Nuclear_Weapons.pdf.

————. „Nuclear Weapons Modernization: A Threat to the NPT?" *Arms Control Association (ACA)*, Mai 2014.
http://www.armscontrol.org/act/2014_05/Nuclear-Weapons-Modernization-A-Threat-to-the-NPT.

————. „The B61 Life-Extension Program: Increasing NATO Nuclear Capability and Precision Low-Yield Strikes". Federation of American Scientist Issue Brief. Washington, DC: Federation of American Scientist (FAS), Juni 2011.
http://www.fas.org/programs/ssp/nukes/publications1/IssueBrief_B61-12.pdf.

————. „U.S. Nuclear Weapons in Europe: A Review of Post-Cold War Policy, Force Levels, and War Planning". Washington, DC, Februar 2005. http://www.nrdc.org/nuclear/euro/euro.pdf.

Kristensen, Hans M., und Robert S. Norris. „Nonstrategic Nuclear Weapons, 2012". *Bulletin of the Atomic Scientists* 68, Nr. 5 (2012): 96–104.

————. „Russian Nuclear Forces, 2011". *Bulletin of the Atomic Scientists* 67, Nr. 3 (2011): 67–74.

————. „US Nuclear Forces, 2012". *Bulletin of the Atomic Scientists* 68, Nr. 3 (2012): 84–91.

————. „US Nuclear Forces, 2014". *Bulletin of the Atomic Scientists* 70, Nr. 1 (2014): 85–93.

Kulesa, Łukasz. „Polish and Central European Priorities for NATO's Future Nuclear Policy". In *Reducing the Role of Tactical Nuclear Weapons in Europe. Perspectives and Proposals on the NATO Policy Debate*, herausgegeben von Paul Ingram und Oliver Meier, 12–18. Washington, DC; London, England: Arms Control Association, 2011.

———. „Polish and Central European Priorities on NATO's Future Nuclear Policy". 2. Nuclear Policy Paper. Hamburg, November 2010. http://www.basicint.org/sites/default/files/Nuclear_Policy_Paper_No_2.pdf.

———. „The New NATO Member States". In *Tactical Nuclear Weapons and Euro-Atlantic Security. The Future of NATO*, herausgegeben von Paolo Foradori, 142–57. London: Routledge, 2013.

Lamond, Claudine, und Paul Ingram. „Politics Around US Tactical Nuclear Weapons in European Host States". BASIC Getting to Zero Papers. London: British American Security Information Council (BASIC), 23. Januar 2009. http://www.basicint.org/sites/default/files/gtz11.pdf.

Larsen, Jeffrey A. „The Role of Non-Strategic Nuclear Weapons: An American Perspective". In *Tactical Nuclear Weapons and NATO*, herausgegeben von Tom Nichols, Douglas Stuart, und Jeffrey D. McCausland, 327–58. Carlisle, PA: U.S. Army War College, 2012.

Legge, J. Michael. „Theater Nuclear Weapons and the NATO Strategy of Flexible Response". Santa Monica, CA: RAND Corporation, April 1983. https://www.rand.org/content/dam/rand/pubs/reports/2007/R2964.pdf.

Legvold, Robert H. „Reconciling Limitations on Non-Strategic Nuclear Weapons, Conventional Arms Control, and Missile Defense Cooperation". In *Reducing Nuclear Risks in Europe. A Framework for Action*, herausgegeben von Steve Andreasen und Isabelle Williams, 134–51. Washington, DC, 2011.

Long, Austin. *Deterrence: From Cold War to Long War.* Santa Monica, CA; Arlington, VA; Pittsburgh, PA: RAND Corporation, 2008.

Lunn, Simon. „NATO". In *Tactical Nuclear Weapons and Euro-Atlantic Security. The Future of NATO*, herausgegeben von Paolo Foradori, 107–24. London: Routledge, 2013.

————. „Reducing the Role of NATO 's Nuclear Weapons: Where do we Stand after Tallinn?" RUSI Briefing Note. London: Royal United Services Institute (RUSI), Juni 2010. http://www.nuclearsecurityproject.org/uploads/publications/REDUCING_THE_ROLE_OF_NATOS_NUCLEAR_WEAPONS.pdf.

————. „The Role and Place of Tactical Nuclear Weapons: A NATO Perspective". In *Tactical Nuclear Weapons and NATO*, herausgegeben von Tom Nichols, Douglas Stuart, und Jeffrey D. McCausland, 235–55. Carlisle, PA: U.S. Army War College, 2012.

Lunn, Simon, und Ian Kearns. „NATO's Deterrence and Defence Posture Review: A Status Report". NATO Policy Brief. London: European Leadership Network (ELN), Februar 2012. http://www.europeanleadershipnetwork.org/medialibrary/2012/02/20/e65f335d/NATO%20-%20DDPR.%20A%20Status%20Report.pdf.

————. „NATO's Nuclear Policy after Lisbon: The Summit Documents and the Way Ahead". London: European Leadership Network (ELN), 25. Januar 2011. http://www.europeanleadershipnetwork.org/medialibrary/2011/09/26/ac746aa6/NATO%20Paper%20by%20Ian%20Kearns%20and%20Simon%20Lunn.pdf.

Lunn, Simon, und Zachary A. Selden. „NATO, Nuclear Weapons and the New Strategic Concept". *World Politics Review*, 2010.

Lupovici, Amir. „The Emerging Fourth Wave of Deterrence Theory: Toward a New Research Agenda". *International Studies Quarterly* 54, Nr. 3 (2010): 705–32.

Mærli, Morten Bremer, und Sverre Lodgaard, Hrsg. *Nuclear Proliferation and International Security*. Bd. 1. Routledge Global Security Studies. New York, NY: Routledge, 2007.

McArdle Kelleher, Catherine. „Interlinked: Assurance, Russia, and Further Reductions of Non-Strategic Nuclear Weapons". In *Reducing Nuclear Risks in Europe. A Framework for Action*, herausgegeben von Steve Andreasen und Isabelle Williams, 118–33. Washington, DC, 2011.

————. „NATO Nuclear Operations". In *Managing Nuclear Operations*, herausgegeben von Ashton B. Carter, John D. Steinbruner, und

Charles A. Zraket, 445–69. Washington, DC: Brookings Institution, 1987.

McCausland, Jeffrey D. „Conventional Weapons, Arms Control, and Strategic Stability in Europe". In *Strategic Stability. Contending Interpretations*, herausgegeben von Elbridge A. Colby und Michael S. Gerson, 271–94. Carlisle, PA: U.S. Army War College, 2013.

McKinzie, Matthew G., Thomas B. Cochran, Robert S. Norris, und William M. Arkin. „The U.S. Nuclear War Plan: A Time for Change". New York, NY, Juni 2001. https://www.nrdc.org/sites/default/files/us-nuclear-war-plan-report.pdf.

Meier, Oliver. „Auf dem Weg der Besserung? Der Nukleare Nichtverbreitungsvertrag nach der Überprüfungskonferenz 2010". Internationale Politikanalyse. Berlin: Friedrich-Ebert-Stiftung (FES), Juli 2010. http://library.fes.de/pdf-files/id/ipa/07339.pdf.

———. „Die nukleare Dimension der Ukraine-Krise". SWP-Aktuell. Berlin: Stiftung Wissenschaft und Politik (SWP), Oktober 2014. http://www.swp-berlin.org/fileadmin/contents/products/aktuell/2014A66_mro.pdf.

———. „Die Ukraine-Krise und die Kontrolle von Massenvernichtungswaffen: Auswirkungen auf deutsche Ziele in der Rüstungskontrolle". SWP-Aktuell. Berlin: Stiftung Wissenschaft und Politik (SWP), Juni 2014. http://www.swp-berlin.org/fileadmin/contents/products/aktuell/2014A42_mro.pdf.

Meier, Oliver, und Simon Lunn. „Trapped: NATO, Russia, and the Problem of Tactical Nuclear Weapons". *Arms Control Association (ACA)*, 9. Januar 2014. https://www.armscontrol.org/act/2014_01-02/Trapped-NATO-Russia-and-the-Problem-of-Tactical-Nuclear-Weapons.

Michel, Leo. „NATO Decisionmaking: Au Revoir to the Consensus Rule?" Strategic Forum. Washington, DC, August 2003. http://www.au.af.mil/au/awc/awcgate/ndu/sf202.pdf.

———. „NATO's Nuclear Debate: The Broader Strategic Context". In *Tactical Nuclear Weapons and NATO*, herausgegeben von Tom Nichols, Douglas Stuart, und Jeffrey D. McCausland, 359–73. Carlisle, PA: U.S. Army War College, 2012.

Miller, Franklin, George Robertson, und Kori Schake. „Germany Opens Pandora's Box". Briefing Note. London: Centre for European Reform, Februar 2010. http://www.cer.org.uk/sites/default/files/publications/attachments/pdf/2011/bn_pandora_final_8feb10-245.pdf.

Morgan, Patrick M. *Deterrence Now*. Cambridge; New York, NY: Cambridge University Press, 2003.

„MRCA PA-200 Tornado". Luftwaffe, 15. April 2016. http://www.luftwaffe.de/portal/a/luftwaffe/!ut/p/c4/04_SB8K8xL LM9MSSzPy8xBz9CP3I5EyrpHK9nHK98sS0NL2s1JJivZL8ojz9gmx HRQCuLSDf/.

Müller, Harald. „Der nukleare Nichtverbreitungsvertrag nach der Überprüfung". HSFK-Report. Frankfurt am Main: Hessische Stiftung Friedens- und Konfliktforschung (HSFK), 2010. http://www.hsfk.de/fileadmin/HSFK/hsfk_downloads/report0310. pdf.

———. „Die Stabilität des nuklearen Nichtverbreitungsregimes: Stand und Optionen". Herausgegeben von Hessische Stiftung Friedens- und Konfliktforschung (HSFK). *HSFK-Report*, Nr. 11/2009 (2009).

———. „Flexible Responses: NATO Reactions to the US Nuclear Posture Review". *Nonproliferation Review* 18, Nr. 1 (2011): 103–24.

———. „Kernwaffen und deutsche Interessen: Versuch einer Neubestimmung". HSFK-Report. Frankfurt am Main: Hessische Stiftung Friedens- und Konfliktforschung (HSFK), 1999. http://www.hsfk.de/fileadmin/HSFK/hsfk_downloads/report0599. pdf.

———. „Nichtverbreitung: Regime kaputt". *Internationale Politik (IP)* 2006, Nr. 8 (2006): 16–23.

———. „Nukleare Abrüstung: Optionen für den kommenden Überprüfungszyklus des NVV". HSFK-Report. Frankfurt am Main: Hessische Stiftung Friedens- und Konfliktforschung (HSFK), 2011. http://mercury.ethz.ch/serviceengine/Files/ISN/136544/ipublicatio ndocument_singledocument/a46da51c-97f0-4e49-bfd5-9aaf105160a7/de/report0711.pdf.

————. „Vertrag im Zerfall? Die gescheiterte Überprüfungskonferenz des Nichtverbreitungsvertrags und ihre Folgen". HSFK-Report. Frankfurt am Main: Hessische Stiftung Friedens- und Konfliktforschung (HSFK), 2005. http://www.hsfk.de/fileadmin/HSFK/hsfk_downloads/report0405.pdf.

Müller, Harald, und Annette Schaper. „Definitions, Types, Missions, Risks and Options for Control: A European Perspective". In *Tactical Nuclear Weapons: Options for Control*, herausgegeben von William C. Potter, Nikolai Sokov, Harald Müller, und Annette Schaper, 19–51. Genf: United Nations Institute for Disarmament Research (UNIDIR), 2000.

Müller, Harald, und Stephanie Sohnius. „Intervention und Kernwaffen: Zur neuen Nukleardoktrin der USA". HSFK-Report. Frankfurt am Main: Hessische Stiftung Friedens- und Konfliktforschung (HSFK), 2006. http://www.hsfk.de/fileadmin/HSFK/hsfk_downloads/report0106.pdf.

Munoz, Carlo. „Chilton: Conventional PGS Cannot Replace Nuclear Deterrent Role". Inside the Air Force, 22. Januar 2010.

Murdock, Clark A., und Jessica M. Yeats. „Exploring the Nuclear Posture Implications of Extended Deterrence and Assurance: Workshop Proceeding and Key Takeaways". Washington, DC, November 2009. http://csis.org/files/publication/091218_nuclear_posture.pdf.

Nassauer, Otfried. „50 Jahre Nuklearwaffen in Deutschland". *Aus Politik und Zeitgeschichte* 2005, Nr. 21 (Mai 2005): 27–31.

————. „Atomwaffensperrvertrag und Nukleare Teilhabe: Das Nukleare Outsourcing beenden? Eine Expertise für Greenpeace e. V." Berlin: Berliner Informationszentrum für Transatlantische Sicherheit (BITS), April 2005. http://www.bits.de/public/pdf/nuk-teilhabe.pdf.

————. „Atomwaffenstandort Büchel", April 2005. http://www.bits.de/public/stichwort/buechel.htm.

————. „Die NATO und der nukleare ‚Schirm': Gibt es gute Gründe für Atomwaffen in Deutschland und Europa?" BITS Research Report. Berlin, Oktober 2010. http://www.bits.de/public/pdf/nuklearer-schirm-nato.pdf.

Nassauer, Otfried, und Gerhard Piper. „Atomwaffen-Modernisierung in Europa: Das Projekt B61-12". BITS Research Report. Berlin: Berliner Informationszentrum für Transatlantische Sicherheit (BITS), September 2012. http://www.bits.de/public/pdf/rr-12-1.pdf.

National Air and Space Intelligence Center. „Ballistic and Cruise Missile Threat". Dayton, OH, März 2006. http://www.nukestrat.com/us/afn/NASIC2006.pdf.

National Defense Authorization Act for Fiscal Year 2010, 2009. https://www.gpo.gov/fdsys/pkg/PLAW-111publ84/pdf/PLAW-111publ84.pdf.

NATO. „5. Working Structures". *NATO*, o. J. http://www.nato.int/nato-welcome/index.html.

———. „Active Engagement, Modern Defence: Strategic Concept for the Defence and Security of the Members of the North Atlantic Treaty Organization". Brüssel: NATO, 2010. http://www.nato.int/nato_static/assets/pdf/pdf_publications/20120 214_strategic-concept-2010-eng.pdf.

———. „Chicago Summit Declaration: Issued by the Heads of State and Government Participating in the Peeting of the North Atlantic Council in Chicago on 20 May 2012 [Press Release (2012) 062]". *NATO*, Mai 2012. http://www.nato.int/cps/en/natolive/official_texts_87593.htm.

———. „Declaration on Alliance Security: Issued by the Heads of State and Government Participating in the Meeting of the North Atlantic Council in Strasbourg / Kehl on 4 April 2009. [Press Release (2009) 043]". *NATO*, 4. April 2009. http://www.nato.int/cps/en/natolive/news_52838.htm.

———. „Deterrence and Defence Posture Review. [Press Release (2012) 063]". *NATO*, Mai 2012. http://www.nato.int/cps/en/natolive/official_texts_87597.htm?mod e=pressrelease.

———. *NATO Handbook*. Brüssel: NATO Public Diplomacy Division, 2006.

———. „NATO's New Strategic Concept: Why? How?" *NATO*, 2009. http://www.nato.int/strategic-concept/what-is-strategic-concept.html.

————. „NATO's Nuclear Forces in the New Security Environment: Background", 2004. http://www.nato.int/issues/nuclear/sec-environment.html.

————. „Nuclear Planning Group (NPG)". *NATO*, o. J. http://www.nato.int/cps/en/natolive/topics_50069.htm.

————. „Strasbourg / Kehl Summit Declaration: Issued by the Heads of State and Government Participating in the Meeting of the North Atlantic Council in Strasbourg / Kehl. [Press Release (2009) 044]". *NATO*, 4. April 2009. http://www.nato.int/cps/en/natolive/news_52837.htm.

————. „The Alliance's New Strategic Concept: Agreed by the Heads of State and Government participating in the Meeting of the North Atlantic Council". *NATO*, 7. November 1991. http://www.nato.int/cps/en/natolive/official_texts_23847.htm.

————. „The Alliance's Strategic Concept: Approved by the Heads of State and Government participating in the meeting of the North Atlantic Council in Washington D.C. [Press Release NAC-S(99) 65]". *NATO*, 24. April 1999. http://www.nato.int/cps/en/natolive/official_texts_27433.htm.

————. „The Evolution of NATO's Contribution to Arms Control, Disarmament and Non-Proliferation". *NATO*, August 2014. http://www.nato.int/cps/in/natohq/topics_48895.htm#.

Neuneck, Götz. „European and German Perspectives". In *Tactical Nuclear Weapons and NATO*, herausgegeben von Tom Nichols, Douglas Stuart, und Jeffrey D. McCausland, 257–78. Carlisle, PA: U.S. Army War College, 2012.

————. „Nichtweiterverbreitung, Abrüstung und Rüstungskontrolle". In *Einführung in die Internationale Politik*, herausgegeben von Michael Staack, 5. Aufl., 737–85. München: Oldenbourg, 2012.

Nichols, Tom, Douglas Stuart, und Jeffrey D. McCausland, Hrsg. *Tactical Nuclear Weapons and NATO*. Carlisle, PA: U.S. Army War College, 2012.

Norris, Robert S., und Hans M. Kristensen. „Global Nuclear Stockpiles, 1945–2006". *Bulletin of the Atomic Scientists* 62, Nr. 4 (2015): 64–66.

————. „US Tactical Nuclear Weapons in Europe, 2011". *Bulletin of the Atomic Scientists* 67, Nr. 1 (2010): 64–73. doi:10.1177/0096340210393931.

Nuclear Threat Initiative (NTI). „Country Profiles". *Nuclear Threat Initiative (NTI)*, o. J. http://www.nti.org/learn/countries/.

Nye, Joseph S. *Understanding International Conflicts: An Introduction to Theory and History*. 6. Aufl. New York, NY: Pearson/Longman, 2007.

Obama, Barack. „Remarks by President Barack Obama in Prague as Delivered [Rede von US-Präsident Barack Obama am 5. April 2009 in Prag]". *The White House*, 5. April 2009. http://www.whitehouse.gov/the_press_office/Remarks-By-President-Barack-Obama-In-Prague-As-Delivered/.

Oelrich, Ivan. „Missions for Nuclear Weapons After the Cold War". RUSI Occasional Paper. Washington, DC: Federation of American Scientist (FAS), Januar 2005. http://www.fas.org/pubs/_docs/01282005175922.pdf.

O'Neill, Barry. „Nuclear Weapons and National Prestige". Discussion Paper. New Haven, CT, Februar 2006. http://cowles.yale.edu/sites/default/files/files/pub/d15/d1560.pdf.

Oppermann, Kai. *Prinzipale und Agenten in Zwei-Ebenen-Spielen: Die innerstaatlichen Restriktionen der Europapolitik Großbritanniens unter Tony Blair*. Wiesbaden: VS, 2008.

O'Rourke, Ronald. „Navy Ohio Replacement (SSBN[X]) Ballistic Missile Submarine Program: Background and Issues for Congress". CRS Report for Congress. CRS Report for Congress. Washington, DC: Congressional Research Service, Mai 2016. https://www.fas.org/sgp/crs/weapons/R41129.pdf.

Overhaus, Marco. *Die deutsche NATO-Politik: Vom Ende des Kalten Krieges bis zum Kampf gegen den Terrorismus*. Baden-Baden: Nomos, 2009.

Paul, Michael. *Atomare Abrüstung: Probleme, Prozesse, Perspektiven*. Bonn: Bundeszentrale für Politische Bildung (bpb), 2012.

————. „Neustart 2.0 zur Abrüstung substrategischer Nuklearwaffen? Verhandlungsansätze und -modelle". SWP-Studie. Berlin: Stiftung Wissenschaft und Politik (SWP), Mai 2011. http://www.swp-

ber-
lin.org/fileadmin/contents/products/studien/2011_S14_pau_ks.pdf.

Paul, Michael, und Oliver Thränert. „Abrüstung, Abschreckung und Abwehr: Die neue US-Nukleardoktrin – Abstimmungsbedarf in der Allianz". SWP-Aktuell. Berlin: Stiftung Wissenschaft und Politik (SWP), März 2010. http://www.swp-ber-
lin.org/fileadmin/contents/products/aktuell/2010A24_pau_trt_ks.pdf.

———. „Neustart mit Hindernissen: Probleme und Perspektiven des START-I Nachfolgeabkommens". SWP-Aktuell. Berlin: Stiftung Wissenschaft und Politik (SWP), Juli 2009. http://www.swp-ber-
lin.org/fileadmin/contents/products/aktuell/2009A35_pau_trt_ks.pdf.

Payne, Keith B., und John S. Foster. *Nuclear Force Adaptability for Deterrence and Assurance: A Prudent Alternative to Minimum Deterrence*. Fairfax, VA: National Institute Press, 2014. http://www.nipp.org/wp-content/uploads/2014/12/MD-II-for-web.pdf.

Pearl, Jonathan. „Forecasting Zero: U.S. Nuclear History and the Low Probability of Disarmament". Carlisle, PA: U.S. Army War College, November 2011. http://www.strategicstudiesinstitute.army.mil/pubs/download.cfm?q=1092.

Pifer, Steven. „NATO, Nuclear Weapons and Arms Control". Arms Control Series. Washington, DC: The Brookings Institution, Juli 2011. http://www.brookings.edu/~/media/research/files/papers/2011/7/19-arms-control-pifer/0719_arms_control_pifer.pdf.

Pifer, Steven, Richard C. Bush, Venda Felbab-Brown, Martin S. Indyk, Michael O'Hanlon, und Kenneth M. Pollack. „U.S. Nuclear and Extended Deterrence: Considerations and Challenges". Arms Control Series. Washington, DC: The Brookings Institution, Mai 2010. http://www.brookings.edu/~/media/research/files/papers/2010/6/nuclear-deterrence/06_nuclear_deterrence.pdf.

Polyakov, Leonid. „Aspects of the Current Russian Perspective on Tactical Nuclear Weapons". In *Tactical Nuclear Weapons and NATO*, herausgegeben von Tom Nichols, Douglas Stuart, und Jeffrey D. McCausland, 155–74. Carlisle, PA: U.S. Army War College, 2012.

Pomper, Miles A. „The United States". In *Tactical Nuclear Weapons and Euro-Atlantic Security. The Future of NATO*, herausgegeben von Paolo Foradori, 125–41. London: Routledge, 2013.

Potter, William C., Nikolai Sokov, Harald Müller, und Annette Schaper, Hrsg. *Tactical Nuclear Weapons: Options for Control*. Genf: United Nations Institute for Disarmament Research (UNIDIR), 2000.

„Protocol to the Treaty Between the United States of America and the Russian Federation on Measures for the Further Reduction and Limitation of Strategic Offensive Arms". Washington, DC: U.S. Department of State, 8. April 2010. http://www.state.gov/documents/organization/140047.pdf.

Putnam, Robert D. „Diplomacy and Domestic Politics: The Logic of Two-Level Games". *International Organization* 42, Nr. 3 (1988): 427–60. doi:10.1017/S0020818300027697.

―――. „Two-Level Games: The Impact of Domestic Politics on Transatlantic Bargaining". In *America and Europe in an Era of Change*, herausgegeben von Helga Haftendorn und Christian Tuschhoff, 69–83. Boulder, CO: Westview, 1993.

Quackenbush, Stephen L. „Deterrence Theory: Where do we Stand?" *Review of International Studies* 37, Nr. 2 (2011): 741–62. doi:10.1017/S0260210510000896.

Richter, Wolfgang. „Scheitert die konventionelle Rüstungskontrolle in Europa?" SWP-Aktuell. Berlin: Stiftung Wissenschaft und Politik (SWP), September 2011. http://www.swp-ber-lin.org/fileadmin/contents/products/aktuell/2011A44_rrw_ks.pdf.

Riecke, Henning, Hrsg. *Die Transformation der NATO: Die Zukunft der euro-atlantischen Sicherheitskooperation*. Baden-Baden: Nomos, 2007.

―――. „The Most Ambitious Agenda: Amerikanische Diplomatie gegen die Entstehung neuer Kernwaffenstaaten und das Nukleare Nichtverbreitungsregime". Dissertation, Freie Universität Berlin,

2002. http://webdoc.sub.gwdg.de/ebook/diss/2003/fu-berlin/2002/9/index.html.

Rinehart, Ian E., Steven A. Hildreth, und Susan V. Lawrence. „Ballistic Missile Defense in the Asia-Pacific Region: Cooperation and Opposition". CRS Report for Congress. Washington, DC: Congressional Research Service, 24. Juni 2013. https://www.fas.org/sgp/crs/nuke/R43116.pdf.

Risse, Thomas. „The Crisis of the Transatlantic Security Community". In *Multilateralism and Security Institutions in an Era of Globalization*, herausgegeben von Dimitris Bourantonis, Kostas Ifantis, und P. I. Tsakōnas, 78–100. London; New York, NY: Cornell University Press, 2008.

Ritchie, Nick. *US Nuclear Weapons Policy After the Cold War: Russians, „Rogues" and Domestic Division*. London; New York, NY: Routledge, 2009.

Roberts, Brad. „On the Strategic Value of Ballistic Missile Defense". Proliferation Papers. Brüssel; Paris: Institut français des relations internationales (ifri), Juni 2014. http://www.ifri.org/sites/default/files/atoms/files/pp50roberts.pdf.

Roberts, Guy B. „Role of Nuclear Weapons in NATO's Deterrence and Defense Posture Review: Prospects for Change". In *Tactical Nuclear Weapons and NATO*, herausgegeben von Tom Nichols, Douglas Stuart, und Jeffrey D. McCausland, 375–400. Carlisle, PA: U.S. Army War College, 2012.

Rojansky, Matthew. „Russia and Strategic Stability". In *Strategic Stability. Contending Interpretations*, herausgegeben von Elbridge A. Colby und Michael S. Gerson, 295–342. Carlisle, PA: U.S. Army War College, 2013.

Rühle, Michael. *Gute und schlechte Atombomben: Berlin muss die nukleare Realität mitgestalten*. Hamburg: Edition Körber-Stiftung, 2009.

———. „NATO and Nuclear Weapons". In *Understanding NATO in the 21st Century. Alliance Strategies, Security and Global Governance*, herausgegeben von Graeme P. Herd und John Kriendler, 135–43. London; New York, NY: Routledge, 2014.

———. „NATO Nuclear Deterrence and Public Diplomacy: Factors Shaping a New Strategic Concept". In *NATO and 21st Century Deter-*

rence, herausgegeben von Karl-Heinz Kamp und David S. Yost, 184–96. NDC Forum Paper. Rom: NATO Defense College, 2009.

———. „The Broader Context of NATO's Nuclear Policy and Posture". Research Paper. Rom: NATO Defence College, Januar 2013. http://www.ndc.nato.int/download/downloads.php?icode=366.

———. „The Nuclear Reality: The West Needs a New Approach to Nuclear Arms Control". *Berlin Policy Journal*, Berlin Policy Journal, 16. Februar 2015. http://berlinpolicyjournal.com/the-nuclear-reality/.

Sagan, Scott D. „Why Do States Build Nuclear Weapons? Three Models in Search of a Bomb". *International Security* 21, Nr. 3 (1997): 54–86.

Sagan, Scott Douglas, James M. Acton, Jayantha Dhanapala, Mustafa Kibaroglu, Harald Müller, Yukio Satoh, Mohamed I. Shaker, und Achilles Zaluar. *Shared Responsibilities for Nuclear Disarmament: A Global Debate*. Cambridge, MA: American Academy of Arts and Sciences, 2010.

Sagan, Scott Douglas, und Kenneth N. Waltz, Hrsg. *The Spread of Nuclear Weapons: A Debate Renewed*. 2. Aufl. New York, NY: Norton, 2003.

Sandschneider, Eberhard. „Nur wer liefert, darf mitbestimmen: Die NATO wird 60". DGAP Standpunkt. Berlin: Deutsche Gesellschaft für Auswärtige Politik (DGAP), März 2009. https://dgap.org/de/article/getFullPDF/17919.

Sauer, Tom. „Belgium". In *Tactical Nuclear Weapons and Euro-Atlantic Security. The Future of NATO*, herausgegeben von Paolo Foradori, 29–43. London: Routledge, 2013.

Sauer, Tom, und Bob van der Zwaan. „U.S. Tactical Nuclear Weapons in Europe After NATO's Lisbon Summit: Why their Withdrawal Is Desirable and Feasible". Discussion Paper. Cambridge, UK, 2011. http://belfercenter.hks.harvard.edu/files/us-tactical-nuclearweapons-in-europe.pdf.

Schelling, Thomas C. *Arms and Influence*. New Haven, CT: Yale University Press, 1966.

———. *The Strategy of Conflict*. Cambridge, MA: Harvard University Press, 1960.

Schmidt, Hans-Joachim. „Ende oder Neuordnung der konventionellen Rüstungskontrolle?" HSFK-Report. Frankfurt am Main: Hessische Stiftung Friedens- und Konfliktforschung (HSFK), 2008. http://www.hsfk.de/fileadmin/HSFK/hsfk_downloads/report0308.pdf.

Schmidt, Oliver. „Keine Abrüstungseuphorie: Pragmatismus wird die US-Nuklearwaffenpolitik in Obamas zweiter Amtszeit prägen". SWP-Aktuell. Berlin: Stiftung Wissenschaft und Politik (SWP), Januar 2013. http://www.swp-berlin.org/fileadmin/contents/products/aktuell/2013A07_sco.pdf.

Schmidt, Siegmar, Gunther Hellmann, und Reinhard Wolf, Hrsg. *Handbuch zur deutschen Außenpolitik*. Wiesbaden: VS, 2007.

Schulte, Paul. „Tactical Nuclear Weapons in NATO and Beyond: A Historical and Thematic Examination". In *Tactical Nuclear Weapons and NATO*, herausgegeben von Tom Nichols, Douglas Stuart, und Jeffrey D. McCausland, 13–74. Carlisle, PA: U.S. Army War College, 2012.

Schwartz, Stephen I., und Deepti Choubey. „Nuclear Security Spending: Assessing Costs, Examining Priorities". Washington, DC: Carnegie Endowment for International Peace, 12. Januar 2009. http://carnegieendowment.org/2009/01/12/nuclear-security-spending-assessing-costs-examining-priorities/8uq.

Schwarz, Klaus-Dieter. „The Future of Deterrence". SWP Research Paper. SWP Research Paper. Berlin: Stiftung Wissenschaft und Politik (SWP), Juni 2005. https://www.swp-ber-lin.org/fileadmin/contents/products/research_papers/Microsoft_Word___S13_05_swz_engl_ks.pdf.

Seaboyer, Anthony, und Oliver Thränert. „What Missile Proliferation Means for Europe". *Survival: Global Politics and Strategy* 48, Nr. 2 (2006): 85–96.

Seay, Edmond E. „NATO's Nuclear Guardians: Why NATO's Bureaucracy is Unable to Initiate Change to, or Support Reform of, Alliance Nuclear Policy". Nuclear Policy Paper. Hamburg, Mai 2013. http://www.basicint.org/sites/default/files/natonuclearguardians2013may.pdf.

Shetty, Shatabhisha, Ian Kearns, und Simon Lunn. „The Baltic States, NATO and Non-Strategic Nuclear Weapons in Europe". RUSI Occasional Paper. London: Royal United Services Institute (RUSI); European Leadership Network (ELN), Dezember 2012. https://rusi.org/sites/default/files/201212_op_baltic_states_nato_and_nsnw.pdf.

Smith, Steve, Amelia Hadfield, und Timothy Dunne, Hrsg. *Foreign Policy: Theories, Actors, Cases*. 2. Aufl. Oxford: Oxford University Press, 2012.

Snyder, Glenn H. *Alliance Politics*. Ithaca, NY: Cornell University Press, 1997.

Sokolski, Henry D., Hrsg. *Getting MAD: Mutual Assured Destruction, its Origins and Practice*. Carlisle, PA: U.S. Army War College, 2004. http://www.strategicstudiesinstitute.army.mil/pdffiles/pub585.pdf.

———. *Moving Beyond Pretense: Nuclear Power and Nonproliferation*. Carlisle, PA: Strategic Studies Institute (SSI), 2014. http://www.strategicstudiesinstitute.army.mil/pubs/download.cfm?q=1204.

Sokov, Nikolai. „Russia". In *Tactical Nuclear Weapons and Euro-Atlantic Security. The Future of NATO*, herausgegeben von Paolo Foradori, 158–76. London: Routledge, 2013.

———. „Russian Perspectives on Non-Strategic Nuclear Weapons". In *Tactical Nuclear Weapons and NATO*, herausgegeben von Tom Nichols, Douglas Stuart, und Jeffrey D. McCausland, 199–226. Carlisle, PA: U.S. Army War College, 2012.

Somerville, Andrew, Ian Kearns, und Malcolm Chalmers. „Poland, NATO and Non-Strategic Nuclear Weapons in Europe". RUSI Occasional Paper. London: Royal United Services Institute (RUSI), Februar 2012. https://rusi.org/sites/default/files/201202_op_poland_nato_and_nsnw.pdf.

SPIEGEL Online. „Atomwaffen für die Bundeswehr: Kalenderblatt: 25.3.1958", 25. März 2008. http://www.spiegel.de/einestages/kalenderblatt-25-3-1958-a-946755.html.

SPIEGEL Online. „Nuklearwaffen in Deutschland: Steinmeier fordert Abzug von US-Atombomben", 4. Oktober 2009. http://www.spiegel.de/politik/deutschland/nuklearwaffen-in-deutschland-steinmeier-fordert-abzug-von-us-atombomben-a-618398.html.

Steinhoff, Johannes, und Reiner Pommerin. *Strategiewechsel, Bundesrepublik und Nuklearstrategie in der Ära Adenauer-Kennedy: Nuclear History Program (NHP)*. Baden-Baden: Nomos, 1992.

Stuart, Douglas. „Introduction of European Policies and Opinions Relating to Tactical Nuclear Weapons". In *Tactical Nuclear Weapons and NATO*, herausgegeben von Tom Nichols, Douglas Stuart, und Jeffrey D. McCausland, 229–33. Carlisle, PA: U.S. Army War College, 2012.

Suchy, Petr, und Bradley A. Thayer. „Weapons as Political Symbolism: The Role of US Tactical Nuclear Weapons in Europe". *European Security* 23, Nr. 4 (2014): 509–28.

Sutyagin, Igor. „Atomic Accounting: A New Estimate of Russia's Non-Strategic Nuclear Forces". RUSI Occasional Paper. London: Royal United Services Institute (RUSI), 7. November 2012. https://rusi.org/sites/default/files/201211_op_atomic_accounting.pdf.

Takahashi, Sugio. „Ballistic Missile Defense in Japan: Deterrence and Military Transformation". Proliferation Papers. Brüssel; Paris: Institut français des relations internationales (ifri);, Dezember 2012. http://www.ifri.org/sites/default/files/atoms/files/pp44av59takahashi.pdf.

„Taktisches Luftwaffengeschwader 33". *Luftwaffe*, März 2016. http://www.luftwaffe.de/portal/a/luftwaffe/!ut/p/c4/04_SB8K8xLLM9MSSzPy8xBz9CP3I5EyrpHK9nHK9_KJ0vZzStJJcvazEpPx0Y2P9gmxHRQAp3v6A/.

Tartrais, Bruno. „In Defense of Deterrence: The Relevance, Morality and Cost-Effectiveness of Nuclear Weapons". Proliferation Papers. Brüssel; Paris, Herbst 2011. http://www.ifri.org/sites/default/files/atoms/files/pp39tertrais.pdf.

The New START Treaty (Treaty doc. 111-5). Hearings before the Committee on Foreign Relations, United States Senate, One Hundred Eleventh Congress, second session, April 29, May 18, 19, 25, June 10, 15, 16, 24, and July 15,

2010. Washington, DC: United States Government Publishing Office (GPO), 2010. http://www.foreign.senate.gov/imo/media/doc/New_START_heari ngs_111th_Congress.pdf.

The White House. „A National Security Strategy of Engagement and Enlargement". Washington, DC: The White House, Juli 1994. http://nssarchive.us/NSSR/1994.pdf.

―――. „A National Security Strategy of Engagement and Enlargement". Washington, DC: The White House, Februar 1995. http://nssarchive.us/NSSR/1995.pdf.

―――. „Fact Sheet: An Enduring Commitment to the U.S. Nuclear Deterrent". *The White House*, 17. November 2010. http://www.whitehouse.gov/the-press-office/2010/11/17/fact-sheet-enduring-commitment-us-nuclear-deterrent.

―――. „Fact Sheet: U.S. Missile Defense Policy: A Phased, Adaptive Approach for Missile Defense in Europe". *The White House*, 17. September 2009. http://www.whitehouse.gov/the_press_office/FACT-SHEET-US-Missile-Defense-Policy-A-Phased-Adaptive-Approach-for-Missile-Defense-in-Europe/.

―――. „National Security Strategy (May 2010)". Washington, DC: The White House, Mai 2010. https://www.whitehouse.gov/sites/default/files/rss_viewer/national _security_strategy.pdf.

―――. „National Security Strategy of the United States". Washington, DC: The White House, März 1990. http://nssarchive.us/NSSR/1990.pdf.

―――. „National Security Strategy of the United States". Washington, DC: The White House, August 1991. http://nssarchive.us/NSSR/1991.pdf.

Theiler, Olaf. „Deutschland und die NATO". In *Deutsche Sicherheitspolitik. Herausforderungen, Akteure und Prozesse*, herausgegeben von Stephan Böckenförde und Sven Bernhard Gareis, 2. vollst. überarb. u. aktual. Aufl., 287–328. Opladen; Toronto: Barbara Budrich, 2014.

Thränert, Oliver. „Abrüstung und Global Zero: ... gegen den Strich gebürstet". *Internationale Politik* 2009, Nr. 11/12 (2009): 96–103.

————. „Abschied von der Abschreckung: Amerika leitet den Kurs-wechsel zur atomaren Abrüstung ein". *Internationale Politik (IP) 2008*, Nr. 10 (2008): 90–95.

————. „Bush und Putin rüsten ab". *Neue Gesellschaft/Frankfurter Hefte 2002*, Nr. 7/8 (2002): 396–400.

————. „Das Raketenabwehrprojekt der Nato: Europäische Interessen und die Umsetzung eines ambitionierten Vorhabens". SWP-Studie. Berlin: Stiftung Wissenschaft und Politik (SWP), September 2011. https://www.swp-berlin.org/fileadmin/contents/products/studien/2011_S25_trt_ks.pdf.

————. „Departing from Deterrence: The United States should embrace nuclear disarmament". *Internationale Politik 2008*, Nr. 4 (2008): 22–26.

————. „Die ‚globale Null' für Atomwaffen". *Aus Politik und Zeitgeschichte 2010*, Nr. 50 (2010): 3–8.

————. „Die nukleare Nichtverbreitungspolitik in der Krise". *Aus Politik und Zeitgeschichte 2006*, Nr. 43 (2006): 17–23.

————. „Die Zukunft des Atomwaffensperrvertrags: Perspektiven vor der Überprüfungskonferenz 2005". Herausgegeben von Stiftung Wissenschaft und Politik. *SWP-Studie*, Nr. S 28 (August 2004). http://www.swp-berlin.org/fileadmin/contents/products/studien/2004_S28_trt_ks.pdf.

————. „Ende der akzeptierten Verwundbarkeit und die Renaissance der Defensive". *Europäische Sicherheit 2001*, Nr. 10 (2001): 7–9.

————. „Europäische Beiträge zur NATO-Raketenabwehr". *Europäische Sicherheit 60*, Nr. 9 (2011): 13–16.

————. „Europe's Need for a Damage Limitation Option". In *Readings in European Security. Volume 5*, herausgegeben von Michael Emerson, 62–77. Working Papers / CEPS-IISS European Security Forum. Brussels; London: Centre for European Policy Studies (CEPS), 2009.

————. „Iran's Nuclear Programme as a Challenge to NATO's Defence and Deterrence Posture". SWP Working Paper. Berlin: Stiftung Wissenschaft und Politik (SWP), Juli 2011. http://www.swp-

ber-
lin.org/fileadmin/contents/products/arbeitspapiere/WP_Thraenert_
Nato_Juli_2011.pdf.

———. „Moving Towards a Global Zero? Die Rüstungskontroll-
und Nichtverbreitungspolitik". In *Weltmacht im Wandel. Die USA in der
Ära Obama*, herausgegeben von Florian Böller und Jürgen Wilzewski,
249–77. Trier: WVT, 2012.

———. „Nato and Missile Defence: Opportunities and Open Questions". CSS Analysis in Security Policy. Zürich: ETH Zürich, Dezember 2010. http://www.css.ethz.ch/content/dam/ethz/special-
interest/gess/cis/center-for-securities-studies/pdfs/CSS-Analyses-
86.pdf.

———. „NATO, Missile Defence and Extended Deterrence". *Survival: Global Politics and Strategy* 51, Nr. 6 (2009): 63–76.

———. „NATO's Deterrence and Defense Posture Review". SWP
Comments. Berlin: Stiftung Wissenschaft und Politik (SWP), November 2011. http://www.swp-
ber-
lin.org/fileadmin/contents/products/comments/2011C34_trt_ks.pdf
.

———. , Hrsg. *No Farewell to Arms: The US and Russia are Modernizing
their Nuclear Arsenals. End of a Dream?* Bd. 2. Berlin: Times Media,
2011.

———. „Nuclear Arms and Missile Defense in Transatlantic Security". In *European Security and the Future of Transatlantic Relations*, herausgegeben von Riccardo Alcaro und Erik Jones, 69–86. IAI Research
Papers. Roma: Nuova cultura, 2011.

———. „Nukleare Anarchie oder globale Null: Atomwaffen und
neue Weltordnung". *Neue Gesellschaft/Frankfurter Hefte* 2009, Nr. 6
(2009): 28–150.

———. „Obamas Vision einer Welt ohne Atomwaffen". *Neue Gesell-
schaft/Frankfurter Hefte* 57, Nr. 10 (2010): 41–44.

———. „Paradigm Shift? Die USA und die Zukunft der Rüstungskontrolle". In *Weltmacht vor neuer Bedrohung. Die Bush-Administration und
die US-Außenpolitik nach dem Angriff auf Amerika*, herausgegeben von
Werner Kremp und Jürgen Wilzewski, 125–56. Trier: WVT, 2003.

————. „Rettet die nukleare Ordnung und schafft die Atomwaffen ab". *Internationale Politik* 2010, Nr. 3–4 (2010): 10–17.

————. „Rüstungskontrolle und Nichtverbreitungspolitik". In *Deutsche Außenpolitik. Sicherheit, Wohlfahrt, Institutionen und Normen*, herausgegeben von Thomas Jäger, Alexander Höse, und Kai Oppermann, 197–217. Wiesbaden: VS, 2007.

————. „The Crisis of the NPT: Ahead of the 2010 Review Conference". CSS Analysis in Security Policy. Zürich: Center for Security Studies (CSS), ETH Zürich, Dezember 2009. https://www.swp-berlin.org/fileadmin/contents/products/fachpublikationen/SCrisis_NPT.pdf.

————. „The Nuclear Weapons Comeback". Policy Perspectives. Zürich: Center for Security Studies (CSS), ETH Zürich, Januar 2015. http://www.css.ethz.ch/content/dam/ethz/special-interest/gess/cis/center-for-securities-studies/pdfs/PP-2015-01.pdf.

————. „U.S. Nuclear Forces in Europe to Zero? Yes, But Not Yet". *Carnegie Endowment for International Peace*, Dezember 2008. http://carnegieendowment.org/2008/12/10/u.s.-nuclear-forces-in-europe-to-zero-yes-but-not-yet.

————. „Verliert die Verbreitung von Kernwaffen ihren Schrecken? Die neuesten Entwicklungen in Iran, Libyen, Nordkorea und Pakistan". SWP-Aktuell. Berlin: Stiftung Wissenschaft und Politik (SWP), Februar 2004. http://www.swp-berlin.org/fileadmin/contents/products/aktuell/aktuell2004_03_trt_Dist4.pdf.

————. „Vision und Illusion? Barack Obamas Abrüstungs- und Nichtverbreitungspolitik". SWP-Arbeitspapier. Berlin: Stiftung Wissenschaft und Politik (SWP), Januar 2010. https://www.swp-berlin.org/fileadmin/contents/products/arbeitspapiere/trt_jour_fixe_jan2010_ks.pdf.

Thränert, Oliver, und Roland Hiemann. „A World without Nuclear Weapons? The New Charms of an Old Vision". SWP Comments. Berlin: Stiftung Wissenschaft und Politik (SWP), April 2008.

http://www.swp-
ber-
lin.org/fileadmin/contents/products/comments/2008C04_hie_trt_k
s.pdf.

Thränert, Oliver. „After the Bombs are Gone: Thinking about a
Europe Free of US Nuclear Weapons". In *If the Bombs Go: European
Perspectives on NATO's Nuclear Debate*, 51–57. Whitehall Report 1–11.
London: Royal United Services Institute (RUSI), 2011.

„Treaty Between the United States of America and the Russian Federation on Measures for the Further Reduction and Limitation of
Strategic Offensive Arms". Washington, DC: U.S. Department of
State, 8. April 2010.
http://www.state.gov/documents/organization/140035.pdf.

„Treaty of Mutual Cooperation and Security between the United
States of America and Japan (January 19, 1960)". Washington, DC,
19. Januar 1960.
http://afe.easia.columbia.edu/ps/japan/mutual_cooperation_treaty.p
df.

*Treaty with Russia on Measures for Further Reduction and Limitation of Strate-
gic Offensive Arms (the New START Treaty). Report together with Minority
Views (to Accompany Treaty Doc. 111-5)*. Washington, DC: United States
Government Publishing Office (GPO), 2010.
http://www.foreign.senate.gov/imo/media/doc/CRPT-
111erpt6.pdf.

Twomey, Christopher P. „Nuclear Stability at Low Numbers". *Non-
proliferation Review* 20, Nr. 2 (2013): 289–303.

Ülgen, Sinan. „Turkey and the Bomb". The Carnegie Papers. Washington, DC: Carnegie Endowment for International Peace, Februar
2012. http://carnegieendowment.org/files/turkey_bomb.pdf.

United States Air Force. „Nuclear Operations: Air Force Doctrine
Document 3-72. Incorporating Change 2, 14 December 2011". o. O.:
United States Air Force, Mai 2009.
http://fas.org/irp/doddir/usaf/afdd3-72.pdf.

UNODA. „Treaty on the Non-Proliferation of Nuclear Weapons:
Status of the Treaty". *United Nations Office for Disarmament Affairs
(UNODA)*, o. J. http://disarmament.un.org/treaties/t/npt.

―――――. „Treaty on the Non-Proliferation of Nuclear Weapons: Text of the Treaty". *United Nations Office for Disarmament Affairs (UNODA*, o. J. http://disarmament.un.org/wmd/npt/npttext.html.

U.S. Department of Defense. „Ballistic Missile Defense Review Report". Washington, DC: U.S. Department of Defense, Februar 2010. http://www.defense.gov/bmdr/docs/BMDR%20as%20of%2026JAN10%200630_for%20web.pdf.

―――――. „Dictionary of Military and Associated Terms". Joint Publication. Joint Publication. Washington, DC: U.S. Department of Defense, 8. November 2010. http://www.dtic.mil/doctrine/new_pubs/jp1_02.pdf.

―――――. „Doctrine for Joint Nuclear Operations: Final Coordination (2)". Joint Publication. Washington, DC: U.S. Department of Defense, März 2005. http://www.globalsecurity.org/wmd/library/policy/dod/jp3_12fc2.pdf.

―――――. „Fact Sheet: Increasing Transparency in the U.S. Nuclear Weapons Stockpile". Washington, DC, Mai 2010. http://www.defense.gov/npr/docs/10-05-03_Fact_Sheet_US_Nuclear_Transparency__FINAL_w_Date.pdf.

―――――. „Fiscal Year (FY) 2011 Budget Estimates: Research, Development, Test and Evaluation, Defense-Wide". Washington, DC: U.S. Department of Defense, Februar 2010. http://comptroller.defense.gov/defbudget/fy2011/budget_justification/pdfs/03_RDT_and_E/OSD%20RDTE_PB_2011_Volume%203B.pdf.

―――――. „History of Ballistic Missile Defense". *Missile Defense Agency*, o. J. http://www.mda.mil/mdalink/html/history.html.

―――――. „Joint Operations". Joint Publication. Joint Publication. Washington, DC: U.S. Department of Defense, 11. August 2011. http://www.dtic.mil/doctrine/new_pubs/jp3_0.pdf.

―――――. „Nuclear Posture Review". In *1995 Annual Defense Report*, 83–92. Washington, DC: U.S. Department of Defense, 1995. http://history.defense.gov/Portals/70/Documents/annual_reports/1995_DoD_AR.pdf.

―――――. „Nuclear Posture Review Report". Washington, DC: U.S. Department of Defense, 2001.
http://archive.defense.gov/news/Jan2002/d20020109npr.pdf.

―――――. „Nuclear Posture Review Report (April 2010)". Washington, DC: U.S. Department of Defense, April 2010.
http://www.defense.gov/npr/docs/2010%20Nuclear%20Posture%20Review%20Report.pdf.

―――――. „Quadrennial Defense Review Report". Washington, DC: U.S. Department of Defense, 30. September 2001.
http://archive.defense.gov/pubs/qdr2001.pdf.

―――――. „Quadrennial Defense Review Report". Washington, DC: U.S. Department of Defense, Februar 2010.
http://www.defense.gov/Portals/1/features/defenseReviews/QDR/QDR_as_of_29JAN10_1600.pdf.

―――――. „Report of the Quadrennial Defense Review". Washington, DC: U.S. Department of Defense, Mai 1997.
http://history.defense.gov/Portals/70/Documents/quadrennial/QDR1997.pdf?ver=2014-06-25-110930-527.

―――――. „Strategic Nuclear Forces". In *1995 Annual Defense Report*, 163–168. Washington, DC: U.S. Department of Defense, 1995.
http://history.defense.gov/Portals/70/Documents/annual_reports/1995_DoD_AR.pdf.

U.S. Department of Defense, und U.S. National Nuclear Security Administration. „November 2010 Update to the National Defense Authorization Act of FY2010 Section 1251 Report: New START Treaty Framework and Nuclear Force Structure Plans". Washington, DC, 17. November 2010.
http://www.lasg.org/CMRR/Sect1251_update_17Nov2010.pdf.

Vanackere, Steven, Guido Westerwelle, Jean Asselborn, Maxime Verhagen, und Jonas Gahr Støre. „Brief der Außenminister Belgiens, Deutschlands Niederlande, Luxemburgs und Norwegen an den NATO Generalsekretär Andres Fogh Rasmussen vom 26. Februar 2010.", 26. Februar 2010.
https://www.armscontrol.org/system/files/Letter%20to%20Secretary%20General%20NATO.pdf.

Varwick, Johannes. „Das neue strategische Konzept der NATO". *Aus Politik und Zeitgeschichte* 2010, Nr. 50 (2010): 23–30.

Varwick, Johannes, und Benjamin Schreer. „60 Jahre NATO: Ein Bündnis im Wandel". *Österreichische militärische Zeitschrift* 47, Nr. 4 (2009): 403–12.

Vercamer, Bram Wannes. „Contrasting Perspectives on Tactical Nuclear Weapons in Europe: Understanding the Current Debates". UNODA Occasional Papers. New York, NY, Dezember 2013. https://unoda-web.s3-accelerate.amazonaws.com/wp-content/uploads/assets/publications/occasionalpapers/en/op24.pdf.

Vestring, Bettina. „Eine Niederlage für die Nato". *Frankfurter Rundschau*, 9. Mai 2012.

Walker, William. „President-elect Obama and Nuclear Disarmament: Between Elimination and Restraint". Proliferation Papers. Brüssel; Paris, 2009. https://www.ifri.org/sites/default/files/atoms/files/Walker_Obama_nuclear_disarmament.pdf.

Waltz, Kenneth N. „More May Be Better". In *The Spread of Nuclear Weapons. A Debate Renewed*, herausgegeben von Scott Douglas Sagan und Kenneth N. Waltz, 2. Aufl., 3–45. New York, NY: Norton, 2003.

Watman, Kenneth, und Dean A. Wilkening. „U.S. Regional Deterrence Strategies", 1995. https://www.rand.org/content/dam/rand/pubs/monograph_reports/2006/MR490.pdf.

Wheeler, Michael O. „NATO Nuclear Strategy, 1949–90". In *A History of NATO. The First Fifty Years*, herausgegeben von Gustav Schmidt, 3:121–1369. Basingstoke; New York, NY: Palgrave, 2001.

———. „The Changing Requirements of Assurance and Extended Deterrence". IDA Paper. Alexandria, VA, Juli 2010. http://www.dtic.mil/cgi-bin/GetTRDoc?AD=ADA550264.

Wiegold, Thomas. „Nukleare Teilhabe forever?" *http://augengeradeaus.net/*, 5. September 2012. http://augengeradeaus.net/2012/09/nukleare-teilhabe-forever/.

Wiermann, Hans-Werner. „Deutsche Verteidigungs- und Militärpolitik in den Vereinten Nationen, der NATO und der Europäischen

Union: Die Sicht der Unterabteilung Sicherheitspolitische Angelegenheiten im BMVg". In *Deutsche Verteidigungspolitik*, herausgegeben von Ina Wiesner, 85–106. Baden-Baden: Nomos, 2013.

Wikileaks.org. „National Security Advisor Heusgen on Afghanistan, Middle East, Iran, Detainees, Russia, Nukes and Balkans. Canonical ID: 09BERLIN1433_a", 12. November 2009. http://wikileaks.org/cable/2009/11/09BERLIN1433.html.

Wilkening, Dean A. „Strategic Stability Between the United States and Russia". In *Challenges in U.S. National Security Policy. A Festschrift Honoring Edward L. (Ted) Warner*, herausgegeben von David A. Ochmanek, Michael Sulmeyer, und Edward L. Warner, 123–40. Santa Monica, CA: RAND Corporation, 2014.

Wirtz, James J. „Deterring the Weak: Problems and Prospects". Proliferation Papers. Brüssel; Paris: Institut français des relations internationales (ifri), 2012. http://www.ifri.org/sites/default/files/atoms/files/pp43wirtz.pdf.

———. „Weapons of Mass Destruction". In *Contemporary Security Studies*, herausgegeben von Alan Collins, 270–88. Oxford: Oxford University Press, 2007.

Wolfsthal, Jon B., Jeffrey Lewis, und Marc Quint. *The Trillion Dollar Nuclear Triad: US Strategic Nuclear Modernization Over the Next Thirty Years*. Monterey, CA: James Martin Center for Nonproliferation Studies, 2014.

Woolf, Amy F. „Conventional Prompt Global Strike and Long-Range Ballistic Missiles: Background and Issues". CRS Report for Congress. Washington, DC: Congressional Research Service, 24. Februar 2016. https://www.fas.org/sgp/crs/nuke/R41464.pdf.

———. „Conventional Warheads for Long-Range Ballistic Missiles: Background and Issues for Congress". CRS Report for Congress. Washington, DC: Congressional Research Service, 26. Januar 2009. https://www.fas.org/sgp/crs/nuke/RL33067.pdf.

———. „Nonstrategic Nuclear Weapons". CRS Report for Congress. Washington, DC, März 2016. https://www.fas.org/sgp/crs/nuke/RL32572.pdf.

———. „Nuclear Weapons in U.S. National Security Policy: Past, Present, and Prospects". CRS Report for Congress. Washington, DC:

Congressional Research Service, Dezember 2008.
https://www.fas.org/sgp/crs/nuke/RL34226.pdf.

———. „The New START Treaty: Central Limits and Key Provisions". CRS Report for Congress. Washington, DC: Congressional Research Service, 13. April 2016.
https://www.fas.org/sgp/crs/nuke/R41219.pdf.

———. „U.S. Strategic Nuclear Forces: Background, Developments, and Issues". CRS Report for Congress. Washington, DC: Congressional Research Service, März 2016.
https://www.fas.org/sgp/crs/nuke/RL33640.pdf.

Yost, David S. „Adapting NATO's Deterrence Posture: The Alliance's New Strategic Concept and Implications for Nuclear Policy, Non-Proliferation, Arms Control, and Disarmament". Whitehall Report. Rom: NATO Defence College, Juni 2011.
http://www.ndc.nato.int/download/downloads.php?icode=294.

———. „Analysing International Nuclear Order". *International Affairs* 83, Nr. 3 (2007): 549–74.

———. „Carrying Forward NATO's Deterrence Review: A Report on a Workshop in Brussels, 25–26 October 2011". Workshop Report. Rom: NATO Defence College, Dezember 2011.
http://www.ndc.nato.int/download/downloads.php?icode=310.

———. „Debating Security Strategies". *NATO*, 2003.
http://www.nato.int/cps/en/natohq/opinions_20540.htm?selectedLocale=en.

———. „Dissuasion and Allies". *Strategic Insights* 6, Nr. 2 (2005).

———. „Introduction to the Special Issue on NATO and Deterrence". *Strategic Insights* 8, Nr. 4 (2009).

———. „Missile Defence on NATO's Agenda". *NATO*, 1. September 2006. http://www.nato.int/docu/Review/2006/NATO-Transformation/missile_defence/EN/index.htm.

———. „NATO and Tailored Deterrence: Key Workshop Findings in 2007–2008". *Strategic Insights* 8, Nr. 4 (2009).

———. „NATO and the Anticipatory Use of Force". *International Affairs* 83, Nr. 1 (2007): 39–68.

———. „NATO's Deterrence and Defense Posture: After the Chicago Summit". PASCC Report. Monterey, CA: Center on Contemporary Conflict (CCC), November 2012. http://hdl.handle.net/10945/34350.

———. „NATO's Deterrence Challenges: Report on a Workshop in Vilnius, Lithuania, 10–12 May 2009". *Strategic Insights* 8, Nr. 4 (2009).

———. „NATO's Evolving Purposes and the Next Strategic Concept". *International Affairs* 86, Nr. 2 (2010): 489–522.

———. „Strategic Stability in the Cold War: Lessons for Continuing Challenges". Proliferation Papers. Brüssel; Paris: Institut français des relations internationales, 2011. https://www.ifri.org/sites/default/files/atoms/files/pp36yost.pdf.

———. „The Future of NATO's Nuclear Deterrent: The New Strategic Concept and the 2010 NPT Review Conference". Workshop Report. Rom: NATO Defence College, April 2010. http://www.ndc.nato.int/download/downloads.php?icode=193.

———. *The US and Nuclear Deterrence in Europe*. Bd. 326. Adelphi Paper. Oxford; New York, NY: Oxford University Press, 1999.

———. „US Extended Deterrence in NATO and North-East Asia". In *Perspectives on Extended Deterrence*, herausgegeben von Tartrais, Bruno, 15–36. Paris, 2010.

Yost, David S., und Lionel Ponsard. „Is It Time To Update NATO's Strategic Concept?" *NATO*, 1. September 2005. http://www.nato.int/docu/review/2005/Combating-Terrorism/Update-Strategic-Concept/EN/index.htm.

Zagare, Frank C., und D. Marc Kilgour. *Perfect Deterrence*. Cambridge; New York, NY: Cambridge University Press, 2000.

Zeijden, Wilbert van der, Susi Snyder, und Peter Paul Ekker. „Exit strategies: The case for redefining NATO consensus on U.S. TNW". Utrecht: IKV Pax Christi, April 2012. http://nonukes.nl/wp-content/uploads/2015/03/Exit-Strategies1.pdf.

Zusammenfassung

Gegenstand der vorliegenden Arbeit ist die Debatte innerhalb der NATO über die Zukunft der nuklearen Teilhabe in Europa in den Jahren 2009 bis 2012.

Bestärkt durch die Rede des US-Präsidenten Barack Obama über die Vision einer nuklearwaffenfreien Welt wurde im Rahmen der Neuformulierung des Strategischen Konzeptes der NATO auch über die Zukunft der nuklearen Teilhabe in Europa diskutiert. Deutschland hat die Diskussion über nukleare Abrüstung als eine Möglichkeit zum Nachdenken über die Rolle von Nuklearwaffen in der NATO aufgefasst, da es durch den Aufruf des US-Präsidenten Obama 2009 zu einer atomwaffenfreien Welt eine neue Möglichkeit sah, die nukleare Abrüstung voranzubringen. Die damalige schwarz-gelbe Bundesregierung bekannte sich frühzeitig zu dem Ziel, sämtliche in Deutschland verbliebenen US-Kernwaffen abzuziehen. Diese Auffassung wurde auch durch die Oppositionsparteien im Bundestag mitgetragen. Europäische Unterstützung für eine Diskussion über den Abzug bekam Deutschland durch Belgien, die Niederlande, Luxemburg und Norwegen. Im Ergebnis hält aber sowohl das neue Strategische Konzept von 2010 als auch die *Deterrence and Defence Posture Review* der NATO von 2012 an der nuklearen Teilhabe fest und verweist lediglich auf die Möglichkeit, diese Kernwaffen in Europa weiter zu reduzieren. Die Arbeit geht der Frage nach, wie das Zwei-Ebenen-Modell von Robert D. Putnam als Instrument zur Außenpolitikanalyse genutzt werden kann, um zu erklären, warum Deutschland sich innerhalb der NATO nicht erfolgreich für den Abzug der taktischen Kernwaffen aus Europa einsetzen konnte. Die Auswertung der politischen Ereignisse mithilfe des Analyserahmens zeigt, dass die Win-Sets der behandelten Nationalstaaten sich auf zwischenstaatlicher Ebene zwar überschnitten haben, ein Abzug der in Europa verbliebenen taktischen Kernwaffen der USA aber nicht im Konsensbereich enthalten war. Dies konnte auch nicht durch die Verbindung mit anderen Themenfeldern, hier die NATO-Raketenabwehr, verändert werden. Zu gegensätzlich waren die Positionen der einzelnen NATO-Staaten in Bezug auf den Themenkomplex Abschreckung und Verteidigung.

Summary

The following text exams the debate within NATO on the future of its nuclear sharing arrangements in Europe in the aftermath of U.S. President Barack Obama's speech on a world free of nuclear weapons in 2009.

Inspired by his vision a debate on the future of the nuclear sharing arrangements in Europe arose alongside the drafting of NATO's New Strategic Concept. Germany was a prominent proponent of a withdrawal of remaining U.S. tactical nuclear weapons and has repeatedly expressed this including in the coalition contract of the then governing conservative-liberal coalition and with support of nearly all opposing parties in parliament. While Belgium, the Netherlands, Luxembourg and Norway supported a debate within NATO, a group of allies remained sceptical and opposed a withdrawal. That is why no new consensus on the issue has been formulated, neither in NATO's New Strategic Concept of 2010, nor in the following Deterrence and Defence Posture Review in 2012.

This research project used Robert D. Putnam's Model of two-level games as an instrument for foreign policy analysis, asking why Germany could not implement its policy concept within NATO. Comparing win-sets of NATO member states allows the conclusion that a complete withdrawal of U.S. nuclear weapons was not part of the overlap of these win-sets. Even if linked to the implementation of NATO's ballistic missile defence plans no new consensus on the concepts and means for credible deterrence could be reached.

Carola Hartmann Miles-Verlag

<u>Politik, Gesellschaft, Militär</u>

Wolf Graf von Baudissin, *Grundwert Frieden in Politik – Strategie – Führung von Streitkräften,* hrsg. von Claus von Rosen, Berlin 2014.

Wolf Graf von Baudissin, *Der Widerstand. „… um nie wieder in die auswegslose Lage zu geraten…",* hrsg. von Claus von Rosen, Berlin 2014.

Marcel Bohnert, Lukas J. Reitstetter (Hrsg.), *Armee im Aufbruch. Zur Gedankenwelt junger Offiziere in den Kampftruppen der Bundeswehr,* Berlin 2014.

Arjan Kozica, Kai Prüter, Hannes Wendroth (Hrsg.), *Unternehmen Bundeswehr? Theorie und Praxis (militärischer) Führung,* Berlin 2014.

Angelika Dörfler-Dierken, Robert Kramer, *Innere Führung in Zahlen. Streitkräftebefragung 2013,* Berlin 2014.

Uwe Hartmann, *War without Fighting? The Reintegration of Former Combatants in Afghanistan seen through the Lens of Strategic Thought,* Berlin 2014.

Eberhard Birk, Heiner Möllers (Hrsg.), *Luftwaffe und Luftkrieg,* Berlin 2015.

Phil C. Langer, Gerhard Kümmel (Hrsg.), *„Wir sind Bundeswehr." Wie viel Vielfalt benötigen/vertragen die Streitkräfte?,* Berlin 2015.

Jéronimo L. S. Barbin, *Imperialkriegführung im 21. Jahrhundert. Von Algier nach Bagdad. Die kolonialen Ursprünge der COIN-Doktrin,* Berlin 2015.

Dirk Freudenberg, *Counterinsurgency. Aufstandsbekämpfung als Phase zur Überwindung schwacher Staatlichkeit und zur Etablierung des Aufbaus einer stabilen Nachkriegsordnung,* Berlin 2016.

Marcel Bohnert, Björn Schreiber (Hrsg.), *Die unsichtbaren Veteranen. Kriegsheimkehrer in der deutschen Gesellschaft,* Berlin 2016.

Alois Bach, Walter Sauer (Hrsg.), *Schützen, Retten, Kämpfen – Dienen für Deutschland,* Berlin 2016.

Christian Göbel, *Glücksgarant Bundeswehr? Ethische Schlaglichter auf einige neuere Studien des ZMSBw im Kontext von Sinn und Glück des Soldatenberufs, Innerer Führung und Einsatz-Ethos,* Berlin 2016.

Alois Bach, Walter Sauer (Hrsg.), *Schützen.Retten.Kämpfen. Dienen für Deutschland,* Berlin 2016.

Dirk Freudenberg, Stephan Maninger, *Neue Kriege. Sicherheitspolitische Rahmenbedingungen, Mentalitäten, Strategien, Methoden und Instrumente,* Berlin 2016.

Claas Siano, *Die Luftwaffe und der Starfighter,* Berlin 2016.

Eberhard Birk, Peter Andreas Popp, *Luftwaffenoffizier 21. Das Selbstverständnis des Luftwaffenoffiziers zu Beginn des 21. Jahrhunderts,* Berlin 2016.

Eberhard Birk, Heiner Möllers (Hrsg.), *Luftwaffe und Luftverteidigung,* Berlin 2017.

Alessandro Rappazzo, *Vorsprung durch Leadership. Modernes Leadership in der Armee,* Berlin 2017.

Jahrbuch Innere Führung

Uwe Hartmann, Claus von Rosen, Christian Walther (Hrsg.), *Jahrbuch Innere Führung 2009. Die Rückkehr des Soldatischen,* Eschede 2009.

Helmut R. Hammerich, Uwe Hartmann, Claus von Rosen (Hrsg.), *Jahrbuch Innere Führung 2010. Die Grenzen des Militärischen,* Berlin 2010.

Uwe Hartmann, Claus von Rosen, Christian Walther (Hrsg.), *Jahrbuch Innere Führung 2011. Ethik als geistige Rüstung für Soldaten,* Berlin 2011.

Uwe Hartmann, Claus von Rosen, Christian Walther (Hrsg.), *Jahrbuch Innere Führung 2012. Der Soldatenberuf zwischen gesellschaftlicher Integration und suis generis-Ansprüchen,* Berlin 2012.

Uwe Hartmann, Claus von Rosen (Hrsg.), *Jahrbuch Innere Führung 2013. Wissenschaften und ihre Relevanz für die Bundeswehr als Armee im Einsatz,* Berlin 2013.

Uwe Hartmann, Claus von Rosen (Hrsg.), *Jahrbuch Innere Führung 2014. Drohnen, Roboter und Cyborgs – Der Soldat im Angesicht neuer Militärtechnologien,* Berlin 2014.

Uwe Hartmann, Claus von Rosen (Hrsg.), *Jahrbuch Innere Führung 2015. Neue Denkwege angesichts der Gleichzeitigkeit unterschiedlicher Krisen, Konflikte und Kriege*, Berlin 2015.

Uwe Hartmann, Claus von Rosen (Hrsg.), *Jahrbuch Innere Führung 2016. Innere Führung als kritische Instanz*, Berlin 2016.

Standpunkte und Orientierungen

Daniel Giese, *Militärische Führung im Internetzeitalter – Die Bedeutung von Strategischer Kommunikation und Social Media für Entscheidungsprozesse, Organisationsstrukturen und Führerausbildung in der Bundeswehr*, Berlin 2014.

Dirk Freudenberg, *Auftragstaktik und Innere Führung. Feststellungen und Anmerkungen zur Frage nach Bedeutung und Verhältnis des inneren Gefüges und der Auftragstaktik unter den Bedingungen des Einsatzes der Deutschen Bundeswehr*, Berlin 2014.

Uwe Hartmann (Hrsg.), *Lernen von Afghanistan. Innovative Mittel und Wege für Auslandseinsätze*, Berlin 2015.

Fouzieh Melanie Alamir, *Vernetzte Sicherheit – Quo Vadis?*, Berlin 2015.

Hartwig von Schubert, *Integrative Militärethik. Ethische Urteilsbildung in der militärischen Führung*, Berlin 2015.

Uwe Hartmann, *Hybrider Krieg als neue Bedrohung von Freiheit und Frieden. Zur Relevanz der Inneren Führung in Politik, Gesellschaft und Streitkräften*, Berlin 2015.

Klaus Beckmann, *Treue.Bürgermut.Ungehorsam. Anstöße zur Führungskultur und zum beruflichen Selbstverständnis in der Bundeswehr*, Berlin 2015.

Florian Beerenkämper, Marcel Bohnert, Anja Buresch, Sandra Matuszewski, *Der innerafghanische Friedens- und Aussöhnungsprozess*, Berlin 2016.

Martin Sebaldt, *Nicht abwehrbereit. Die Kardinalprobleme der deutschen Streitkräfte, der Offenbarungseid des Weißbuchs und die Wege aus der Gefahr*, Berlin 2017.

www.miles-verlag.jimdo.com